图 3-10 传感器融合解决建图定位问题

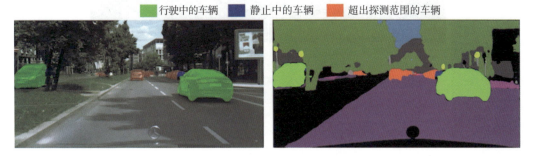

图 3-11 传感器融合解决感知问题

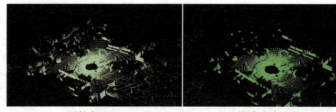

原始点云　　　　　　　　统计滤波后点云

图 4-2　统计滤波器

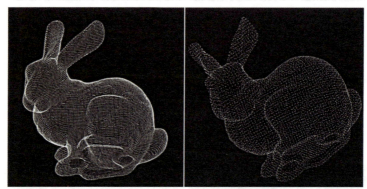

原始点云　　　　　　　　体素滤波后点云

图 4-3　体素滤波器

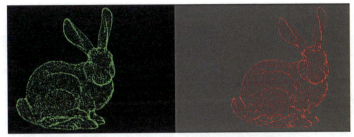

原始点云　　　　　　　　　　高斯滤波后点云

图 4-4　高斯滤波器

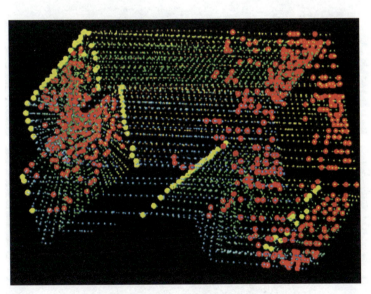

图 4-17　提取的平面点和边缘点

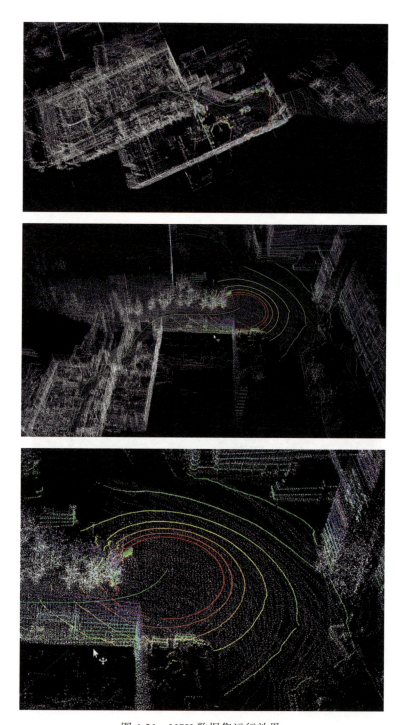

图 4-21 NSH 数据集运行效果

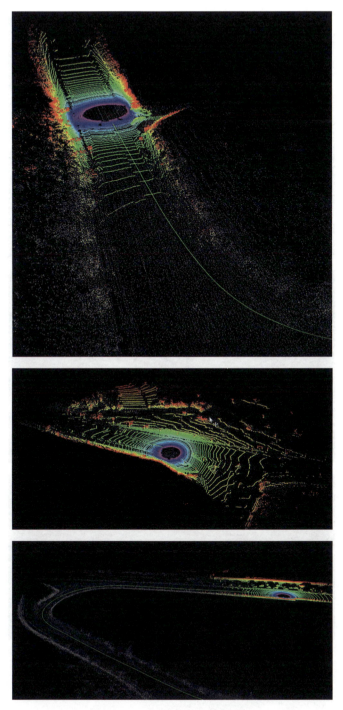

图 4-22 KITTI 数据集运行效果

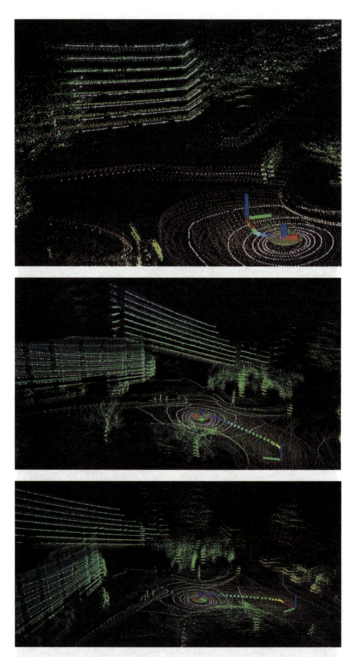

图 4-25 LeGO-LOAM 的运行效果

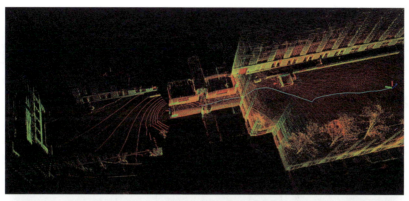

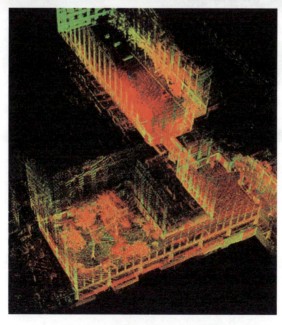

图 4-28 LIO-SAM 的运行效果

图 6-16 针对单目 SLAM 的语义地图重建示例

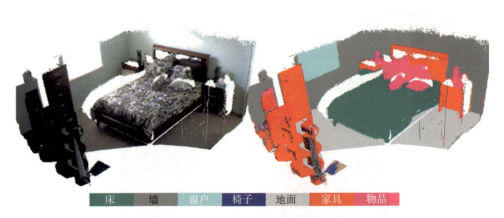

图 6-17 稠密三维 CNN 语义建图在 NYUv2 上测试的结果

[智能汽车丛书]

INTELLIGENT CONNECTED VEHICLES
Laser and Visual SLAM in details

智能网联汽车
激光与视觉 SLAM 详解

陈苑锋 董雪 马建军 徐守龙 朱兆颖 [德]徐永龙
裴维东 陈巍 贺光红 胡爽禄 李俊辉 林源 王鹤颖　著
陈昊阳 叶文韬

北京市版权局著作权合同登记　图字：01-2023-5927 号。

图书在版编目（CIP）数据

智能网联汽车：激光与视觉 SLAM 详解 / 陈苑锋等著 . -- 北京：机械工业出版社，2024.3

（智能汽车丛书）

ISBN 978-7-111-74755-0

I.①智… II.①陈… III.①汽车 – 智能通信网 IV.① U463.67

中国国家版本馆 CIP 数据核字（2024）第 034525 号

机械工业出版社（北京市百万庄大街 22 号　邮政编码 100037）
策划编辑：杨福川　　　　　责任编辑：杨福川
责任校对：韩佳欣　陈　越　责任印制：李　昂
河北宝昌佳彩印刷有限公司印刷
2024 年 4 月第 1 版第 1 次印刷
186mm×240mm・14.75 印张・4 插页・257 千字
标准书号：ISBN 978-7-111-74755-0
定价：109.00 元

电话服务	网络服务
客服电话：010-88361066	机 工 官 网：www.cmpbook.com
010-88379833	机 工 官 博：weibo.com/cmp1952
010-68326294	金 书 网：www.golden-book.com
封底无防伪标均为盗版	机工教育服务网：www.cmpedu.com

前言

自动驾驶技术已成为当今数字化时代汽车行业的热点话题之一。随着技术的不断成熟，越来越多的车辆采用激光 SLAM（即时定位与地图构建）和视觉 SLAM 技术，实现更高层次的智能网联汽车。SLAM 技术在智能网联汽车中的应用是非常重要的，在实现智能网联汽车过程中扮演着核心角色。它通过激光雷达、深度相机以及其他传感器来感知周围环境，同时进行地图构建和定位，从而实现车辆的自主导航和环境感知。

本书对激光 SLAM 和视觉 SLAM 技术进行了系统介绍，并探讨了它们与智能网联汽车的关系。具体来说，本书详细阐述了 SLAM 技术在智能网联汽车中的应用现状、常用传感器及原理，探讨了多传感器融合、激光 SLAM 和视觉 SLAM 的原理及实战案例等，内容深入浅出，理论和实践相结合，非常适合初学者和有一定经验的从业者阅读。

除了 SLAM 技术本身外，本书还特别关注传感器在智能网联汽车中的重要性。激光雷达、深度相机以及毫米波雷达等传感器在智能网联汽车中扮演着关键角色，它们通过不同的原理实现对车辆周围环境的感知和识别。本书将介绍这些传感器的原理、应用场景以及多传感器融合的方法，以帮助读者更好地理解智能网联汽车系统的精度和鲁棒性。

本书还对深度学习在智能网联汽车 SLAM 技术中的应用进行了探讨，包括相机重定位、特征点的提取及匹配、视觉里程计、回环检测以及语义 SLAM 等方面。深度学习作为一种强大的人工智能技术，能够为智能网联汽车系统提供极大的帮助。我们将深入介绍这些应用，并展望智能网联汽车技术的发展前景和挑战。

本书为学生和相关从业者提供了一份理论与实践相结合的学习资料，内容覆盖了智能网联汽车技术的各个方面，包括传感器、控制系统、算法优化、安全性等。我们建议读者按照顺序逐章阅读，以确保对前置知识有充分的了解。

最后，希望本书能为智能网联汽车技术的繁荣发展做出贡献。我们期待与读者一起探讨智能网联汽车领域的精彩话题，并希望得到读者的反馈。

各位读者，如您在阅读过程中发现任何错误或有需要补充的内容，请通过 yuanfeng_chen@hotmail.com 与我们联系。

为方便读者进行算法实操，对于本书中所讨论的经典 SLAM 算法，我们通过 https://gitee.com/junhuisirup/slamdaimashizhan 给出了算法的镜像集合与操作说明。

感谢所有为本书提供支持和帮助的人，包括我们的家人、朋友、同事和编辑团队。

感谢杭州星矢投资管理有限公司、浙江华印数字科技有限公司、智识神工（上海）信息技术股份有限公司一直以来对本书的大力支持。

作者介绍

陈苑锋

复旦大学微电子学理学博士,高级职称。英国萨塞克斯人工智能学院客座教授、中国国际"互联网+"大学生创新创业大赛国赛评委、上海市职业技能大赛专家评委、上海市工程系列计算机专业中级职称专家评委等。

先后在三星(韩国本部)、华为、阿里巴巴、美的集团等公司从事技术研发及管理工作。在集成电路、智能产品、机器人和物联网领域有多年研发经验。

董 雪

澳大利亚阿德莱德大学博士,上海交通大学副教授、博士生导师。研究方向包括激光成像、图像处理、自主移动平台的传感器融合、即时定位导航及路径规划等,发表学术论文40余篇,主持国家自然科学基金、上海市扬帆计划、沃尔沃汽车可持续发展项目等。

熟悉车端传感器的功能和特点,以及基于深度学习算法的传感器融合。近年来的学术成果和工程应用经验集中于单目无监督深度感知算法,基于对抗生成网络的数据挖掘,基于CONV-LSTM、光流神经网络的高频高分辨率图像重建,端到端神经网络的复杂系统建模等方向。

马建军

国汽智控车辆应用高级副总裁,汽车行业资深专家,中国汽车电子产业联盟高级顾问,美国知名孵化器Plug and Play创业导师。

拥有12年IT开发经验,在软件、互联网、电信、消费类电子产品等多个行业有丰富的大型项目经验;13年汽车电子产品开发和运营经验,涵盖智能座舱、自动驾驶、车联网、人工智能和智能音响等领域。曾在汽车主机厂、汽车电子 Tier 1 厂商、汽车软件公司等诸多汽车领域公司就职，担任创新、研发、战略、运营等重要工作，具有 ICT（信息和通信技术）和汽车行业跨界量产管理经验。历任国汽智控高级副总裁、佛吉亚（中国）首席技术官、延锋伟世通电子科技（上海）有限公司总经理、哈曼集团技术研究部总监等多个高管职位。曾获 10 余项海外发明专利授权，包括多项自动驾驶、智能座舱、人工智能、人机交互、智能音响的发明专利。

徐守龙

联通智网华东总经理，辛巴网络科技有限公司副董事长，曾任上汽大众移动互联总监、捷豹路虎大中华区车联网事业部负责人。中欧国际工商学院汽车产业协会理事，同济大学交通工程博士，中欧国际工商学院 MBA，佛罗里达大学电子工程硕士，上海交通大学电子工程学士。

朱兆颖

AIII 人工智能产业研究院院长、工信部国家人工智能标准总体组专家委员、中国工业设计研究院智能网联汽车产业研究院副理事长兼副院长、长三角专精特新产业基地理事长、中国贸促会上海标准化服务中心副主任、中国人工智能学会自然计算与数字智能城市专业委员会专家委员、上海人工智能发展联盟副秘书长、上海理工大学机器智能研究院客座教授。

徐永龙

腾讯烟台新工科研究院副院长兼首席科学家，正高级工程师，德国汉诺威大学工学博士。第三批国家特聘专家，国家特聘专家联谊会创始人之一、首任副秘书长，中国航天科技集团公司首批特聘专家，俄罗斯自然科学院外籍院士，德国华人华侨科技工商协会大数据与人工智能专委会副主任委员。

裘维东

上海市计算机行业协会秘书长、上海电子信息产品再利用促进中心主任、上海国际贸易知识产权海外维权服务基地主任、上海市计算机行业协会司法鉴定所责任人、上海市知识产权局知识产权培训基地责任人，以及中国最高人民法院授权的知识产权鉴定机构负责人。

陈 巍

人工智能芯片专家，具有高级职称，千芯科技董事长，清华大学博士。美国计算机学会（ACM）、中国计算机学会（CCF）专业会员，研究领域为大模型技术、存算一体AI芯片技术、RISC-V架构与编译。曾担任领域知名AI企业首席科学家、国际存储大厂3D NAND芯片首任设计负责人，带队研发了国内首个医疗领域专用AI处理器、国产嵌入式存储器产品平台。获得中国与美国的发明专利70余项，发表了《GPT-4大模型硬核解读》《GPT-4核心技术分析报告》《GPGPU芯片设计：原理与实践》等多篇有影响力的文章。

贺光红

冉熙光智能董事长，毕业于浙江大学信息与电子科学系。先后就职于德州仪器、NXP、Nuance、仙豆智能、法本汽车电子等公司，历任平台负责人、方案专家、副总经理及汽车电子总经理。对汽车智能座舱和自动驾驶有丰富的研究及应用经验。目前在汽车工程协会会员单位参与智能汽车分级、标准的制定，同时与吉利、合众、五菱等大型车厂就汽车智能化及其分级等展开广泛合作。

胡爽禄

本科毕业于西安理工大学，凯斯西储大学、同济大学联合硕士。专注自动驾驶赛道10年，打造过多款重量级产品，负责过多款新车型开发，参与了上海、成都、北京的智能网联汽车道路测试规范制定，主导了无锡经开区、云南滇中新区智慧交通设计和落地。

李俊辉

商汤科技AI算法专家，德国柏林工业大学自动驾驶（AI+Robotics）专业硕士。2021年6月回国发展，曾就职于国内汽车领域Tier 1外企、整车主机厂和互联网公司，具有丰富的自动驾驶行业工作经历。

林　源

上海交通大学硕士研究生，本科毕业于同济大学。研究方向包括同步定位与地图建立、多传感器融合定位。

王鹤颖

上海交通大学硕士研究生，本科毕业于同济大学。研究方向为无人车的路径规划与自主探索。

陈昊阳

上海交通大学硕士研究生，本科毕业于天津大学。研究方向包括视觉SLAM算法、智能碳补集系统及碳足迹分析等。

叶文韬

上海交通大学硕士研究生，本科毕业于华东理工大学。研究方向包括基于图像特征信息的术前与术中图像配准、机械臂导航定位。

Contents 目 录

前言
作者介绍

第1章 智能网联汽车及SLAM概述 1
1.1 基本概念 1
1.1.1 智能网联汽车 1
1.1.2 SLAM定义 2
1.1.3 地图的分类与作用 4
1.1.4 SLAM技术探讨 7
1.2 SLAM的应用现状 10
1.2.1 自动驾驶等级 10
1.2.2 技术难点 11
1.2.3 SLAM的优势 13
1.3 SLAM架构 13
1.3.1 环境感知 13
1.3.2 环境绘图 14
1.3.3 运动规划 16
1.3.4 车辆控制 17
1.3.5 监控系统 17
1.4 SLAM的发展阶段与应用前景 18
1.4.1 SLAM演进的3个阶段 18
1.4.2 SLAM的应用前景 19

第2章 自动驾驶常用传感器及原理 21
2.1 激光雷达 22
2.1.1 激光雷达的种类 22
2.1.2 三角测距激光雷达 24
2.1.3 ToF激光雷达 24
2.1.4 机械式激光雷达 27
2.1.5 混合固态激光雷达 28
2.1.6 固态激光雷达 29
2.1.7 竞品对比 31
2.1.8 核心部件 33
2.1.9 应用及展望 34
2.2 深度相机 34
2.2.1 ToF深度相机 35
2.2.2 结构光深度相机 37
2.2.3 双目深度相机 38
2.2.4 应用及展望 41
2.3 毫米波雷达 43
2.3.1 工作原理 43
2.3.2 测距功能原理 44

2.3.3 测速功能原理 …………… 46
2.3.4 角度估算原理 …………… 48
2.3.5 FoV 计算原理 …………… 48
2.3.6 核心参数 ………………… 49
2.3.7 应用及展望 ……………… 50

第3章 多传感器融合 …………… 51

3.1 同步与标定 …………………… 52
   3.1.1 时间硬同步 ……………… 52
   3.1.2 时间软同步 ……………… 55
   3.1.3 空间标定 ………………… 56
3.2 融合策略 ……………………… 66
   3.2.1 后融合 …………………… 67
   3.2.2 前融合 …………………… 73
3.3 应用分析 ……………………… 77
   3.3.1 自动驾驶应用 …………… 78
   3.3.2 移动机器人应用 ………… 79
   3.3.3 机械臂应用 ……………… 80

第4章 激光 SLAM ……………… 81

4.1 点云预处理 …………………… 82
   4.1.1 点云滤波 ………………… 82
   4.1.2 点云分割 ………………… 84
   4.1.3 点云运动补偿 …………… 86
4.2 前端里程计 …………………… 89
   4.2.1 基于直接匹配的迭代
       最近点算法 ……………… 89
   4.2.2 基于特征匹配的正态
       分布变换算法 …………… 92

4.2.3 ICP 算法与 NDT 算法
     的比较 …………………… 96
4.3 关键帧提取 …………………… 97
   4.3.1 基于帧间运动的关键帧
       提取 ……………………… 97
   4.3.2 基于时间间隔的关键帧
       提取 ……………………… 98
4.4 后端优化 …………………… 100
   4.4.1 基于图优化的后端
       优化 …………………… 101
   4.4.2 基于滤波器的后端
       优化 …………………… 102
4.5 激光 SLAM 算法实战 ……… 106
   4.5.1 Cartographer 算法 …… 106
   4.5.2 Cartographer 代码实战 … 109
   4.5.3 LOAM 算法 …………… 112
   4.5.4 LOAM 代码实战：
       A-LOAM ……………… 118
   4.5.5 LeGO-LOAM 算法 …… 120
   4.5.6 LeGO-LOAM 代码实战 … 125
   4.5.7 LIO-SAM 算法 ………… 127
   4.5.8 LIO-SAM 代码实战 …… 133

第5章 视觉 SLAM ……………… 136

5.1 前端视觉里程计 …………… 137
   5.1.1 基于特征点法的视觉里
       程计 …………………… 137
   5.1.2 基于直接法的视觉里
       程计 …………………… 152

5.2 后端非线性优化·················155
    5.2.1 BA 优化·················155
    5.2.2 位姿图优化·················157
5.3 回环检测·················158
    5.3.1 词袋模型·················159
    5.3.2 深度学习模型·················161
5.4 建图·················162
    5.4.1 度量地图·················162
    5.4.2 拓扑地图·················162
    5.4.3 特征点地图·················163
5.5 常用的视觉 SLAM 算法·················163
    5.5.1 ORB SLAM 2 架构·················164
    5.5.2 SVO 架构·················174
    5.5.3 DSO 架构·················178
    5.5.4 VINS-Mono 架构·················182
    5.5.5 代码实战·················190

第 6 章 深度学习在 SLAM 中的应用·················193

6.1 深度学习与相机重定位·················193
    6.1.1 基于深度神经网络的相机重定位方法·················194
    6.1.2 基于检索的相机重定位方法·················194
    6.1.3 全场景理解·················195
6.2 深度学习与特征点的提取及匹配·················196
    6.2.1 深度卷积神经网络特征点的鉴别·················196
    6.2.2 LIFT：基于深度学习的经典局部特征提取方法·················197
    6.2.3 MatchNet：通过统一特征和度量学习实现基于补丁的匹配·················198
    6.2.4 UCN：通用的图像关联预测器·················201
6.3 深度学习与视觉里程计·················203
6.4 深度学习与回环检测·················207
6.5 深度学习与语义 SLAM·················208
    6.5.1 语义分割网络·················209
    6.5.2 构建语义地图·················212
    6.5.3 ORB SLAM 实际操作·················215

第 7 章 SLAM 技术展望·················217

7.1 激光 SLAM 的应用及展望·················218
    7.1.1 激光 SLAM 的应用现状·················218
    7.1.2 激光 SLAM 的未来趋势·················220
7.2 视觉 SLAM 的应用及展望·················220
    7.2.1 视觉 SLAM 的应用现状·················221
    7.2.2 视觉 SLAM 的未来趋势·················222

后记·················223

第 1 章　Chapter 1

智能网联汽车及 SLAM 概述

1.1 基本概念

智能网联汽车（Intelligent Connected Vehicle，ICV）是指将车联网和智能车进行有机结合，最终可以替代人来操作的新一代汽车。智能网联汽车借助搭载的传感器、控制器、执行器等装置，借助现代通信与网络技术，在强有力的社会组织和协同之下，形成车与车（V2V）、车与路（V2R）、车与基础设施（V2I）……车与万物（V2X）间的信息交互和共享。

SLAM（Simultaneous Localization And Mapping，即时定位与地图构建）也被称为 CML（Concurrent Mapping and Localization，并发定位与建图），研究当一个机器人被放置在未知环境中时，如何让它在探索方向的同时逐步描绘出表征该环境的地图。家用扫地机器人是最典型的例子，新购买的扫地机器人对家里完成自主建图后，即可进行自主清扫、自主避障。

1.1.1 智能网联汽车

智能网联汽车是由清华大学的李克强院士团队提出的，是智能汽车发展到新阶段的完整表达，是汽车与移动通信、人工智能、云计算等新一代电子信息技术相互结合和融合创新的重要载体。

自动驾驶汽车与智能汽车定义相同,是指在汽车上安装相关装置,可以部分或完全地替代人来完成汽车的驾驶操作——比如,摄像头、雷达替代了人的眼睛和耳朵去感知环境,中央控制器替代了人的大脑去进行思考决策,线控执行装置代替人的手和脚去控制加减速和转弯,从而实现各种级别的汽车自动驾驶。

顾名思义,车联网就是在汽车行驶的过程中实现车和车的联网、车和基础设施的联网、车和云平台的联网、车和其他移动端的联网,再加上车内部的通信网,最终形成一张层层嵌套、环环相扣的动态移动通信系统网。某种意义上,智能网联汽车就是自动驾驶汽车(智能汽车)发展的新阶段,也是车联网的重要组成部分。

智能网联汽车是一种跨技术、跨产业领域的新兴汽车体系,从不同角度、不同背景出发,对它的理解是有差异的。各国对于智能网联汽车的定义不同,叫法也不尽相同,但终极目标是一样的,即可实现上路安全行驶的无人驾驶汽车。智能网联汽车更侧重于解决安全、节能、环保等制约产业发展的核心问题,车辆本身具备自主的环境感知能力,这一体系的聚焦点是在车上,发展重点是提高汽车的安全性。

国家《智能网联汽车团体标准体系建设指南》(2021版)中提出"3+N"智能网联汽车相关标准研究框架,推动建立多场景标准,开展多维度应用示范。功能型无人车是"N类创新应用"中的重要组成部分,包括可自主执行物流、运输、配送、巡逻、零售、清扫、接驳、救援、侦察等各类功能型任务的无人车,是未来智能交通与智慧城市建设的核心要素,是下一代智能地面运载工具演变的基础,对我国智能汽车产业的增量发展具有重要意义。

本书介绍的SLAM相关技术在低速功能型无人车中被广泛应用,特别是需要在无交通规则的封闭道路场景中行驶或操作的无人车。

注意:

本书中提到的地图包括三维地图和二维地图,如无特别说明,一般是指点云地图,而不是传统意义上的地图,下文不再对此进行额外说明。

1.1.2 SLAM定义

SLAM最早是Smith、Self和Cheeseman于1988年提出的。后来,Leonard和Reid

将到目前为止 SLAM 的发展过程总结为 3 个阶段，下面简单介绍一下这 3 个阶段，1.4.1 节有更详细的介绍。

- 经典时代（1986—2004 年）：早期阶段，主要研究 SLAM 问题的定义、基于概率框架的建模和求解方法。
- 算法分析时代（2004—2015 年）：深入研究 SLAM 问题的一些性质，比如稀疏性、收敛性、一致性等，更多样、更高效的算法也被相继提出。
- 鲁棒感知时代（2015 年至今）：开始考虑算法的鲁棒性、可扩展性，资源约束下的高效算法，高层语义认知任务导向等。

他们认为，正如人类的行为一样，机器人也会按照人类的行为方式来运作。为了进一步理解 SLAM 的功能，我们将机器人或自动驾驶车辆的算法与人类的真实行为做个类比。

假设将一个饥寒交迫的人空降在一个陌生的城市，那么这个人为了迅速熟悉环境并解决饥饿问题，可能会做以下事情。

- 首先观察周边的环境，记住相应的路标，包括路名和建筑（传感器数据输入和特征提取）。
- 把这些信息记录在脑海里，并且在脑海里回想整个路面的信息（三维重建和地图构建）。
- 尝试在这个环境里走走看看，获取新的明显的地标信息，并且修正自己头脑中的地图印象（BA 优化或扩展卡尔曼滤波器）。
- 根据自己前一段时间行走得到的周边地标信息确定自己的位置。
- 根据自己所走过的路径的相关特征信息，和自己脑海中的三维重建信息进行对比，看一看是否回到了曾经走过的历史路径。

在自动驾驶汽车中上述 5 个步骤会同时进行，这也正是 SLAM 里的 Simultaneous（"同时""同步"）一词的意义。

SLAM 包括两部分功能——定位（估算出机器人/无人车的状态）和建图（构建机器人所处环境的地图）。机器人/无人车状态是由其姿态（位置和方向）来描述的，可能会包含机器人运行速度等信息；而地图表示的是与环境描述有关的信息，例如地标、障碍物的位置等。

在没有环境先验信息的条件下，机器人/无人车搭载特定传感器的主体在运动过程中建立环境的模型，同时估计自己的运动。如果传感器主要为相机，那就称为视觉

SLAM，如 iRobot 扫地机器人、依靠视觉的 AVP 自主泊车。如果传感器为激光雷达，那就称为激光 SLAM。目前二维激光 SLAM 技术的发展已经较为成熟，既可用于民用服务（如扫地机器人），也可用于工业现场。基于激光点云的三维 SLAM 技术利用三维激光传感器获取三维空间点数据，之后通过相邻点云帧之间的扫描匹配进行位姿估计，并建立完整的点云地图，与二维激光 SLAM 具有相通的技术原理。三维激光雷达通过光学测距，可以直接采集到海量的具有角度和距离精准信息的点，这些点的合集被称为点云，它们可以反映出真实环境中的几何信息。由于建图直观，测距精度极高，且不容易受到光照变化和视角变化的影响，激光雷达已逐步成为室外大型环境的地图构建应用中必不可少的传感器。

1.1.3 地图的分类与作用

日常出行人们使用的高德地图、百度地图均是导航地图，由道路、背景、注记和 POI（Point of Information）组成，定位精度至少为米级。相较于人们使用的导航地图，不同自动驾驶场景下使用的地图不同，一般包括占据栅格地图（Occupancy Grid Map）、特征地图（Feature Map）、点云地图（Point Cloud Map）、高精地图（High Definition Map），下面分别介绍。

1. 占据栅格地图

SLAM 中建图使用较多的激光雷达会发射激光束，发射出的激光遇到障碍物会被反射，这样就能得到激光从发射到收到的时间差，使用该时间差乘以速度除以 2 就得到了传感器到该方向上最近障碍物的距离。为了表达周围环境中障碍物所处的相对位置，我们引入"占据栅格地图"的概念。

占据栅格地图是一种地图的描述方式，如图 1-1 所示，在占据栅格地图中，把空间划分为有限数量的栅格 m_i，栅格边长就是划分精度，每个栅格由栅格占用概率 P 以及相应的坐标进行描述。占据栅格地图认为每个栅格是独立的。

占据栅格地图可以分为二维占据栅格地图和三维占据栅格地图。二维占据栅格地图目前在二维激光 SLAM 中应用最为广泛。在三维激光 SLAM 中，也会用 OctoMap（八叉树地图）将三维点云地图转换为二维栅格地图以用于导航。

三维占据栅格地图的一个比较典型的应用是特斯拉的 Occupancy Network 感知技术。特斯拉的三维占据栅格地图基于 BEVNet 实现，在行车过程中实时感知道路边缘语义分割、道路结构语义分割以及周围环境的三维占据表达。基本的思想是将三维空间划分成非常小的立方体体素（voxel），通过 0/1 赋值对 voxel 进行二分类：有物体的 voxel 赋值为 1，表示 voxel 被物体占据；没有物体的 voxel 被赋值为 0。当然实际的赋值可以是概率值，表示 voxel 存在物体的概率，也可以理解成密度或者透明度。voxel 的属性除了是否被占据，还包含语义信息和速度信息等。其中速度信息是一个三维向量，用于表述 voxel 运动的速度和方向，类似于二维图像中的光流（Optical Flow）。通过速度信息，可以判断物体是否运动。

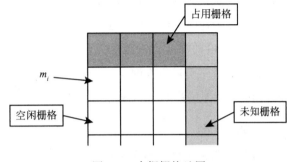

图 1-1　占据栅格地图

2. 特征地图

特征地图使用与环境有关的几何特征（如点、直线、面）表示环境，其优点是相对数据存储量和运算量比较小，大大降低了路标特征的数量。但面对复杂环境时，很难用几何特征来描述地图环境特征，导致地图构建困难、抗干扰能力差。几何特征地图只局限于表示可参数化的环境路标或者可建模对象。基于特征地图的 SLAM 算法是将环境表示为一组组参数化的特征值，比如点、线、角等。这些特征指的是环境中那些突显于背景、易于传感器分辨检测且可以通过参数进行描述的东西。使用这种方法的时候，必须对环境中不同类型的特征分别建立测量模型以便准确提取。

状态向量不仅包括机器人的位姿信息，还有特征的位置信息。随着新特征的不断提取与确认，状态向量的维度将不断增加。因为描述环境的特征值是相对于机器人而言的，所以环境特征测量的不确定性是与机器人位姿估计的不确定性息息相关的。可以在理论上证明，随着时间的不断推移、测量的持续进行，地图中的特征将是相互关联的，也就是说此时随意给定一个特征的绝对坐标值，都将得到一个精准的地图。

这种方法在环境特征容易识别的场合下表现很好，但是在特征不太明显的非结构化环境中则不太适用。

3. 点云地图

点云是一系列点的集合，使用不同方法得到的点云有不同的数据结构，例如，根据激光测量原理得到的点云包含三维坐标和激光反射强度数据，根据视觉测量得到的点云数据包含三维坐标和颜色数据。根据点的稀疏程度不同，点云地图可以分为稀疏点云地图和稠密点云地图。稀疏点云地图主要用于机器人定位，而稠密点云地图通常规模很大，一个 640×480 的深度点云图像就包含 30 万个点数据，而且生成的点云地图是无序的，无法直接通过索引进行查询。对稠密点云地图进行体素滤波降采样后可以用于导航，比较常用的方法是通过 OctoMap 框架压缩地图，将其转换为八叉树地图，其分辨率可调。

4. 高精地图

高精地图英文称为 HD Map（High Definition Map，从数据精度和要素丰富度角度定义）或 HAD Map（Highly Automated Driving Map，从自动驾驶功能的分级标准角度定义），是保障自动驾驶安全性与稳定性的关键。高精地图主要应用于高精定位、环境感知、决策规划、仿真运行 4 大场景。高精地图由含有语义信息的车道模型、道路部件、道路属性等矢量信息以及用于多传感器定位的特征图层构成。高精地图主要分为静态数据和动态数据两部分。其中静态数据包括道路层、车道层、交通设施层等图层信息；动态数据包括实时路况层、交通事件层等图层信息。

业界比较通用的高精地图有两种，一种是 NDS（Navigation Data Standard，导航数据标准），另一种是 OpenDRIVE。其他的标准还包括 JDRMA 标准、KIWI 格式标准、GDF 标准、ETAK 标准、Navtech 标准。OpenDRIVE 是 ASAM OpenX 众多标准中的一个，主要用于描述路网结构，它与动态道路网络描述（OpenSCENARIO）和静态道路表面描述（OpenCRG）共同描述场景、道路和路面情况。OpenDRIVE 将道路分为 3 个部分：道路参考线、车道和道路设施。百度 Apollo 在原有的 ASAM 组织发布的标准上进行了改进，如新增了禁停区、人行横道、减速带等元素。

高精地图的创建分为 4 步：数据采集、数据处理、元素识别、人工验证。

- 数据采集：高精地图的数据采集需要利用多传感器融合的 SLAM 技术，以构建三维点云地图。这个过程中，车辆或者设备配备了多种传感器，如激光雷达、相机、GPS（Global Positioning System，全球定位系统）等，用于感知周围环境并获取相关数据。这样的多传感器融合能够提高地图的精度和稳定性。由于高精地图包含的信息丰富，数据采集与制作必须由具备导航电子地图制作、测绘资质的团队来完成，以确保数据的准确性和可靠性。
- 数据处理：在数据采集完成后，进行数据处理是下一个关键步骤。这一步包括对

GPS 数据和点云数据进行后处理和对齐。通过精细的处理和对齐，可以获得更高精度的原始点云数据，为后续的地图制作打下基础。数据处理的目标是消除误差、提高数据的质量，并确保数据的一致性。
- 元素识别：数据处理完成后，地图生产线任务正式启动。在这一阶段中会使用半自动化的工具链和生产平台。标注员会对点云和原始图像进行车道级路网矢量特征的绘制，这些特征可能包括道路标线、交通信号灯、路口形状等。这一步是为了从原始数据中提取出有用的地图元素和特征，为后续的地图制作奠定基础。
- 人工验证：在元素识别完成后，地图需要经过人工验证。专业的团队将对地图数据进行仔细审查和验证，确保地图的准确性和完整性。这一步是确保高精地图质量的重要环节。通过人工验证，可以进一步修正可能存在的误差和不准确性，从而得到高质量的高精地图。

高精地图的创建是一个复杂而系统的过程，需要经过精密的数据采集、处理和验证。只有经过严格的流程和专业团队的努力，才能获得可信赖的高精地图，为自动驾驶等应用提供有力支持。高精地图生产完成后必须经过国家测绘局的加密处理才能发布。由于高精地图具有成本和法规的约束，工业界正从"重地图，轻感知"走向"重感知，轻地图"。

在一些无人车应用中，地标是已知的。例如，可以将 RFIC（Radio Frequency Integrated Circuit，射频集成电路）标签或者 UWB（Ultra Wide Band，超宽带）标签作为人工地标。还有一种已知地标是大家熟悉的 GPS。在这些已经提供精确信标的情况下，可能不需要 SLAM 技术。

总的来说，SLAM 技术为无人驾驶提供了一个切实可行的方案，在缺乏特定的定位设施的环境下可以采用用户自己构建的地图进行定位。这大大扩展了导航避障的应用场景。

1.1.4　SLAM 技术探讨

在 SLAM 技术讨论中，我们经常会碰到如下两个问题。

该场景是否需要 SLAM 技术？

该场景里，SLAM 问题是否能被有效求解？

下面我们将从 SLAM 的必要性和可求解性两方面来回答这两个问题。

1. SLAM 必要性

讨论移动机器人 SLAM 时，通常构建的地图是占据栅格地图，它只能表达障碍物、边界、可自由通行区域和未知区域等有限信息。然而实际作业环境中包含更丰富、更具体的描述障碍物、边界和通行区域的信息。例如，障碍物可以是静止机器、堆放的杂物、货物等，边界可以是墙面、栅栏等，通行区域还可以区分行人区域、机器移动区域以及人机混合区域。

移动机器人的自动作业通常发生在相对简单的环境中，如工厂、仓库、小型室内环境等，因此其运动只需满足基本的"不撞墙""不撞人"等安全要求，不需要过多的环境信息来满足其作业需求。相比之下，自动驾驶中的场景要求更丰富的环境信息，因为机动车的运动受交通规则约束，远不及移动机器人的自由运动。

在自动驾驶中，需要收集更多的环境信息用于定位和决策等后续功能逻辑模块。占据栅格地图或原始点云地图通常在移动机器人中使用，不能直接用于自动驾驶中的定位和决策。因此，高精地图的概念应运而生。它的目的是满足自动驾驶系统在复杂环境下安全稳定运行的需求，扩大车辆的环境感知范围，并辅助实时定位，增强规划和决策能力。高精地图的需求源于对复杂场景的处理需求，它是逐渐发展而来的。需要指出的是，高精地图的环境信息采集功能借用了 SLAM 中与建图相关的技术，因此 SLAM 技术在实现高精地图方面发挥着重要作用。

那使用了高精地图的自动驾驶系统，是否还需要 SLAM 来实现定位呢？答案是即便在有高精地图的情况下，若 GPS 信号被遮挡，则仍需要 SLAM 定位技术来辅助自动驾驶车辆进行定位。例如，虽然自动驾驶系统前端依赖 GNSS（Global Navigation Satellite System，全球导航卫星系统）和 IMU（Inertial Measurement Unit，惯性测量单元）进行定位，但在高架桥上行驶时需要借助 SLAM 定位技术，基于高精定位图层通过自动驾驶定位算法进行全局地图匹配，以消除误差、保证精度。

SLAM 算法的目标是建立对全局环境的认知，包括车辆自身的运动测量和回环检测（或称闭环检测）。如果不考虑回环检测的因素，那么 SLAM 算法将简化为里程计算法。根据里程计的特性，它通常是通过车轮编码器的数据来计算的，而从里程计获得的位姿估计误差会随着里程的增加而快速累积，使得位姿估计结果在一定时间后便不再可靠，这是硬件特性导致的。而这个不足也成为 SLAM 技术发展的主要推动力之一，SLAM 技术有助于缩小里程计的累积误差并对其进行纠正。因此，无人驾驶是需要完整的 SLAM

算法的。

首先，不管是视觉 SLAM 还是激光 SLAM，都是基于过去 10 年的 SLAM 研究成果实现的。只不过视觉 SLAM 可以看作一个简化的 SLAM 系统，因为其中的回环检测模块被禁用了。应该说，近 10 年来 SLAM 的研究促进了传感器的融合，而这种融合则推动了无人驾驶在更具挑战性的场景下的应用。

其次，如果自动驾驶车辆只执行里程计而忽略回环检测的话，那意味着车辆一直处于一个探索新的空间的过程，而回环检测会使得车辆尝试了解当前路径是否与之前路径重叠，并且有寻找最优路径的动作。回环检测里的尺度检测和位置检测使自动驾驶车辆更容易检测到真正的回环路径，并丢弃虚假的回环。因此，SLAM 技术提供了对错误数据和感知混叠的鉴别能力，避免某些位置和历史位置数据相似而导致系统判断出错，保证算法运行的鲁棒性。

最后，SLAM 技术可以生成全局地图。自动驾驶技术在探索环境并描绘出该环境的全局地图时，需要确保对环境进行全面的覆盖，这同样离不开 SLAM 功能，只有 SLAM 才能完成全局一致的三维点云图重建。

2. SLAM 可求解性

对于本节开始时的第二个问题，SLAM 问题的有效求解涉及如下几个方面的信息。

- 自动驾驶车辆的运动类型、速度、传感器种类、车载系统可用的计算资源等。
- 自动驾驶车辆所处的环境是否存在特定的参考定位标识、动态变换的物体或人、雷同的传感器数据等。
- 对车辆状态估计的精度、地图的精度和类型，包括状态精度范围、估计延迟时间、最大操作时间、地图最大尺寸等。

上述信息直接影响该场景的 SLAM 问题能否被有效求解。比如，采用配备里程计和激光雷达的无人车对室内环境进行二维建图，并保证构建出来的地图具有足够的精度（<10cm）和稳健性。类似的低速无人车或机器人的应用场景都是研究较为成熟的领域，所以这些场景的 SLAM 问题基本都能有效求解。

1.2 SLAM 的应用现状

1.2.1 自动驾驶等级

为了了解 SLAM 技术在自动驾驶领域中的应用现状,我们先简单介绍一下 SAE (Society of Automotive Engineers,美国汽车工程师学会)所定义的自动驾驶等级,如表 1-1 所示。

表 1-1　SAE 自动驾驶等级

自动驾驶分级		名称	定义	驾驶操作	周边监控	接管	应用场景
NHTSA	SAE						
L0	L0	人工驾驶	由人类驾驶员全权驾驶汽车	人类驾驶员	人类驾驶员	人类驾驶员	无
L1	L1	辅助驾驶	车辆可以自动执行控制方向盘和加/减速中的一项操作,人类驾驶员负责其余的驾驶动作	人类驾驶员和车辆	人类驾驶员	人类驾驶员	限定场景
L2	L2	部分自动驾驶	车辆可以自动执行控制方向盘和加/减速中的多项操作,人类驾驶员负责其余的驾驶动作	车辆	人类驾驶员	人类驾驶员	
L3	L3	条件自动驾驶	由车辆完成绝大部分驾驶操作,人类驾驶员需集中注意力以备不时之需	车辆	车辆	人类驾驶员	
L4	L4	高度自动驾驶	由车辆完成所有驾驶操作,人类驾驶员无须保持注意力,但限定道路和环境条件	车辆	车辆	车辆	
L4	L5	完全自动驾驶	由车辆完成所有驾驶操作,人类驾驶员无须保持注意力	车辆	车辆	车辆	所有场景

(1) L0:无自动化

- 特点:纯人工驾驶,对汽车的所有控制和动作都来自人工操作,未应用任何自动驾驶技术。
- 产品:早些年生产的燃油车大部分是人工驾驶的。

（2）L1：辅助驾驶
- 特点：车载系统能够帮助驾驶员完成某些辅助任务，驾驶员需要监控驾驶环境并准备随时接管。常见的车载系统如车道保持系统、定速巡航系统等。
- 产品：别克君威、荣威 550、广汽传祺、奇瑞艾瑞泽、吉利缤瑞等汽车型号就属于 L1 级。

（3）L2：部分自动化
- 特点：自动驾驶系统能同时控制车速和车道，驾驶员需要关注驾驶环境并准备随时接管。
- 产品：长安 CS55（国内自主品牌里首款实现 L2 级自动驾驶的量产车型）、吉利博瑞 GE、宝马 7 系、特斯拉 Model S（使用特斯拉研发的 Autopilot 系统，属于 L2 级）、凯迪拉克 CT6 等车型就属于 L2 级。

（4）L3：有条件自动化
- 特点：在特定条件下，车辆可以完成所有的驾驶动作并提醒驾驶者关注相关信息。驾驶者可以分心去处理别的事情，但需要确保在收到车辆的提醒后能够接管车辆，以帮助人工智能系统处理异常。
- 产品：奥迪 A8、特斯拉 Model 3、小鹏 P5 等车型就属于 L3 级。

（5）L4：高度自动化
- 特点：在特定的场景下能实现不需要驾驶员的完全自动驾驶。
- 产品：部分港口出现的无人驾驶车辆、无人驾驶巴士阿波龙（百度 Apollo 和金龙客车合作的产品）等车型属于 L4 级。

（6）L5：完全自动化
- 特点：在任何场景中都可以完全自动驾驶的车辆。
- 产品：业界尚无 L5 级的车辆出现。

1.2.2 技术难点

（1）L1～L2 的难点
- 汽车横向控制和纵向控制配合操作时的舒适性。单独的横向控制（车道保持系统）或纵向控制（自适应巡航控制系统等）技术已经十分成熟，但二者同时工作的时候，如何将舒适性调整到最优是存在挑战的。

- 通知驾驶员接管车辆的时机选择。L2级系统仍需要驾驶员实时监控并适时接管，那么如何以最友好的人机交互方式通知驾驶员接管车辆而不影响驾驶员的体验，则需要在人机交互上做出努力。

（2）L2~L3的难点
- 传感器感知技术。根据NTSB（National Transportation Safety Board，美国国家运输安全委员会）发布的相关信息，部分车型发生交通致死事故的主要原因是传感器感知的功能存在不足，导致系统未能准确识别路况，进而引发了交通事故。
- 法规。目前我国尚未允许自动驾驶车辆在开放性高速道路上进行测试，在相关法规正式发布之前，自动驾驶车辆只能在封闭、测试场地或指定的有限测试场景中进行测试。

（3）L3~L4的难点
- 传感器的性能和成本。在性能方面，摄像头容易出现的误差（包括光的反射和折射造成的偏差）直接影响传感器，导致系统最终获取外界信息的性能不足。在成本方面，车规级的多线激光雷达的成本比较高。这些都限制了L4级自动驾驶的大面积普及。
- 具有极高鲁棒性的自动驾驶算法及稳定的计算平台。L4级自动驾驶算法的精度和鲁棒性需要达到甚至超越人类驾驶员的水平，并且需要在稳定的计算平台上运行，以确保自动驾驶汽车能够应对各种突发情况。
- 高精地图采集。采集的高精点云地图是推动自动驾驶技术迅速发展的重要资源。是否拥有大量的高精地图，以及能否保证这些地图的实时性，将直接影响一个自动驾驶公司的成败。
- 普通民众的接纳度。人们对于没有方向盘、大部分时间都在自动行驶的汽车天然抱有一些担忧，使其对自动驾驶从抵触转变到接受需要一定的时间，因此需要积极培养与普通民众之间的信任关系。

SLAM技术是实现未知环境下移动机器人或移动车辆的定位和建图的关键。在无人驾驶领域中，SLAM技术可以帮助车辆感知周围环境，从而更好地完成导航、避障、路径规划等任务。道路上出现的车辆和行人等都会影响无人驾驶算法的决策。而要实现真正的无人驾驶，就需要实时感知周围环境，实现动态响应。这仅靠提前构建的高精地图是不够的，还需要采用完整的SLAM方案来实现。

1.2.3 SLAM 的优势

SLAM 技术之所以成为无人驾驶的关键技术，有一定的背景因素。

1）SLAM 本身是个很复杂、庞大的系统，已经在自动机器人、无人机、无人驾驶、AR 等领域应用得越来越广泛。SLAM 系统所实现的定位和建图的精准度、环境地图信息的丰富度（包含更多有效的语义信息）、场景识别/回环检测的准确度，都会直接影响自动驾驶功能的最终体验。

2）SLAM 在一些不能直接定位的场景（如 GPS 信号丢失的环境）或者高精地图无法覆盖的环境中发挥着重要作用。

3）自动驾驶应用了 SLAM 技术的其他细节。例如，高精地图的建图过程仍然依赖 SLAM 技术，单靠传统的 GPS 是不足以建立高精地图的。因此，在利用 SLAM 技术建立大规模的高精地图的过程中，业界正在攻克超大规模优化、多机器人建图与子图合并，以及在不同时间尺度上建图与合并等技术挑战。而深入研究 SLAM 技术中的定位和重定位，将使自动驾驶车辆在预置地图上进行定位变得更加容易。所有无人驾驶方案都要求车辆具备一定的 SLAM 能力，以确保在地图失效的情况（如没有地图、预置地图无法使用以及其他未知情况）下仍然能够正常实现无人驾驶。

1.3 SLAM 架构

一个 SLAM 系统架构基本会包含如下 5 个子系统（如图 1-2 所示）。

- 环境感知（Environment Perception）
- 环境绘图（Environment Mapping）
- 运动规划（Motion Planning）
- 车辆控制（Controller）
- 监控系统（System Supervisor）

1.3.1 环境感知

环境感知模块识别车辆当前所处的位置，同时对周边物体进行识别、分类和定位，包括其他汽车、行人、自行车、道路/标记、标线等所有会影响驾驶行为的物体。如图 1-3 所示，环境感知模块主要承担 3 类感知任务，分别以车辆位置、动态物体、静态物体为目标。

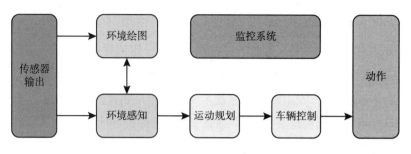

图 1-2　SLAM 系统架构

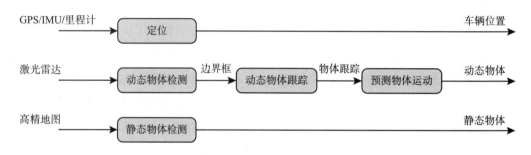

图 1-3　环境感知模块架构

1）定位模块接收多个传感器数据，包括 GPS 坐标、IMU（Inertial Measurement Unit，惯性测量单元）传感器数据、激光雷达数据、深度相机数据和里程计信息，将上述信息进行融合后，输出准确的车辆定位信息。

2）系统会对环境中的重要元素进行分类和定位。首先，动态物体检测模块采用摄像机输入数据以及激光点云来创建场景中动态物体周围的三维边界框（Bounding Box）。三维边界框表征物体的当前位置、方向和大小。其次，动态物体跟踪模块会跟踪动态物体，它不仅提供动态物体的当前位置，还提供动态物体运动路径的历史数据。最后，预测物体运动模块会将物体运动路径的历史记录与路线图结合使用，以预测所有动态物体的未来路径。

3）静态物体检测模块会根据相机输入数据和激光雷达数据来识别场景中的重要静态对象。这些静态数据包括无人驾驶车辆的当前车道以及在道路上出现的相关信息，如信号和交通信号灯等。

1.3.2　环境绘图

环境绘图模块会创建地图数据，同时识别无人车的周围环境，实现避开障碍物、运动跟踪和运动规划的功能,具体包括占据栅格地图、定位图(Localization Map)和细节道路图(Detailed Road Map)这3种类型的地图,如图1-4所示。

1)占据栅格地图:占据栅格地图是利用激光雷达构建的栅格图,通过一组过滤器过滤掉激光雷达提供的数据里的噪点数据和动态对象数据。它由一组网格单元组成,且每个单元与其自身被占用的概率相关,这使得我们可以处理测量数据中的不确定性并随时间的推移改善地图的准确性,如图1-5所示。

2)定位图:定位模块利用由激光雷达数据或相机数据构建的定位图来改进车辆的状态估计。在驾驶过程中,算法将传感器数据与该图进行比较以确定汽车运动状态,然后将该运动与其他车载传感器的信息进行组合以准确地定位车辆,如图1-6所示。

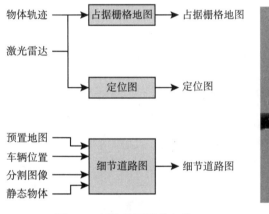

图1-4 环境绘图模块架构

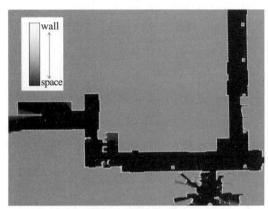

图1-5 占据栅格地图

图1-6 定位图

3）细节道路图：细节道路图提供了关于路段地图的详细信息，表征无人驾驶车当前的驾驶环境。图里的车道信号和车道标记信息可以用于运动规划，并且该地图包含预先录制的地图数据和由感知传感器收集的当前环境的相关信息，如图 1-7 所示。

环境绘图和环境感知模块可以互补，协同使用。环境感知模块提供的环境信息可以用于更新细节道路图，而反过来，细节道路图也能帮助环境感知模块中的预测物体运动模块实现更加准确的预测。

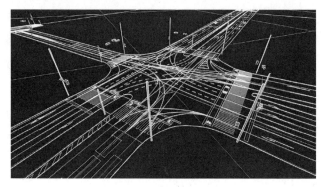

图 1-7　细节道路图

1.3.3　运动规划

运动规划模块根据环境感知模块和环境绘图模块提供的信息，决定车辆采取何种动作、驶向哪里，输出安全、高效和舒适的规划路径，驱使车辆向目标移动。

运动规划是一项具有挑战性的任务，我们将对应系统分解成几个模块，如图 1-8 所示。

1）任务规划（Mission Planner）：任务规划模块负责处理长期计划，在整个驾驶流程内定义任务，使车辆从当前位置通过道路网络到达最终目的地。任务规划模块需要确定连接起点和终点的最佳路线序列，然后将其传递到下一级的模块。

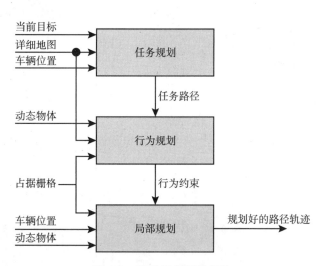

图 1-8　运动规划模块架构

2）行为规划（Behavior Planner）：行为规划模块是任务规划模块的下一级，用于解决短期路径规划的问题。它负责在车辆前进的过程中设定一套安全行为和动作。比如，在车辆速度值已知和附近车辆的行为可以预测的情况下,车辆利用该模块来判断是否应该变道。除了决策的功能之外,行为规划模块还提供了一组约束条件来执行每一个动作,例如在变道之前须在当前车道中保持一定时间。

3)局部规划(Local Planner):局部规划模块负责执行即时规划,并定义驾驶的特定路径和速度曲线。局部规划模块必须保证车辆在来自环境和本身的所有限制下平稳、安全和有效地行驶。正因为这样,局部规划模块应结合所有信息,包括行为规划、占据栅格地图、车辆操作限制以及环境中其他动态物体的信息,最终输出一条规划轨迹,它代表车辆在当前时间段内的期望路径和速度分布情况。

1.3.4 车辆控制

车辆控制模块在得到路径信息并确定最佳转向角、油门位置、制动踏板位置和挡位设置后,能够使车辆精确地沿着规划好的路径行驶。一般说来,车辆控制模块会将给定的轨迹转换为一组精确的驱动命令用于车辆。它通过纵向控制器(Velocity Controller)和横向控制器(Steering Controller)来解决控制问题。横向控制器输出车辆转角,用于改变车辆轨迹。纵向控制器通过调节油门、齿轮和驻车系统来精确地控制速度。此外,两个控制器还会计算当前误差,调节当前驱动命令,减少驾驶过程中产生的误差,如图1-9所示。

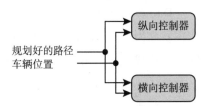

图1-9 车辆控制模块架构

1.3.5 监控系统

监控系统模块会监控所有的软硬件模块,并在发现驾驶系统中存在问题时发出警报,确保系统中所有模块都能按预期工作。该模块由两部分组成,包括硬件监控(Hardware Supervisor)和软件监控(Software Supervisor),如图1-10所示。

1)硬件监控模块持续监控所有硬件组件(包括传感器及相关外设),检查其是否存在任何故障,比如传感器损坏、测量数据丢失或器件性能下降等。硬件监

图1-10 监控系统模块架构

控模块也会持续分析硬件的输出信息，以发现任何不能正常执行功能的硬件。例如，摄像头传感器被纸袋挡住或者下雪时激光雷达点云数据丢失。

2）软件监控模块负责监控整个软件系统，以确保其中的所有软件模块按照正确的频率运行，并且输出完整的结果。并且，软件监控模块负责分析所有软件模块的输出之间是否存在不一致性，以及软件系统是否不稳定。

1.4 SLAM 的发展阶段与应用前景

1.4.1 SLAM 演进的 3 个阶段

前面介绍过，SLAM 技术的演进可以分为 3 个阶段：经典时代、算法分析时代、鲁棒感知时代。

（1）经典时代

Durrant-Whyte 和 Bailey 对 SLAM 技术前 20 年左右的发展历程做了全面的回顾，该阶段被称为"经典时代"（Classic Age，1986—2004 年）。该阶段引入了 SLAM 研究领域所主要应用的一些概率公式，包括扩展卡尔曼滤波器、Rao-Blackwellised 粒子滤波和最大似然估计的方法。此外，这一阶段提出了效率提升及数据鲁棒性的相关挑战。

（2）算法分析时代

随之而来的是"算法分析时代"（2004—2015 年）。在"算法分析时代"中，学者对 SLAM 系统的基本属性进行了研究，包括可观察性、收敛性和一致性。在这个时期，人们意识到了稀疏数据对于高效求解 SLAM 问题的重要性，并开发了主要的开源 SLAM 库。

（3）鲁棒感知时代

2015 年后，SLAM 技术发展到了"鲁棒感知时代"，该阶段的技术特征如下。

1）稳健的性能：SLAM 系统要能够在各种环境中长时间、低故障率地运行；该系统具有故障安全机制，并具有自我适应能力，即可以根据场景对系统参数进行自动化调整和设置。

2）高级理解：SLAM 系统要能够通过三维重建实现对周边环境的高级理解（如高级几何、语义、物理意义等）。

3）系统资源感知：SLAM 系统要能够统计可用的传感硬件和计算资源，并且根据这些可用资源自动调整负载需求。

4）任务驱动感知：SLAM 系统要能够筛选出有效的传感器数据并过滤掉不相关的数据，以支持机器人执行任务；SLAM 系统可进行自适应的地图呈现，其复杂性根据任务的不同而有所变化。

1.4.2 SLAM 的应用前景

（1）机器人

室内服务型机器人、扫地机器人等是移动机器人里最早用到 SLAM 技术的产品类型。国内的科沃斯扫地机器人等通过激光雷达或者摄像头，再结合 SLAM 算法，高效绘制室内地图，智能分析和规划扫地环境，从而成功实现了智能化的导航避障。

（2）AR 和 VR

这是 SLAM 技术应用的重要领域之一，其中代表性产品有微软的 Hololens、谷歌的 Project Tango 和 Magic Leap。国内也有相当多的 AR 公司在瞄准这个赛道，比如，用一个小摄像头结合 SLAM 技术实现 VR 头显设备的空间定位功能。很多 VR 应用都需要用到 SLAM 技术。除了定位功能以外，路径记录、三维重构、地图构建等功能的实现也与 SLAM 技术的应用密切相关。

（3）无人机

大疆的一款无人机采用了双目视觉结合超声波的 SLAM 方案。事实上，有研发专家认为，无人机主动避障功能就是一个非常典型的 SLAM 弱应用场景，无人机只需要知道障碍物在哪里，就可以进行路径规划，并且顺利绕开障碍物。

当然，SLAM 的应用场景还包括灾区救援、矿洞探险、人机配合甚至无人驾驶集群。无人机的各项核心技术都建立在 SLAM 基础之上。例如，无人机通过感知自身周围环境信息来构建三维点云地图，从而实现自主定位和导航。

（4）无人驾驶

SLAM 利用激光雷达或者视觉相机作为外部传感器来获取地图数据，使车辆或者机器人实现同步定位与地图构建，是目前最稳定、最可靠、高性能且主流的无人驾驶技术实现的方向。

国内的无人驾驶"玩家"可以分为如下几类。

1）行业巨头企业切入，做一级供应商。这种类型的代表企业有华为和大疆，它们除了加大自动驾驶的研发投入外，还在高精点云地图、智能座舱、智能车云、车联网、三电技术等领域进行了投入。华为目前和北汽极狐、长安、广汽展开合作，而大疆则和五菱、大众展开了合作。

2）初创公司做一级供应商。这种类型的代表企业有Momenta、轻舟智航、蘑菇车联等。这类公司基本都得到了传统车厂的投资，并与车厂建立了紧密的合作关系。其中，Momenta公司为汽车厂商和一级供应商提供量产自动驾驶解决方案，并从中获得营收和量产数据，然后利用海量数据快速迭代和优化自动驾驶系统。

3）造车新势力。代表企业有蔚来、小鹏、理想等。这些公司依托互联网模式迅速在市场上获取了忠实用户并且站稳了脚跟。但随着行业发展，这些公司也面临着激烈的竞争和严峻的挑战，需要不断创新和优化，以适应市场变化和用户需求。

4）商用车、卡车和港口用车等垂直领域的公司。代表企业有图森、驭势科技、小马智行、西井等。这类公司在垂直商用领域有自己的专业沉淀，结合技术发展项目，也取得了不错的成绩。

5）物流快递小车的生产公司。代表企业有美团、京东、阿里等。这类公司结合自身的业务需求，尝试使最后一公里的运输路线实现无人化。

6）无人清扫车、清洁机器人的生产公司。代表企业有智行者、高仙机器人等。这些自动驾驶公司在环卫行业进行了投入，并且在与政府、企业合作的渠道上获得了不错的回报。

7）自动驾驶泊车公司。代表企业有百度、德赛西威、纵目科技等。

还有其他一些细分领域的应用SLAM技术的公司，篇幅所限，就不一一枚举了。

因应用的广泛性，SLAM技术在近30年获得了越来越多的关注。从SLAM技术的"前端"与"后端"两部分来看，前端部分会与其他研究领域交叉，例如，计算机视觉和信号处理领域相交叉；而后端部分是几何、图论、优化和概率等学科的融合。此外，SLAM专家必须从实际应用着手，处理从传感器校准到系统集成等一系列问题。

总而言之，SLAM技术正迅速在各个领域得到应用。在国家相关政策的扶持和推动下，相信未来几年SLAM技术会在更多领域有更多优秀的表现。

第 2 章

自动驾驶常用传感器及原理

　　自动驾驶技术涉及的传感器主要包括雷达类传感器和视觉传感器。雷达类传感器包含激光雷达、毫米波雷达、超声波雷达等传感器，视觉传感器则包含结构光深度相机、双目深度相机及 ToF（Time of Flight）深度相机。自动驾驶通过 AI、视觉计算、激光雷达、GPS 等软硬件模块，让车辆可以在没有人类主动操作的情况下，自行识别道路状况并进行驾驶。其自动特性主要由环境感知系统、定位导航系统、路径规划系统、速度控制系统、运动控制系统、中央处理单元、数据传输总线等组成，如图 2-1 所示。而在整个自动驾驶的环节里，如何正确且稳定地感知环境，是无人自动驾驶的重中之重。

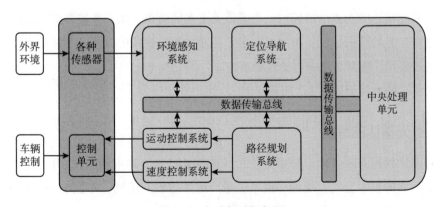

图 2-1　自动驾驶框架图

如图2-1所示，自动驾驶系统通过传感器感知周围环境信息，将其输入中央处理单元处理，而中央处理单元运行算法来判断车辆位置和驾驶信息，对车辆运动进行行为决策、路径规划，再精准控制车辆底盘执行器实现自动驾驶。

本章针对自动驾驶方案中常用的激光雷达、深度相机和毫米波雷达这3类传感器的原理进行分析探讨。

2.1 激光雷达

激光雷达（下文也用LiDar）是一种移动型三维激光扫描系统，也是行业建模最有效的工具之一。它主要由发射系统、接收系统、信息处理系统三部分组成，将激光雷达和ROS（Robot Operating System，一个开源机器人操作系统，用于支持机器人的开发、控制和通信）装在车上，可以在更大范围内建立3D模型。

激光雷达的工作原理是通过发射激光束探测目标的位置、速度等信息。它向目标物发射探测信号（激光束），通过接收信号与发射信号的对比或者激光在空中飞行的时间来推断得到目标物的距离、方位、高度甚至形状等信息，从而对特定目标进行探测、跟踪和识别，在自动驾驶行业起到非常重要的作用。

激光本身是一种单一颜色、单一波长的光，激光雷达选用的激光波长一般不低于850nm，以避免可见光对人眼的伤害和受到太阳光的严重干扰。目前激光雷达所选用的激光主要为905nm和1550nm两种波长。905nm波长的激光探测距离有限，激光雷达采用硅材质，成本较低；1550nm波长的激光探测距离更远，激光雷达采用昂贵的铟镓砷（InGaAs）材质。

由于激光雷达的光束范围较窄，为了覆盖更大的面积，就需要使用更多的纵向光束。算法通过增加光的线束扩大了画面的大小，并通过激光返回的时间来测量距离，并快速、准确地构建模型，使其更适合自动驾驶系统。

激光雷达的发展史如图2-2所示。

2.1.1 激光雷达的种类

激光雷达根据测距方式、扫描方法、线束数量可以分为不同的核心技术，每种核心技术均有不同的技术分支，性能、成本、量产难度等均有不同，不同的分支技术选择也导致了各家激光雷达技术路线的不同，如图2-3所示。

第 2 章 自动驾驶常用传感器及原理 23

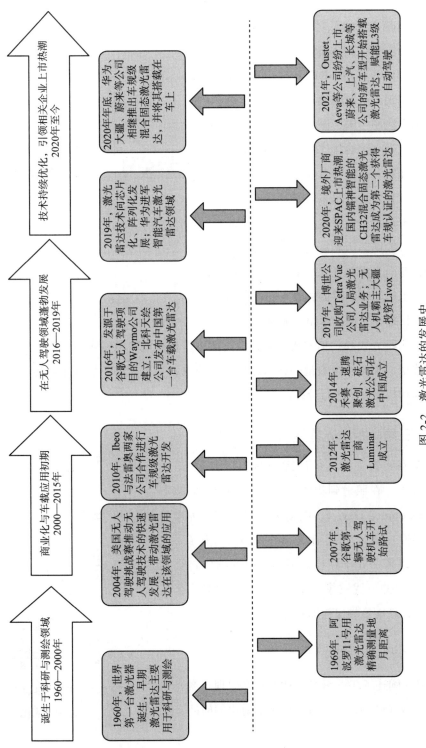

图 2-2 激光雷达的发展史

根据测距方式的不同，激光雷达可以分为三角测距激光雷达和 ToF 激光雷达两种方案。这两种方案在具体实现时都面临各自的挑战，但总体而言，ToF 激光雷达的技术门槛更高，实现起来更困难，性能也更优越。根据扫描方法的不同，激光雷达可以分为机械式激光雷达、混合固态激光雷达（也称为半固态激光雷达）和固态激光雷达。传统的机械旋转激光雷达技术是研发最早也最成熟的，但由于该雷达设备体积较大，装备起来较为困难。纯固态激光雷达是未来的发展方向，但目前尚未成熟且批量生产困难。而半固态激光雷达能够以较低的成本和较高的准确度实现扫描，目前技术相对成熟。

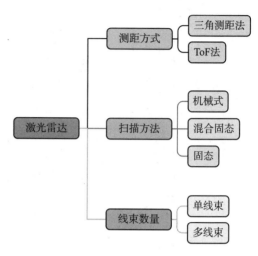

图 2-3　激光雷达分类

除了测距方式和扫描方式，激光雷达还可以根据线束数量进行分类，常见的有单线束和多线束。关于线束数量的技术原理相对简单，在本文中不做详细阐述。下文将仅从测距方式和扫描方式进行分析。

2.1.2　三角测距激光雷达

三角测距激光雷达的原理如图 2-4 所示。激光器发射激光，在照射到物体后，反射光由线性 CCD（Charge Coupled Device，电荷耦合器件，一种半导体成像器件）接收。由于激光器和探测器间隔了一段距离，所以依照光学路径，不同距离的物体将会在 CCD 上不同的位置成像。按照简单的三角对比公式进行计算，就能推导出被测物体的距离。

2.1.3　ToF 激光雷达

图 2-5 阐述了 ToF 激光雷达的基本原理。激光器发射一个激光脉冲，由计时器记录下射出的时间，反

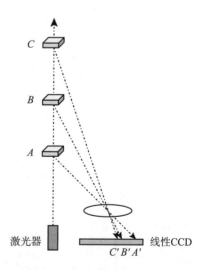

图 2-4　三角测距激光雷达的原理示意图

射回来的激光经接收器接收,并由计时器记录下回返的时间。两个时间相减即得到了光的飞行时间,而光速是恒定的,在已知速度和时间后就可以计算出距离。

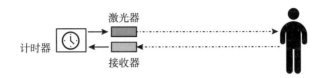

图 2-5 ToF 激光雷达的基本原理示意图

三角测距和 ToF 两种方案各有优缺点,适用于不同的场景。这两种激光雷达的测距方式的对比情况如表 2-1 所示。

表 2-1 三角测距激光雷达与 ToF 激光雷达的测距方式对比

对比项		三角测距激光雷达	ToF 激光雷达
技术门槛	硬件设计	硬件设计的门槛比 ToF 稍低,更容易实现	激光雷达要测量 1cm 的距离,对应的时间跨度约为 65ps,电路系统需要相当高的处理性能,对芯片设计和电路设计的压力比较大
	激光驱动	对激光器驱动几乎没什么要求	射出的光脉宽要求在纳秒级别,上升沿要求越快越好,对激光的驱动方案提出更高的要求
	接收器设计	硬件要求比较低	接收器对于反射激光的检测要求非常高,激光上升沿必须保证及时传输且不失真
性能差异	测量距离	物体距离越远,在 CCD 上的位置差别就越小,导致在超过某个距离后在 CCD 上几乎无法分辨	采用脉冲激光采样,并且严格控制视场,以减少环境光的影响。这些都是长距离测量的前提条件
	采样率	完成一个点的测量需要的运算过程耗时更长,采样率一般都在 20kHz 以下	完成一次测量只需要一个光脉冲,对实时时间分析也能很快响应
	测量精度	随着距离变远精度降低,近距离场景下精度较高	距离比较远的情况下影响不大,远距离也能达到厘米级别精度
	转速	最高转速通常在 20Hz 以下	ToF 激光雷达可达到 30~50Hz
成本及应用场景		成本较低,一般用于家用扫地机器人	成本较高,用于无人驾驶等

相比于三角测距,ToF 激光雷达存在更高的技术壁垒,主要体现在如下方面。

1)计时。ToF 方案的距离测量依赖于对时间的精准测量。但是在光速的条件下,要获得精确的距离，对计时系统的精度要求也就相应提高。激光雷达测量 1cm 距离的时间精度需要达到皮秒（ps，10^{-12} s）量级，这对计时系统提出了相当高的要求。

2）脉冲信号的处理。一方面在于激光驱动，不同的激光驱动方案也会影响最终的产品质量。三角测距对激光驱动的要求只在于激光器能实现连续激光射出即可。而 ToF 则要求更高质量的脉冲激光，一般 ToF 激光雷达要求发射光脉宽达到纳秒（ns，10^{-9} s）级别，上升沿也是越快越好。另一方面在于接收器的回波时刻判断。接收器通过判定上升沿的时间来确定激光的接收时间，因此在对回波信号进行处理时必须保证该处理操作尽量及时且不失真。另外，接收端还要从技术层面上解决信号饱和、底噪处理等问题。

当然了，ToF 激光雷达的性能是优于三角测距的，主要体现如下。

1）测量距离。ToF 的有效测量距离可以更远。无人驾驶汽车应用几乎都采用了 ToF 激光雷达。而三角测距雷达往往用于家用扫地机等测量距离较近的应用。三角测距方案无法测量长距离，这是技术原理上的天然限制。从图 2-4 可以看出，三角测距激光雷达距离物体越远，在 CCD 上的位置差别就越小。在超过一定距离后，三角激光雷达就失去了精准度。

2）采样率。激光雷达每秒能够测量的点的数目就是采样率。采样率越高，点云数量越多，则图像对周围环境的描绘就越精确。ToF 由于采用更为精准的采集芯片，完成一次测量只需要一个光脉冲，生成一个点的测量数据的运算时间也很短。三角测距激光雷达所需要的运算过程更为耗时。业界三角测距雷达的采样率一般都在 20k 以下，ToF 激光雷达则能做到更高。

3）精度。三角测距激光雷达在近距离下的精度很高，但是随着距离越来越远，测量的精度会越来越差，这是三角测距的原理决定的。三角测距激光雷达往往采用百分比来标注精度（如 1%@1m 表示 1m 内的精度为 1%）。ToF 激光雷达通过光的飞行时间来计算距离，距离的变化对精度的影响不大，多数 ToF 激光雷达在几十米的测量范围内都能保持厘米级精度。

4）转速（帧率）。在机械式旋转激光雷达中，帧率是由电机的转速决定。三角测距激光雷达的最高转速通常在 20Hz 以下，ToF 激光雷达则可以做到 30~50Hz。原因在于三角测距激光雷达的系统包含激光发射、接收和采集部分等器件，电路的器件太多，限制了转动的转速，导致帧率提升不上去。ToF 激光雷达的电机仅需带动反射镜，所以可以支持更高的转速，从而获取更高的帧率。高帧率有利于捕捉高速运动的物体，比如高速公路上行驶的车辆。此外,高帧率可以更好地减少因为自身高速运动带来的点云图像畸变。

2.1.4 机械式激光雷达

机械式激光雷达是指发射系统和接收系统通过电动机的转动,也就是通过不断旋转发射系统和接收系统,将原本二维方向上的多束激光束从"线"变成"面",达到动态扫描并动态接收空间定位信息的目的。竖直方向上的激光束越多,那么对3D空间的分辨率就越高,构建出的三维图就越准确,三维建模的还原图精度也就越高。机械式方案是通过电机带动光机结构整体旋转,是经典且成熟的架构。

以图2-6的机械式激光雷达为例。激光源发出高质量的激光信号,照射到外部的被测物体上。竖直排列的激光发射器呈不同角度向外发射激光,实现垂直角度的覆盖,同时在高速旋转的电动机带动下实现水平角度360°的全覆盖。而投射到被测物体上的光线反射到接收器上。在汽车行驶过程中,机械式激光雷达就一直处于360°旋转状态中。

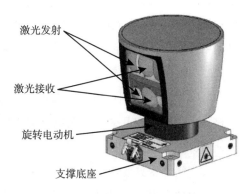

图2-6 机械式激光雷达示意图

机械式激光雷达最大的优点是可以通过物理旋转进行3D扫描,对周遭环境进行全面的覆盖形成高精度的点云,便于对物理世界进行建模。但是此类激光雷达的缺点也很明显,高频的转动和复杂的机械结构致使其正常工作寿命仅为1000~3000h,难以达到车规级设备最低工作13000h的要求,尤其是在碰撞的场景下,机械式激光雷达即使没有发生机械结构上的功能故障,也可能会产生难以预估的测量偏差。机械式激光雷达在海外市场中以Velodyne公司为主,国内则有禾赛、速腾聚创等公司。

此外,半导体芯片的成本是可以遵循摩尔定律来降低的,但是结构的成本则不然。机械式激光雷达复杂的结构导致它在可见的未来很难做到低成本,这也会影响这类激光雷达未来的长期走势。截止到目前,达到车规并搭载在量产车型上的机械式激光雷达并不太多。

2.1.5 混合固态激光雷达

混合固态激光雷达按照扫描的不同实现方式,又可以分为转镜、MEMS(Micro-Electro-Mechanical System,微机电系统)微振镜、振镜等,它主要是指收发模块静止、仅扫描器发生机械运动的激光雷达方案。

(1)转镜激光雷达

转镜分为一维转镜和二维转镜。一维转镜通过旋转反射镜,将激光反射到不同的方向,其原理如图 2-7 所示。二维转镜的原理与一维转镜类似,内部集成了两个转镜:横向旋转和纵向翻转。转镜激光雷达体积小、成本低,与机械式激光雷达效果一致,但由于机械的转动频率也很高,在产品的使用寿命上还不够理想。

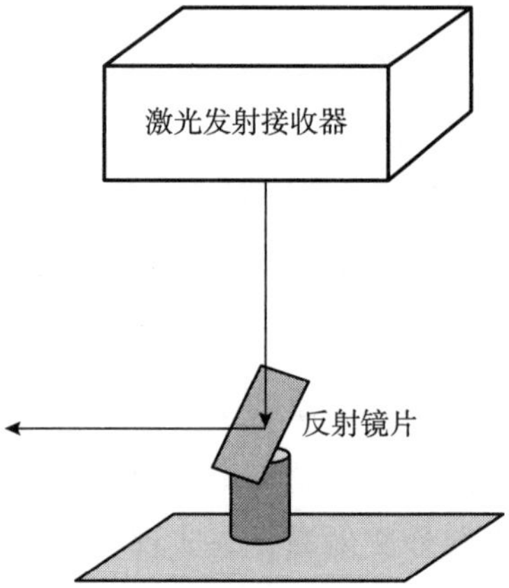

(2)MEMS 微振镜激光雷达

MEMS 也经常叫作微电子机械系统、微系统、微机械等,指尺寸在几毫米乃至更小的机械系统。简单说,MEMS 就是利用微电子技术(半导体制造技术),在很小的芯片空间里"雕刻"出类似现实生活中常见装置结构的机械装置。

图 2-7 一维转镜激光雷达示意图

MEMS 微振镜激光雷达通过电流控制微观的镜面扭转运动,将激光反射到不同的角度完成扫描,激光发射接收器本身固定不动。通过 MEMS 芯片来代替传统的机械式旋转装置,由微振镜反射激光形成较广的扫射角度和较大的扫射范围,如图 2-8 所示。

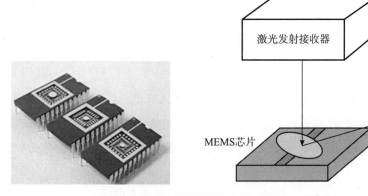

图 2-8 MEMS 微振镜激光雷达的原理示意图

由于取消了电动机、棱镜等较为笨重的组件，毫米级尺寸的微振镜大大减小了激光雷达的产品尺寸，可靠性也得到了大幅度提升。而且，相比于机械式旋转装置，MEMS 微振镜装置更能精确控制偏转角度，从而可以进一步简化激光器和探测器的设计，极大地降低成本。

2.1.6 固态激光雷达

固态激光雷达没有任何机械结构件，它完全取消了机械运动模块，以集成芯片化结构替代传统机械式激光雷达发射端和接收端的分立器件。固态激光雷达体型更小、性能更好、寿命更可靠，同时可以很好地解决机械式激光雷达面临的物料成本高和生产成本高的问题，更容易在技术成熟后实现大规模应用。

固态激光雷达主要有 OPA（Optical Phased Array，光相控阵）固态激光雷达和 Flash 固态激光雷达两种实现方式。

1. OPA 固态激光雷达

OPA 固态激光雷达利用多个光源组成阵列，合成特定方向的光束，实现对不同方向的扫描，具有扫描速度快、精度高、可控性好、体积小（比如，Quanergy 激光雷达的尺寸只有 90mm×60mm×60mm）等特点。

其工作原理是将激光器功率分散到多路相位调制器阵列，激光通过光学天线发射，在空间远场相干叠加形成一个具有较强能量的光束。具体来说，经过特定相位调制后的光场在发射天线端产生不同光波的叠加，从而在远场反映成光束的偏转，通过施加不同相位可以获得不同角度的光束，形成不同的扫描效果。简单地说，光相控阵利用的是波的干涉叠加效应，有的方向增强，有的方向抵消，通过控制天线的相位差，就可以控制主光束发射的角度。如图 2-9 所示，光相控阵雷达系统一般拥有发射机（TX）和多个天线单元。每个天线单元作为辐射源发出球面波，它们在天线前方相互叠加，从而产生沿

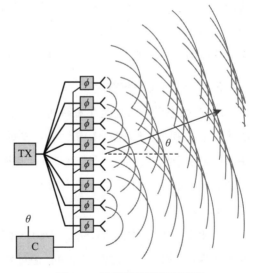

图 2-9 光相控阵原理示意图

特定方向行进的平面波。系统通过控制单元 C 改变相移 ϕ，从而改变波束的指向角度 θ。

对发射光的相位进行控制的方案有很多种，但不管采用哪一种方案设计的光相控阵，它面临的主要挑战都可以总结为如下几点。

1）旁瓣效应。光束经过光相控阵器件后形成的光束合成实际是由光波的相互干涉导致的，而干涉效果易形成旁瓣，使得激光能量被分散，如图 2-10 所示。

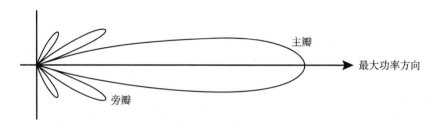

图 2-10　旁瓣效应示意图

2）视场角（Field of View，FoV）影响。视场角的影响因素比较多。首先，当出现明显的旁瓣时，为了保证主瓣的数据，就只能将分散的旁瓣挡住，继而导致视场角缩小。另外，在设计上，视场角与天线阵列的密度呈反比关系。而选择合理的衬底材料（继而选择折射率）决定了在天线间不存在串扰的情况下可以排列的最小密度。

3）功耗因素。从整个雷达系统来看，功耗部分既包括扫描模块的功耗也包括检测模块的功耗。当视场角较小时，为了扩大扫描空间，就需要使用多个 OPA 阵列，导致整个激光雷达的功耗也会相应增加。当然，采用热光效应的调制器、光损耗过高等因素也会影响整体的功耗，如何将 OPA 的功耗控制在一个合理范围是一个技术壁垒。

2. Flash 固态激光雷达

Flash 固态激光雷达是在短时间直接发射一大片覆盖探测区域的激光，再以高度灵敏的接收器，利用光阵构建图像，来完成对环境周围图像的绘制。其原理就像是照相机，快速记录整个场景，减少了转动与镜片磨损，相对更为稳定。不过根据 Flash 固态激光雷达的原理，如图 2-11 所示，此类激光雷达的探测距离较近，对处理器要求较高，相应的成本也比较高。

在图 2-11 中，面阵 VCSEL（Vertical-Cavity Surface-Emitting Laser，垂直腔表面发射激光器）光源阵列同时发射光束，通过发射镜头"照亮"前方的物体（这里采用"照亮"的说法是为了便于理解，实际上发射的是不可见光），发射光经过物体表面的反射通过接收镜头进入 SPAD（Single Photon Avalanche Diode，单光子雪崩二极管）阵列探测器，经光电转换形成电信号。电信号经过 TCSPC（时间相关单电子计数）模块的处理后可以还原出类似于摄像头的图像信号，区别只是在于图像信号是肉眼可以清晰辨识的普通视觉图像，而激光雷达的图像信号更倾向于代表距离信息，图像中不同的颜色只是为了表征距离远近而由软件着色。

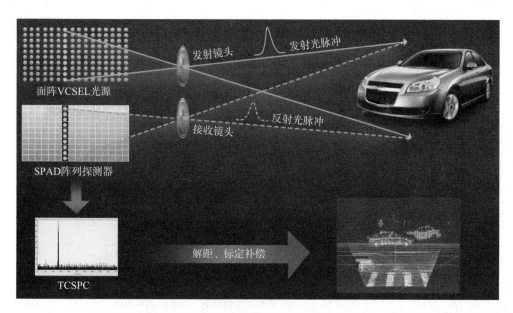

图 2-11　Flash 固态激光雷达的原理示意图

2.1.7　竞品对比

机械式激光雷达最早应用于自动驾驶，其特点是激光发生器按照竖直方向排列并可以绕自身进行 360° 旋转，通过旋转对四周环境进行全面的点云式扫描。

机械式激光雷达最大的优点是对周围环境的全面覆盖。然而，这种设计也带来了一些问题。首先，由于高频的转动和复杂的机械结构，机械式激光雷达的平均失效时间仅为 1000~3000h，无法满足车规级设备的最低要求。其次，机械式激光雷达必须安装在车身最高点以避免数据被遮挡，这对车辆的外观造型产生较大影响。最后，机械式激光雷达的结构复杂，成本难以控制。这些缺点导致机械式激光雷达在车载应用中无法被大规模使用。

纯固态激光雷达有两种主要类型。一种是 OPA 固态激光雷达，它要求阵列单元尺寸不大于半个波长，因此每个器件尺寸仅约为 500nm。这对材料和工艺提出了极高的要求，因此成本也相应较高。另一种是 Flash 固态激光雷达，它能在短时间内发射大面积的激光。然而，由于这种技术的特点，这种雷达在探测精度和探测距离上可能具有较大的限制，主要适用于较低速的无人驾驶车辆，例如无人外卖车、无人物流车等，以及对探测距离要求较低的自动驾驶解决方案。

在某种程度上，混合固态激光雷达可以视为机械式和纯固态激光雷达的折中方案。与机械式激光雷达相比，混合固态激光雷达只能扫描前方一定角度内的范围。而与纯固态激光雷达相比，混合固态激光雷达具有一些较小的活动部件，因此在成本和体积等方面更易于控制。然而，混合固态激光雷达也存在一些问题，如信噪比低、有效距离短和视场角受限等。

以表 2-2 来对比总结各种激光雷达的扫描方法。

表 2-2 激光雷达扫描方法对比

种类	测距	成本[①]	技术成熟	可靠性	优点	缺点
机械式	长距	>4000$[②]	高	低	360°探测 技术成熟	体积大、质量大 寿命短，量产困难
转镜	中远距	<500$	中	中	体积小于机械式 稳定性更高，更可靠	无法实现 360°扫描 体积大于 MEMS
MEMS	中远距	<500$	中	中	体积小于转镜 一致性更好	对 MEMS 振镜的要求很高，控制难度大 FoV 参数不大
OPA	中远距	未量产 现在高 未来低	低	高	可靠性高 成本低，体积小 扫描频率高	目前精度难以保障，阵列间会相互干扰 功率需要突破
Flash	近距	将量产 600$[③]	中	中	可靠性高 成本低，体积小 量产一致性高	效率和功率需要提升 量产难度大 测量距离短，难以用于高速驾驶

[①] 成本可能因为供应链波动而变化，表中的成本以预估方式得出，可能存在偏差。
[②] 某家厂商 32 位激光雷达的报价。
[③] Ouster 发布的最新高性能固态激光雷达 ES2 的价格，该型号激光雷达预计于 2024 年实现大批量生产。

2.1.8 核心部件

激光雷达主要由激光发射器、光电探测器等部件组成。各个部件对应不同技术路线，形成各种不同类型的激光雷达产品，也涉及不同的供应商。

1. 激光发射器

业界的激光发射器主要由 EEL（边缘发射激光器）和 VCSEL 组成。

EEL 作为探测光源具有高发光功率密度的优势，但制作工艺复杂，高度依赖手工安装和调试技术，导致生产成本高且产品的一致性难以保障。相比之下，VCSEL 的加工主要依靠半导体加工设备，无须对每个激光器进行单独调整和适配，因此具有更好的一致性。尽管早期的 VCSEL 存在发光功率密度较低的缺陷，仅适用于短距离（通常小于 50m）场景。但近年来随着工艺的进步，VCSEL 的发光功率密度大幅提升，为其在长距离应用方面拓宽了市场。由于在生产成本和产品可靠性方面的优势，VCSEL 未来有望逐渐取代 EEL。

2. 光电探测器

SPAD 和 APD（Avalanche Photo Diode，雪崩式光电二极管）都是能够将光能转换成电流的光电探测器。

SPAD 具备单个光子的探测能力，在生物医学的荧光探测领域和核磁共振成像领域得到了广泛应用。然而，SPAD 存在输出信号幅值相同且无法测量光强的局限性。相比之下，APD 则输出模拟信号，能够获取目标的灰度信息，并具有较大的动态识别范围。因此，在业界的激光雷达产品中更多地使用 APD。

需要注意的是，最近国内外许多公司不断优化单光子器件的性能，使其在实际探测灵敏度方面逐渐超越了 APD。随着设计和工艺的进一步演进，SPAD 的优势可能会进一步凸显。

对于激光雷达而言，硬件及模块的集成化和芯片化是未来的发展趋势，也是降低成本和提高效率的关键手段。目前，激光雷达仍然存在零部件众多、生产成本高、可靠性低等问题。通过将收发单元进行阵列化和核心模块进行芯片化，可以降低物料成本，同时减少大量生产成本。此外，减少激光雷达器件的数量可以显著提升其可靠性。核心硬件及模块的集成化和芯片化是实现激光雷达小型化、轻量化并满足车规要求的关键因素，为激光雷达的成本效益和大规模应用提供了可能性。

2.1.9 应用及展望

激光雷达不仅可以应用于自动驾驶，还有更多的应用场景。

（1）工业自动化

激光雷达在工业、制造业的应用主要聚焦于机器人及工业自动化产业中。

在工业领域，为了降本增效，许多企业已经开始引入自动化生产线，打造智能化生产车间，包括引入搬运机器人，实现工厂自动化管理、自动化运营，这些都离不开激光雷达。

（2）智慧治理

激光雷达同样可以应用于交通建设、安防等领域。

在高速收费站口，采用激光雷达作为车辆检测的手段，可以实时检测来往车辆的轮廓，对超高、超宽、超长的车辆进行检测，阻止这些车辆上高速或者对它们进行定向分流。将激光雷达嵌入检测装置是当前业界检测精准最高的方案之一。

（3）商业

激光雷达在商业领域中同样有大量的服务机器人、智能停车、人机交互等应用需求。

服务机器人主要应用于送餐、医院、清洁、消毒等，有了激光雷达后可以实现精准定位，提供更优服务。

当然，激光雷达在应用中也存在着不足。大雾和大雨会减弱车载激光信号的强度，导致测量精度下降。此外，现在的激光雷达的点云是基于距离数值呈现的，不能辨别颜色和纹理。也就是说，车载激光雷达无法区分路面上的纸袋和石头的不同。

基于这种不足，车辆还加入了摄像头。业界认为，摄像头的高分辨率和激光雷达的精准测距正好是天然的互补。激光雷达与摄像头融合，可以带来信息获取能力的提升，更能保证车载方案的安全性。

2.2 深度相机

深度相机也被业界称为 3D 相机，是一种能够测量从相机到物体之间距离的相机设备。与普通摄像头只能拍摄 2D 图像不同，深度相机增加了深度数据输出的功能。通过测量得到的深度数据，我们可以准确知道深度图像中每个点到相机的距离，再结合该点在 2D 图像中的二维空间坐标，就能够计算出图像中每个点的三维空间坐标。通过三维坐标,我们可以完成重建真实物体和场景、实现场景建模等各种任务。

随着行业的发展,深度相机已经广泛应用于人脸技术、智能人机交互、三维建模、机器人自主导航、无人驾驶、元宇宙、机械臂抓取等领域,并在这些领域发挥着不可或缺的重要作用。

从技术角度上划分,深度相机存在着 3 种技术方向:ToF 深度相机、结构光深度相机、双目深度相机。这 3 种深度相机各有其优缺点,大致整理成表 2-3 所示的信息。

表 2-3 3 种深度相机对比

	ToF 深度相机	结构光深度相机	双目深度相机
原理	向目标物连续发射激光脉冲,然后通过激光接收器接收反射回来的激光脉冲,根据光脉冲的飞行往返时间来得到确切的目标物距离	通过近红外激光器,将具有特定信息的光线投射到目标物上,再通过专门的红外摄像头进行采集并进一步计算出深度	利用两个相机的像素差异值和三角等比例原理,计算出目标物和相机之间的距离信息
优点	1. 检测距离远,增强激光发射能量的话可达几十米 2. 受环境光的干扰比较小	1. 方案成熟,相机尺寸可以做得较小 2. 资源消耗低,利用单帧数据即可计算深度,功耗低 3. 主动发光,夜晚可用 4. 分辨率高,可达 1280×1024 @ 60FPS	1. 硬件要求低,成本低 2. 室内外均可以使用
缺点	1. 对设备要求高,尤其是对检测光脉冲信号模块的灵敏度 2. 资源消耗大 3. 边缘精度低 4. 基于当前的芯片能力和滤波算法,很难将帧率和分辨率做到比较高	1. 易受环境光干扰 2. 若检测距离增加,则精度下降	1. 对环境光照非常敏感 2. 不适合缺乏纹理的场景,如一面大白墙 3. 计算复杂度高 4. 对两个相机的距离有要求,不利于小型化

2.2.1 ToF 深度相机

ToF 成像是一种主动成像方式,通过激光系统向目标发射激光脉冲,并根据激光接收器接收目标反射光的时间计算出从目标物到相机镜头的距离,进而生成目标物到 ToF 深度相机的三维点云图。

一个基本的 ToF 深度相机系统如图 2-12 所示。ToF 深度相机的核心部件包括光源发射模块和光电接收模块。业界通常使用激光光源作为光源,而光电接收模块一般采用 CMOS 感光阵列。近年来,基于 VCSEL 技术的高效光源得到了快速发展,并成为 ToF

深度相机的光源发射模块的主流应用方向。例如，iPhone 等设备采用了 VCSEL 光源与 CMOS 感光阵列的方案。

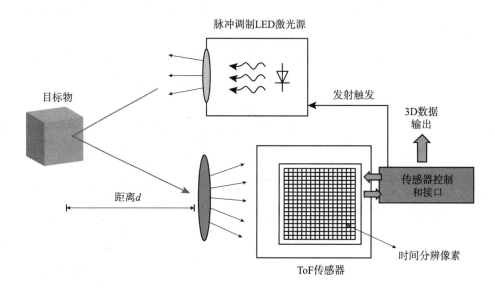

图 2-12　ToF 深度相机系统图

具体来说，ToF 深度相机由如下几个部分组成。

（1）激光发射单元

激光发射单元对激光光源进行脉冲调制后发射。调制的激光脉冲频率通常在百兆赫兹级别。相机的曝光时间参数决定了每次成像的脉冲数。为了使测量结果更加精确，系统必须精确控制光脉冲的波形，确保其持续时间、上升时间和下降时间等时间特性完全相同。ToF 深度相机常使用红外光源，即人眼不可见的光。

（2）光学透镜

光学透镜用于汇聚反射回来的激光光线，使其在成像传感器上形成图像。为减少其他频段光谱对成像传感器上的成像单元的干扰，系统通常添加带通滤光片，只允许特定的光进入成像单元。采用这种方法可减少噪声，并防止成像传感器因外部光线干扰而过度曝光，影响测量精度。

在降低噪声方面，行业经常采用 1550nm 波长的红外线，因为太阳光在 1550nm 波长下的强度仅为可见光波长 800nm 的 1/5。相对于 850nm 和 940nm，1550nm 波长所受到的环境光影响更小，有助于减少背景噪点。

（3）成像传感器

成像传感器也称为接收响应单元，是 ToF 深度相机的核心部件。它的工作原理类似于普通的图像传感器，但更加复杂。成像传感器包含两个或更多快门，用于在不同时间片采集反射回来的激光光线。因此，ToF 芯片的像素尺寸通常比普通图像传感器的像素尺寸大，一般在 100μm 左右（普通拍照相机的像素尺寸在微米级别）。

然而，由于 ToF 的光学特性，如果前方存在具有高吸收光特性的物体或者存在反射光朝向与激光发射方向平行的高反射物体，则接收响应单元将很难接收到这些方向上的反射光，导致计算单元无法计算出前方物体与相机之间的相对距离，最终导致 ToF 深度相机无法检测到前方物体。比如，ToF 深度相机很难拍到透明水瓶的完整深度图。

（4）控制单元

控制单元负责控制激光光源的高频开关和成像传感器的快门开关。如何确保激光光脉冲序列与电子快门的开闭精确同步，这对控制单元的芯片设计提出了极高的要求。此外，控制单元还负责对传感器电荷进行读取和转换，并对数据进行分析、提取、打包等操作。

（5）计算单元

计算单元用于计算精确的深度图。深度图通常是灰度图像，其中每个像素的值表示该像素到 ToF 深度相机之间的距离。为了获得最佳的测距效果，通常需要进行数据校准及畸变校正，以防止由于透镜的光学因素导致光路偏转，从而使深度图能够真实地还原原始距离数据。

2.2.2 结构光深度相机

结构光深度相机的基本原理是，通过近红外激光器，将具备特定编码特征的光线投射到被拍摄物体上，再由专门的红外摄像头进行拍摄采集。精心设计过编码的红外光线，会因前方物体的不同深度区域而形成不同的红外图像。红外摄像头采集不同的图像信息，然后通过运算单元将编码结构的变化提取成深度信息。结构光深度相机通常采用特定波长的红外激光（通常不可见）作为光源，发射出来的光经过一定的编码投影在物体上，通过计算编码图案的畸变情况来得到物体的位置和深度信息。

结构光按照编码方式可以分为条纹结构光、编码结构光和散斑结构光。图 2-13 是条纹结构光深度相机的工作原理。首先，投影装置将符合一定分布规律的光栅条纹投射到被测物体表面。光栅条纹由于被测物体高度的变化发生变形（调制），相机采集到这种变形条纹并传给计算机。计算机根据图像中像素灰度值的变化对变形的光栅条纹进行解调，并通过解算出物体的绝对相位信息，找出相机所拍摄图像在投影图像中的对应点，再根据三角几何关系求出物体的深度信息，进而完成三维重建。

其他结构光编码的工作方式也是类似的，本质都是利用光源、特征点、相机之间的空间关系解算出深度信息。如图 2-14 所示的单目散斑结构光，其计算深度的原理是利用激光器发出散斑结构光，经物体反射后，通过感光相机进行接收，再利用光源、特征点、相机内部标定的参考平面、相机之间的三角几何关系计算出物体的深度信息。

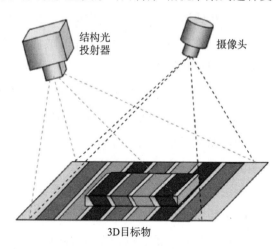

图 2-13　条纹结构光深度相机的工作原理示意图

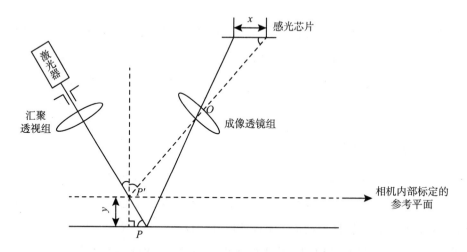

图 2-14　单目散斑结构光深度相机的原理示意图

2.2.3　双目深度相机

双目深度相机一般是由左眼和右眼两个水平放置的相机组成（上下双目理论上也是可行的，但业界上见到的主流双目深度相机都是左右排列的，尚无见到刻意做成上下排列的双目深度相机的情况，故下面仅以左右双目相机来进行说明）。

如图 2-15 所示，双目深度相机的两个相机是水平放置的，两个相机的光圈中心 O_L、O_R 都位于 x 轴上，两个中心的距离定义为双目深度相机的基线，基线的长度值是双目的重要参数。

先设定两个相机的光圈中心都位于 x 轴上。假定前方有一个空间点 P，P 点在左相机和右相机里各自产生一个像素点，记作 P_L 和 P_R。由于基线的存在，P 点的两个成像位置是不同的。理论上说，由于左右两个相机只有在 x 轴上有位移，因此 P 的像素点也只在 x 轴上有差异。我们记它在左侧的坐标为 u_L，右侧坐标为 u_R。那么，它们的几何关系如图 2-15 所示。$\triangle PP_LP_R$ 和 $\triangle PO_LO_R$ 是相似三角形。

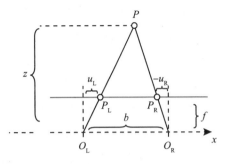

图 2-15　双目深度相机工作原理示意图

$$\frac{z-f}{z} = \frac{b-u_L+u_R}{B}$$

计算可得

$$z = \frac{fb}{d}, d = u_L - u_R$$

这里 d 为左右两个图里的同一个像素点的横坐标之差，称为视差（Disparity）。根据视差和基线的值，我们可以计算得到前方一个像素点距离深度相机的距离。而视差与距离成反比，也就是说，视差越大，距离越近。

应该注意的是，由于视差值最小为一个像素，于是双目深度相机的深度值存在一个理论上的最大值，由该值 $f \cdot b$ 确定，超过这个值便无法区分开不同的距离值。当然，我们可以推导出，当双目深度相机的基线值越大时，双目深度相机能测到的最大距离就会变长；反之，小型双目器件则只能测量很短的距离。对于业界的厂商而言，需要在相机模组的尺寸和工作距离之间找一个合理的平衡点。

应该说明的是，虽然看起来上述由视差计算深度的公式很简洁，但视差 d 本身的计算却比较困难。我们需要确切地知道左图像中的某个像素出现在右图像的哪个位置（即找到同一个像素点），这对于人类来说是很容易的，对于计算机来说则不那么简单。尤其是当双目深度相机每个像素点看上去都相差不大的情况下，计算机进行这种分辨就显得更为困难，比如面对一堵白墙时。计算机只有在图像纹理变化丰富的地方才能很好地计算视差,在图像纹理变化很细小的地方,则无法确切获得视差,也无法获取深度信息。此时若想计算每个像素的深度,则其计算量与精度都将成为问题。

最后,在左右两张图的分辨率都比较大的情况下,由于需要相当的计算量,用 CPU 来计算相当耗费资源,业界一般采用 GPU 或 FPGA 来计算。当然,业界也有一些提升计算速度和降低系统资源的方案,比如等比例缩小两张图的分辨率的方案,或者采用专用芯片模块来加速软件计算的方案。

目前结构光技术存在不同方案。以散斑结构光为例,一种是"单目 IR+ 投影红外点阵",另外一种是"双目 IR+ 投影红外点阵",后者的效果相当于"结构光 + 双目立体融合",深度测量效果会比前者更好。其工作原理如图 2-16 所示,主要包括左红外相机(IR Camera 1)、右红外相机(IR Camera 2)、一个激光投射模组(IR Projector)以及深度计算处理器(Depth Processor)。激光投射模组用于向目标场景投射结构光(散斑结构光)图案,左红外相机及右红外相机分别采集目标的左红外结构光图像以及右红外结构光图像,深度计算处理器在接收左红外结构光图像和右红外结构光图像后执行深度计算算法并输出目标场景的深度图像。深度计算处理器在执行深度计算算法时,将左红外结构光图像、右红外结构光图像的散斑特征点进行匹配计算,以获取图像之间各像素的视差值(d),再由视差值计算出深度值。

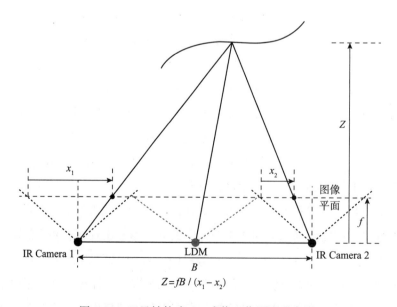

图 2-16 双目结构光 3D 成像工作原理示意图

此方式相较于同种结构光的单目技术，一方面系统误差小，两张相机采集分析的照片都是动态（随着时间环境而变化）的数据，分析的数据少了静态的参考平面数据，后期的软件算法会相对简单；另一方面光学稳定性更高，两个相机的结构都随着温度发生相同的变化，如缩小或膨胀，便于后期用算法进行修正。

比如，奥比中光（ORBBEC® DaBai DCW/DW）和银牛微电子采用的就是"双目IR+投影红外点阵"的方案，其不足之处就是模组的体积较大。而"单目IR+投影红外点阵"的方案虽然体积较小，但是成像或者测距效果会差一点。

2.2.4 应用及展望

深度相机主要用于智能驾驶，当然也可以用于其他的场景，不过因篇幅所限，本书仅介绍最为核心的车载场景。

1. 应用领域

通常车载前方感知的工作范围主要在1~150m，实现车辆行驶环境中成像视野范围内的3D信息重建。当前行业中有相当一部分专家认为，单纯靠机器视觉是无法实现尽善尽美的自动驾驶功能的，所以最终的智能驾驶车辆应该采用多传感器融合的方案，激光雷达、毫米波雷达及机器视觉都不可或缺。

其中，3D视觉可以应用在移动机器人和无人驾驶领域，可以提供近距离、大角度的导航避障方案。

正因为3D视觉的特点，深度相机在驾驶领域往往与激光雷达、毫米波雷达、超声波雷达等传感器融合使用。激光雷达探测距离一般比深度相机远，但垂直视场角较小，适合对远距离或者是高精度要求的障碍物进行检测；而对于垂直视场角大（有些深度相机的视场角大于100°）、探测距离比较短的障碍物，则适合用深度相机。激光雷达和深度相机的光学特性，不管是采用850nm波段的光还是采用940nm波段的光，都没有办法完成对高反射率物体或者是透光障碍物（比如玻璃或者镜子）的检测，而超声波雷达跟毫米波雷达则可以检测到相对于车本身处于运动状态的所有类型的障碍物。

2. 未来展望

根据相关资料，从全球范围来看，装备了深度相机的前装车辆在2020年已经接近500万辆，占了整个前装车辆市场6%~7%的份额。另外，从近几年的趋势看，车载深度相机的装车率呈缓慢上升的状态，装配深度相机的汽车品牌覆盖高端品牌和低端品牌，豪华车型追求更高的性能，普通车型则追求更高的性价比。

相信随着 AI 的演进、技术的提升，深度相机会进一步拓宽应用市场，需求量会越来越大。

3. 发展趋势

总体来说，车载深度相机有如下发展趋势。

（1）分辨率进一步提升

深度相机会进一步向更高的分辨率方向发展，目的不仅是要看清 500m 以外的车辆或者 300m 以外的行人，还希望在 100m 的距离内看到一些小物体，这样就可以让车辆在快速行驶时避开路面上尺寸比较小的障碍物。

这样的需求对于业界的 ToF 深度相机或者结构光深度相机而言是有一定难度的，但是对于双目深度相机则是比较容易实现的。

（2）毫米级路面起伏状态感知与像素级路面类型识别

除了路面的小型障碍物检测以处，毫米级的路面起伏感知和像素级的路面信息感知也是必要的。智能驾驶发展到一定阶段以后，也要兼顾安全需求和舒适需求。

例如，车辆遇到了井盖等凹凸路面，目前仅判断能不能通过，但这是不够的。如果能进一步考虑到用户的体验及舒适程度然后选择其中最为合适的路线，那么无人驾驶水平就接近于真人驾驶了。而这是目前自动驾驶功能的欠缺点之一。如果对车辆行驶的一定距离范围之内的路面基于三维点云地图重建毫米级或者像素级的环境，就可以引导车辆进行更优的行驶路线规划，将行驶安全性和舒适性相结合。

（3）深度相机与深度学习结合

将深度相机和深度学习结合起来，可以在更远的距离发现目标，同时能够利用立体视觉进行三维建模。比如，在逆光颠簸路段可以基于"深度视觉＋深度学习"进行路面障碍物检测。再比如，基于"深度视觉＋深度学习"进行雨天行驶环境综合检测。

将深度相机的 RGB 图像和深度图作为深度学习融合感知方案的输入参数，使该方案的抗干扰能力更加优良。将立体点云与图像的 RGB 信息以及纹理信息融合，有利于进行远距离目标的识别及 3D 测量。单目视觉可以对颠簸、明暗对比非常强烈或者破损的路况中远距离的物体完成检测，但是其三维恢复过程会存在很多不确定性。而采用深度相机结合深度学习方案，可以更精细、更稳定地检测常见的道路，不受物体类型限制，也不受安装位置与姿态限制，这样动态测距更加稳定、泛化能力更好。

2.3 毫米波雷达

毫米波雷达（Millimeter-Wave，MMW）系统发射出电磁波信号，该信号被其发射路径上的物体遮挡会发生反射，通过捕捉反射信号，雷达系统可以确定前方物体的距离、速度和角度。

毫米波一般是指波长在 1~10mm 范围内（对应的频率范围为 30~300GHz 内）的电磁波，它介于微波与远红外波的波长范围之间，兼有微波特性和光波特性。在电磁频谱中，这种波长是短波长，这也使得处理毫米波信号所需的系统组件（如天线）的尺寸可以做得很小。短波长的另一项优势是高准确度，工作频率为 76~81GHz（对应波长约为 4mm）的毫米波系统能够检测零点几毫米的移动距离的变化。

与超声波雷达相比，两者都具备检测前方物体信息的功能。毫米波雷达指向性更强、探测性能更好，能够准确地辨别障碍物的相对位置，且识别的距离更远，其工作机制也更为复杂，本节针对毫米波雷达的工作原理进行分析。

2.3.1 工作原理

一个完整的毫米波雷达系统包括发射模块（TX）、接收模块（RX）、射频模块（RF）、时钟模块、模数转换器模块（ADC）、微控制器模块（MCU）和数字信号处理器模块（DSP）。早期，这些模块都是由分立式元器件通过电路组合在一起的，功耗和整机系统成本居高不下，而且系统设计的难度相当高。

现在，业界已经有成熟的毫米波雷达芯片，将上述模块整合在一个芯片里面，这使得整机设计的难度大大降低。

毫米波雷达芯片一般会集成时钟、TX、RX、ADC、MCU 和硬件加速器等模块，部分芯片还集成了 DSP，用于提供额外的信号处理功能，如图 2-17 所示。

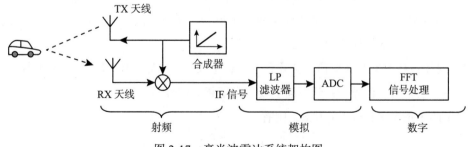

图 2-17 毫米波雷达系统架构图

毫米波雷达根据工作机制可划分为连续波雷达、脉冲雷达和调频连续波雷达等几类，本节根据业界常用的毫米波雷达种类，选择借由调频连续波（Frequency-Modulated Continuous Wave，FMCW）雷达来说明它的工作原理。该雷达通过发射频率逐渐变化的连续波信号，并测量接收到的信号的差异来实现同时测量距离、角度和速度。

2.3.2 测距功能原理

FMCW 雷达信号的频率会随时间变化而线性升高，所以称为线性调频脉冲。如图 2-18 中图 a 所示，线性调频脉冲信号的振幅 A 随时间 t 变化。该线性调频脉冲信号具有起始频率（f_c）、带宽（B）和持续时间（T_c）等几个参数。其中，线性调频脉冲的斜率（S）代表了频率的变化率。在图 2-18 中图 b 的示例里，$T_c = 40\mu s$，$S = 100 MHz/\mu s$。

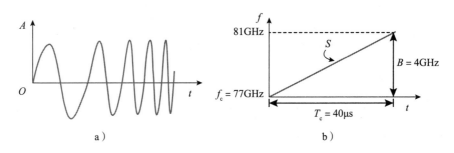

图 2-18　线性调频脉冲信号

FMCW 雷达系统发射线性调频脉冲信号，并捕捉其发射路径中物体反射的信号。图 2-19 为 FMCW 雷达发射及接收模块的简化架构图。该雷达的工作原理如下。

1）合成器生成一个线性调频脉冲。

2）该线性调频脉冲由发射天线发射。

3）物体对该线性调频脉冲进行反射，生成一个被接收天线捕捉的反射线性调频脉冲。

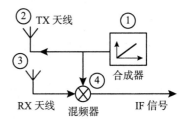

图 2-19　FMCW 雷达发射及接收模块的简化架构图

4）混频器将 RX 和 TX 信号合并到一起，生成一个中频（IF）信号。（混频器是一个电子组件，会将两个信号合并到一起生成一个新频率信号。）

对于两个正弦函数输入 x_1 和 x_2，则有

$$x_1 = \sin(\omega_1 t + \varphi_1)$$

$$x_2 = \sin(\omega_2 t + \varphi_2)$$

混频器 IF 的输出 x_{out} 为

$$x_{\text{out}} = \sin[(\omega_1 - \omega_2)t + (\varphi_1 - \varphi_2)]$$

混频器的工作机制以图形方式来呈现会更容易理解一些，如图 2-20 所示，其中上图为检测的某个物体场景下的 TX 和 RX 线性调频脉冲。可以看出，RX 线性调频脉冲是 TX 线性调频脉冲的延时版本。

延时 τ 可通过数学方法推导出

$$\tau = \frac{2d}{c}$$

式中，d 是芯片与被检测物体的距离；c 是光速。

图 2-20 中上图显示的两条线之间的距离是固定的，这表示 IF 信号包含一个频率恒定的信号。假定该频率为 S_τ，IF 信号仅在 TX 线性调频脉冲和 RX 线性调频脉冲重叠的时段内有效。则混频器输出信号 IF 是一个正弦波，且频率固定不变。IF 信号的初始相位 ϕ_0 是 IF

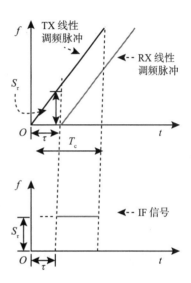

图 2-20　不变的 IF 频率

信号起点对应的时间点（即图 2-20 中左侧垂直虚线表示的时间点）的 TX 与 RX 的相位之差。

ϕ_0 为

$$\phi_0 = 2\pi f_c \tau$$
$$\phi_0 = \frac{4\pi d}{c} \tag{2-1}$$

式（2-1）仅在斜率和距离足够小的时候才有效，或者说 IF 信号的相位与小距离变化呈线性关系。那么，对于与雷达的距离为 d 的物体，IF 信号会是一个正弦波，则有

$$A\sin(2\pi f_0 t + \phi_0) \tag{2-2}$$

式（2-2）里，$f_0 = \dfrac{S2d}{c}$（S 就是图 2-20 里的频率变化，$S = \dfrac{B}{T_c}$），$\phi_0 = \dfrac{4\pi d}{c}$。也就是说，毫米波雷达芯片内部可以通过芯片检测到的 IF 波形的频率来求出芯片与前方障碍物的距离。

上述推理针对的是雷达仅检测到一个物体的情况，多个物体的场景与单个物体的推理过程大体类似，不在此赘述。

在求得距离后，距离的精度涉及我们所关心的性能问题，我们将其定义为距离分辨率。距离分辨率表明系统辨别两个或更多个物体的能力。在两个物体前后靠得比较近的情况下，雷达系统可能会将两个物体视为一个物体。根据傅里叶变换理论，在观测窗口（T_c）可以分辨出间隔超过 $\frac{1}{T_c}$ Hz 的频率分量。也就是说，若两个 IF 信号的差频率差满足式（2-3），这两个物体就可以被毫米波雷达分辨出来。

$$\Delta f > \frac{1}{T_c} \quad (2\text{-}3)$$

式（2-3）中，T_c 是发送脉冲的周期时间。

由于 $\Delta f = \frac{S2\Delta d}{c}$，式（2-3）进一步演进为

$$\Delta d > \frac{c}{2ST_c} = \frac{c}{2B} \quad (B = ST_c)$$

可知距离分辨率取决于调频脉冲扫频的带宽 B，带宽 B 越高，距离分辨率越精细。举例来说，一个线性调频脉冲带宽为 4GHz 的 FMCW，那么它的距离分辨率约为 3.75cm。

2.3.3 测速功能原理

为了测量速度，FMCW 会发射两个间隔为 T_c 的线性调频脉冲，如图 2-21 所示。每个反射回来的线性调频脉冲将在同一位置出现峰值，但是相位不同，测得的相位差跟物体的移动速度v和T_c成正比。

相位差通过式（2-1）可以推导出

$$\Delta \phi = \frac{4\pi v T_c}{\lambda} \quad (2\text{-}4)$$

式中，λ 是发射毫米波的波长。

进一步得到

$$v = \frac{\lambda \Delta \phi}{4\pi T_c}$$

推导得出间隔 T_c 的两个先行调频脉冲可以测得的最大相对速度 V_{max} 为

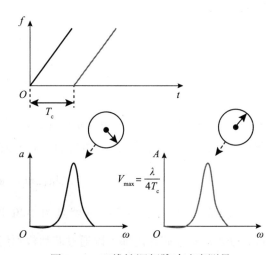

图 2-21 双线性调频脉冲速度测量

$$V_{\max} = \frac{\lambda}{4T_c}$$

两个线性调频脉冲之间的间隔时间越短，$V_{\max}$越高。

前述分析的是两个物体相对移动的场景。假如是在速度不同的多个移动物体且它们与雷达的距离相同的场景中，则前述测量方法不起作用。因为这些物体与雷达的距离相同，所以会生成 IF 频率完全相同的反射线性调频脉冲。于是，距离 FFT 会产生单个峰值，该峰值表示来自所有这些距离相同的物体的合并信号，前述方法将失效。

在这种情况下，为了测试速度，雷达系统必须发射两个以上的线性调频脉冲。如图 2-22 所示，它发射一组 N 个等间隔线性调频脉冲，这组线性调频脉冲称为线性调频脉冲帧。图 2-22 显示了一个线性调频脉冲帧随时间变化的频率。

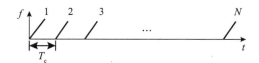

图 2-22　线性调频脉冲帧

下面以两个与雷达的距离相等但速度分别为v_1和v_2的物体来说明工作机制。

如图 2-23 所示，FFT 处理反射的一组线性调频脉冲，从而产生一组 N 个位置完全相同的峰值，但每个峰值都有一个不同的相位，包含来自这两个物体的相位成分（来自各个物体的单独相位成分如图 2-23 中的相量所示）。

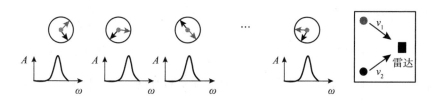

图 2-23　反射线性调频脉冲帧的距离 FFT 产生 N 个相量

称为多普勒 FFT 的第二个 FFT 在 N 个相量上执行，以分辨两个物体，如图 2-24 所示。ω_1和ω_2对应于各个物体连续线性调频脉冲之间的相位差，为

$$v_1 = \frac{\lambda \omega_1}{4\pi T_c}, v_2 = \frac{\lambda \omega_2}{4\pi T_c}$$

而离散傅里叶变换的理论指出，两个离散频率ω_1和ω_2在$\Delta \omega = \omega_1 - \omega_2 > \frac{2\pi}{N}$时是可以分辨的。

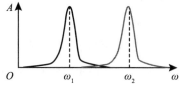

图 2-24　多普勒 FFT 可分辨这两个物体

由于$\Delta \omega$是由方程式$\Delta \phi = \frac{4\pi v T_c}{\lambda}$定义的，当帧周期

（V_{res}）为 $T_f = NT_c$ 时，可推导出速度分辨率为

$$v > V_{res} = \frac{\lambda}{2T_f}$$

雷达的速度分辨率与帧时间 T_f 成反比。

2.3.4 角度估算原理

FMCW 可以用来估算发射信号的角度，如图 2-25 所示，角度 θ 也称为到达角（Angle of Arrival，AoA）。

如前文所述，物体的微小距离变化会导致距离 FFT 或者多普勒 FFT 峰值的相位变化。那么在执行角度估算的时候至少使用两个 RX 天线，如图 2-26 所示。

图 2-25 到达角

与前文类似，可以推导相位变化如下

$$\Delta\phi = \frac{2\pi\Delta d}{\lambda}$$

假设 l 是接收天线之间的距离，显而易见有

$$\Delta d = l\sin\theta$$

因此，到达角为

$$\theta = \arcsin\left(\frac{\lambda\Delta\phi}{2\pi l}\right)$$

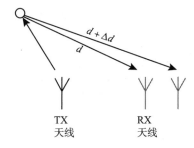

图 2-26 AoA 估算图

特别要注意，因为 $\sin\theta$ 在 θ 值很小的时候才会近似等于 θ，此时方程式才是线性关系，而估算结果才会更准确。

2.3.5 FoV 计算原理

雷达的最大 FoV 由雷达可以估算的最大 AoA 来决定，如图 2-27 所示。

角度的准确测量必须满足 $\Delta\phi < 180°$，即 $\frac{2\pi l \sin\theta}{\lambda} < \pi$。

所以，两个间隔为 l 的天线可以测量到的最大 FoV 为

$$\theta_{max} = \arcsin\left(\frac{\lambda}{2l}\right)$$

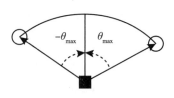

图 2-27 毫米波雷达的 FoV

理论上，当 $l = \frac{\lambda}{2}$ 时，FoV 最大会达到 ±90°。

2.3.6 核心参数

根据前述技术原理，毫米波雷达根据不同的应用场景会有3组不同的参数配置。

$$d_{\max} = \frac{cf_S}{2S} \quad v_{\max} = \frac{\lambda}{4T_c}$$

$$d_{res} = \frac{c}{2B} \quad v_{res} = \frac{\lambda}{4T_f}$$

式中，$d_{\max}$ 是最大探测距离；c 是光速，3km/s；B 是带宽，单位为 MHz；d_{res} 是距离分辨率；f_S 是中频信号频率，单位为 MHz；S 是发射信号频率的斜率，单位为 MHz/μs；$v_{\max}$ 是最大探测速度；T_c 是线性调频周期时间，单位为 μs；λ 是波长，光速/起始频率=5mm；v_{res} 是速度分辨率；T_f 是帧周期时间，单位为 ms。

（1）最远探测距离与距离分辨率

最远探测距离主要由毫米波雷达芯片的 ADC 采样率 f_S 决定，若要提高最远探测距离，则需要提升 ADC 采样率，那么硬件成本会相应增加。若降低 S（调频斜率），则在调频脉冲时间 T_c 保持不变的情况下，带宽 B 会相应降低，而 d_{res} 会变大，因此提升最远探测距离，距离分辨率会相应下降。

反之，若要提升距离分辨率，则带宽 B 需要增大，在 T_c 保持不变的情况下，S 需要相应变大，则最远探测距离会下降。

通常硬件的采样率会因为成本问题受限，因此需要在最远探测距离和距离分辨率之间做取舍。T_c 值也不能随意更改，因为会影响对速度方面的探测。

（2）最大探测速度与速度分辨率

最大探测速度主要由单个调频脉冲时间 T_c 来决定，而速度分辨率与单帧总时长成正比（1 Frame = NT_c），时长越长，分辨率越好。其中 T_c 为连续调频连续波的发射间隔，N 对应于 MCU 需要进行的二维快速傅里叶变换（2D FFT）的维度。因为 N 决定了 2D FFT 的算法维度，不能太大，所以利用算法进行处理时需要将 N 个线性调频全部集成，然后统一进行 FFT 处理，于是闪存就需要具有与之匹配的足够的容量，因此 N 可假定为一个代表硬件运算处理极限的固定值。

若需要提升最大探测速度，则需降低 T_c，而相应的 T_f 会减小，v_{res} 会变大，速度分辨率就变差，反之亦然。最大探测速度和速度分辨率成反比。

（3）距离与速度

这二者之间存在制约关系。例如，同样为了提升最大探测速度，若使 T_c 降低，在 S

没有发生改变的情况下，带宽会减小，则距离分辨率会变差。而距离分辨率变差的情况下，采样率通常无法更改，需要牺牲一些最远探测距离来弥补距离分辨率的缺失。

2.3.7 应用及展望

1. 辅助驾驶应用

在车载辅助系统里，毫米波雷达可以帮助在人们停车时注意盲点并保持安全的停车距离。雷达传感器还可以用来检测停车位是否可用，并将车位信息传递给后台停车场管理系统。当然，常规的毫米波雷达还是比较常用在对前方物体的检测上。

毫米波雷达在车外一般用于障碍物检测功能，在车内还可以用于多媒体驾驶舱的手势控制等人机交互功能，即通过区分不同的手部动作来实现音量控制或菜单导航等操作。

2. 健康应用

跌倒是给老年人带来身体伤害的主要原因，而毫米波雷达可以获取人员位置、速度、姿态等目标信息，在不泄露用户隐私的前提下实现对老年人的非接触式检测。毫米波雷达甚至可以用于洗手间。比如，通过雷达传感器检测房间内的人或物体运动，并根据人进入洗手间的信号，触发马桶盖自动打开。

雷达健康技术最近流行的应用场景是生命体征的检测。高灵敏度的毫米波雷达芯片可以感知心脏的起伏并检测最小的呼吸运动，可以在医疗环境中实现连续和非接触式测量。该应用可以通过检测人体的呼吸和心跳，在早期就发现生命体征的异常。与其他测量系统相比，毫米波雷达的关键优势是患者可以不接线，进行非接触式检测。这对于幼儿和老年人的健康监控特别有用。

3. 动物监控

毫米波雷达完全不受天气或照明条件的影响，也可以用于动物电子围栏的安全措施。比如，阻止偷猎者或其他未经授权的游客和掠夺者进入围栏区域。

同时，毫米波雷达能够探测鸟类和飞行物体。比如，在鸟类接近风力涡轮机的时候，该机器可以在接收到雷达信号后减慢甚至停止转动的叶片，以保护鸟类的安全。

总而言之，激光雷达、深度相机、毫米波雷达等多种传感器的融合是必然的发展方向。在自动驾驶感知技术领域，一般依靠激光雷达来识别周围环境，并形成"摄像头＋毫米波雷达＋激光雷达"的融合感知方案。为了实现无人驾驶，各种传感器的融合将成为未来的主要解决方案。

第 3 章 Chapter 3

多传感器融合

完成车载自动驾驶系统功能,或设计制作一款机器人,抑或搭建车间中用于装配的工业移动型机械臂时,使用单一的传感器都具有一定局限性。

以自动驾驶系统为例,如果单独使用雷达进行车辆检测,由于没有图像信息,仅使用雷达点云会存在目标漏检和错检现象;而单独使用视觉传感器进行车辆识别时,相机容易收到光照环境或者反射平面光线特性的影响,因此在雾天或雪天等极端环境中,车载相机能记录的信息是极其有限的,会导致目标检测不精确。面对日益复杂的环境,使用单一传感器会带来很多操作安全隐患,同时,识别精确度不足也会使得单传感器完成 SLAM 任务显得愈发艰巨。不同传感器的功能各不相同,在不同的场景里可以发挥各自的优势,同时各自在一些特殊场景中都存在一些局限性。有没有一种方法能综合各类传感器获得的数据,扬长避短,从而拓宽传感器在 SLAM 系统中的应用深度与广度呢?

多传感器融合(MSF,Multi-sensor Fusion)技术通过对不同传感器的信息进行综合处理,从而显著提高智能系统决策与规划的科学性及准确性,它的优势在于以下方面。

1)将多种不同工作原理的传感器进行联动,使得多个传感器间优势得到互补,避免单一传感器使用的局限性,减少环境、噪声等外界因素干扰,增强系统可靠性。

2)融合二维与三维的数据,构建多维度感知系统,提高了系统的精确性与容错率。

3)将多个传感器数据进行整合判断,有利于解决传感器采集到的信息之间的矛盾,帮助系统控制中心更全面地判断正确的指令,使其做出合乎人类操作逻辑的决策。

在实现多传感器融合的过程中，传感器数据量的增加为多传感器数据融合带来了三个基本的问题。

问题一：多个传感器间的数据如何实现时空同步？各传感器的时间需要统一，可以从硬件的角度出发，通过传感器自身集成的数据发射器触发采集命令，实现时间硬同步；也可以从软件的角度出发，将各传感器数据统一到扫描周期较长的传感器数据上，利用时间戳进行不同传感器的时间匹配，实现软件时间同步。不同传感器的空间坐标系各有不同，因此还需要研究如何将不同传感器坐标系的测量值转换到同一个坐标系中，实现多传感器之间的空间标定。这两部分内容对应 3.1 节的内容。

问题二：系统中大量传感器的原理各不相同，如何将相互耦合的信息有效融合，处理信息冗余？对此，在 3.2 节中会介绍先由传感器处理数据再汇总到主处理器进行数据融合的经典后融合技术，以及使用卷积神经网络算法对传感器多模数据进行融合感知的新兴前融合技术。

问题三：多传感器融合技术在实际的 SLAM 领域有何应用？在 3.3 节将具体分析多传感器融合在自动驾驶、移动机器人与机械臂 3 个领域的应用案例与其优势。

3.1 同步与标定

对于集成多种传感器的自主移动设备而言，各个传感器要实现数据同步方可进入后续的精准融合环节。而各个传感器在整个体系中都是独立封装并按照传感器自身的时钟基准运行的，它们将数据输出到工控机/处理器进行计算处理的时间不同，不同传感器的采样频率也不尽相同，这些问题将导致各种传感器的采样数据在时间上不同步，影响每一时刻传感器间的信息匹配精度。

此外，系统中各个传感器模块的安装需要合理规划位置，所采集的数据的空间坐标也需要转换到统一的坐标系下，以保证最终数据融合的准确度。

因此，时间同步与空间标定是多传感器信息融合的必备条件，时空同步亦是后续进行多传感器融合的基础。

3.1.1 时间硬同步

在介绍时间同步前，首先应该理解传感器间同步的"时间"究竟是什么。实际上传感器间同步的是传感器时间戳,即传感器本身运行的操作系统在生成传感器数据时记录下来的时间。不同传感器对应的传感器时间戳的记录方式也不相同,如表 3-1 所示。

表 3-1 不同传感器的时间戳机制

传感器	时间戳机制
GPS/GNSS	GPS 时间戳即 GPS 原子时,按照 UTC(Coordinated Universal Time)以 1980 年 1 月 6 日 0 时 0 分 0 秒为时间基准,按照国际原子时秒长累计计时
相机	使用相同 CMOS 芯片的相机所拍摄的整帧中像素点的读出时间是固定的,所以可通过整帧像素点读出时间来反推图像真实时间戳(一般采用曝光的中间时间)
激光雷达	主流使用的激光雷达在硬件层面支持授时,即通过硬件触发器来触发激光雷达传感器的数据,并给这一帧数据打上时间戳
毫米波雷达	主流的毫米波雷达采用 FMCW 调制方式,上电后开始进行信号的发送和接收,其内部有专门的时间机制,无法接收外部的时间。可以通过毫米波雷达周期性发送的 CAN 信号来获取数据时间
IMU	IMU 集成了加速度计和陀螺仪等传感器装置,用于测量和跟踪物体的加速度、角速度和姿态等动态信息。它的时间戳基本也由内部的系统生成

时间硬同步即从硬件层面上实现时间同步,通过各传感器自身集成的数据接收器获得系统中唯一的时钟源,从而给各传感器提供统一基准时间来校准各自的时钟时间,实现时间同步。目前在自动驾驶领域中主流的时间同步方案是以车载 GPS 的时间为基准时间,采用 PTP(Precision Time Protocol)/gPTP 时钟同步协议来完成与系统中其他传感器之间的时间同步。本节将就这一同步方案展开介绍。

PTP 是一种高精度的时间同步协议,其精度可到达亚微秒级。与同一时间问世的聚焦于解决软件层面时间同步的协议 NTP(Network Time Protocol)不同,PTP 聚焦于在硬件层面解决时间同步的问题。PTP 作为一种主从式的时间同步系统,采用硬件时间戳,在传感器支持硬件触发的情况下大幅减少了软件处理时间,因此在 SLAM 时间硬同步中拥有优秀的研究潜力。PTP 在主从设备之间以交互同步报文的方式记录每次报文的发送时间,从而计算数据传输延迟与主从设备间时钟的偏差。PTP 中定义了 4 条同步报文:Sync、Follow_Up、Delay_Req、Delay_Resp。其中前两条是事件报文,后两条是普通报文,具体的作用方式如表 3-2 所示。

时钟节点是构成时间域的各节点,以自动驾驶数据采集设备为例,各类传感器就是构成这一时间域的时钟节点。设定 GPS 传感器时间戳为主时钟节点,设定时间域中其余的全部传感器均作为从时钟节点,采用 GPS 时间戳作为基准进行硬件触发。如图 3-1 所示，运用 PTP 通过以下步骤可以获得各时钟间延迟补偿。

表 3-2 同步报文的作用方式

同步报文	作用方式
Sync	以主设备发送给从设备的方式同步消息；时间戳既可以包含在 Sync 消息中，也可以包含在 Follow_Up 消息中
Delay_Req	请求对端接收到 Delay_Req 消息，并在响应消息 Delay_Resp 中返回接收时的对应时间戳
Follow_Up	包含 Sync 同步消息的时间戳
Delay_Resp	是对 Delay_Req 消息的响应，包含时间戳

1）主节点向从节点发送 Sync 消息，并记录发送时间 t_1。

2）从节点收到该报文后，记录接收时间 t_2。这里需要注意的是，主节点可通过将时间戳 t_1 包含在 Sync 消息或 Follow_Up 消息中传递给从节点，前者称为 One-step 方式，后者称为 Two-step 方式。相较而言，One-step 方式对硬件处理能力要求较高，由于减少了一条报文的使用，其准确性和精度也相对较高。

3）从节点向主节点发送 Delay_Req 报文，用于发起反向传输延时的计算，并记录发送时间 t_3。

4）主节点收到 Delay_Req 报文之后，记录接收时间 t_4，然后将这一时间戳包含到 Delay_Resp 消息中发送给从节点。

此时在从机节点处便拥有了 $t_1 \sim t_4$ 这 4 个时间戳，即可计算出从节点相对于主节点的时钟延迟与时钟偏差：

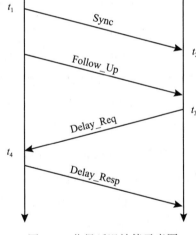

图 3-1 获得延迟补偿示意图

$$t_{\text{delay}} = \frac{t_4 - t_3 + t_2 - t_1}{2}$$

$$t_{\text{Offset}} = \frac{t_2 - t_4 + t_3 - t_1}{2}$$

这类延迟计算方法被称为延迟请求响应机制，这种节点间通过报文获取信息的方法称为端到端（End to End, E2E）方法，此时计算的延迟相当于整个时间域中的延迟。在获得整个时间域中的延迟数据之后即可对所有传感器的时间逐一完成延迟校准,同步各传感器间时间。

当然,时间硬同步存在其固有的问题,以使用 PTP 进行时间硬同步为例,欲使用这一协议首先需要使时间域网络的各个时间节点支持 PTP,意味着在这一 SLAM 系统中所有的传感器都需要支持 PTP,并且有信息接收与发射端口,这增加了体系的传感器配置成本。因此,在传感器数量较低时,可采用时间软同步的方案,也可综合硬件同步与软件同步两种方法,以同时满足准确度与经济性的需求。

3.1.2 时间软同步

时间软同步即依靠系统中软件对各个传感器所获取的时间戳进行匹配,进而完成时间同步。前面提及时间硬同步必须建立在各节点均支持硬件触发的基础上,若当前的一些毫米波雷达还无法接收外界时间信息,也就无法在体系中使用时间硬同步完成时间同步需求。面对这类情况就要求在软件层面上进行传感器之间的时间软同步。软同步通常将需要进行同步的传感器数据统一到某一频率较小的传感器上。时间软同步常用的方法有时间索引 – 时间直接配准法、时间插值 – 时间最小二乘拟合法等。本节将对这两种方法进行简单介绍。

时间索引 – 时间直接配准法适用于频率具有整数倍关系的传感器之间,以频率低的传感器时间戳为基准,对应同一时间戳下另一个传感器的数据即可完成时间匹配,如图 3-2 所示。可以将多个传感器时间戳同时输入时间匹配库,寻找与低频率传感器时间戳相近或者对齐的时间戳。直接配准法寻找相似时间戳的对应范围较大,时间同步误差较大,且要求传感器之间的频率互为整数倍,因此应用条件相对苛刻。

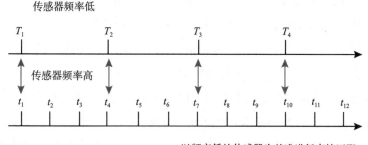

图 3-2 时间索引 – 时间直接配准法示意图

时间插值 – 时间最小二乘拟合法适用于频率非整数倍关系的传感器之间的时间同步。如图 3-3 所示，这种方法主要是通过最小二乘法将其中频率较高的传感器所观测得到的时间戳进行线性插值以得到该传感器的时间曲线，根据这一时间曲线计算频率较低的传感器打下时间戳时另一个传感器对应时间戳的数据，即可在同一时刻完成两种传感器的数据同步。

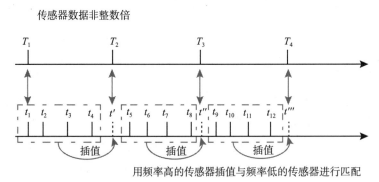

图 3-3　时间插值 – 时间最小二乘拟合法示意图

值得一提的是，不同的传感器频率适用于不同的时间曲线拟合方式，因而时间软同步还存在诸如内插外推法、泰勒展开法等多种曲线拟合及时间戳对应方法。显然，当需要进行同步的传感器较多时，时间软同步的匹配难度会相应增大，软同步的准确度与精度也会降低。

3.1.3　空间标定

在多传感器融合过程中，除了时间同步外，空间同步同样重要。由于整个 SLAM 体系中各个传感器获得的数据在空间上互相独立，例如在自动驾驶中常见的视觉传感器（为与后文公式里的标识对应起来，下文采用 Camera）和激光雷达传感器（为后文与公式里的标识对应起来，下文采用 LiDar）返回的数据都是基于自身的坐标系，传感器空间标定的重要工作就是将不同传感器的坐标系转换到同一个坐标系中。

多传感器在空间中需要标定的参数分为内部参数（后文简称为内参）与外部参数（后文简称为外参）两类。内参决定着传感器内部的映射关系，例如，对 Camera 传感器而言，摄像头焦距、棱镜安装偏移等为相机的内参。而外参决定着传感器和外部某个坐标系的转换关系，例如，由世界坐标系转换到视觉传感器坐标系所需要的旋转角、平移自由度等为外参。对于常见的自动驾驶传感器而言,如激光雷达、毫米波雷达、超声波雷达等传感器的内参标定多半在硬件出厂时已完成,因此本节将着重以智能驾驶 SLAM 系统为例,介绍视觉传感器的内参标定方法与系统中各个传感器(Camera、LiDar、Radar、IMU)间外参的空间标定策略。

1. 相机内参空间标定

首先从视觉成像过程出发介绍 Camera 需要标定的内参。如图 3-4 所示,相机的成像过程分为两个阶段,第一阶段是将真实世界中某个物体以一定的映射关系投影到相机的成像平面上,第二阶段则是将成像平面上的物体以一定的映射关系投影到像素平面上,成为一张二维图像。

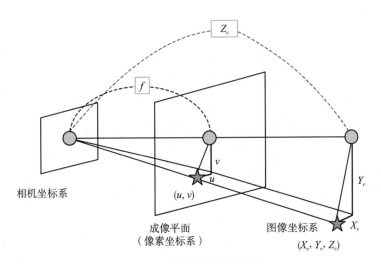

图 3-4 相机成像原理示意图

上述第一阶段是一个三维投影变换,涉及相机坐标系到图像坐标系的转换;而第二阶段是一个二维投影变换,涉及图像坐标系到像素坐标系的转换。设相机坐标系中某物体坐标为 (X,Y,Z),图像坐标系中该物体坐标为 (X_c,Y_c,Z_c),像素坐标系中该物体坐标为 (u,v),相机焦距为 f。可由相似三角形关系得到第一阶段的坐标变换为

$$\frac{Z}{f} = \frac{X}{X_c} = \frac{Y}{Y_c} \Rightarrow X_c = f \cdot \frac{X}{Z}, Y_c = f \cdot \frac{Y}{Z}$$

第二阶段的坐标变换涉及缩放与平移,定义由图像坐标系转换到像素坐标系中 x 方向与 y 方向的缩放系数分别为 α 与 β,则 $\alpha = \frac{f_x}{f}, \beta = \frac{f_y}{f}$。式中 $f_x = \frac{f}{d_x}$,$f_y = \frac{f}{d_y}$,d_x 与 d_y 分

别表示 x 方向与 y 方向的一个像素在相机感光板上的物理长度。第二阶段坐标变换的数学建模为

$$u = \alpha X_c + c_x, v = \beta Y_c + c_y$$

其中 c_x 与 c_y 是原点的平移尺寸，代入 α、β、X_c、Y_c 后得

$$u = f_x \frac{X}{Z} + c_x, v = f_y \frac{Y}{Z} + c_y$$

以矩阵齐次坐标的形式表达由坐标 (X,Y,Z) 变换到坐标 (u,v) 的过程为

$$\begin{bmatrix} u \\ v \\ 1 \end{bmatrix} = \frac{1}{Z} \begin{bmatrix} f_x & 0 & c_x \\ 0 & f_y & c_y \\ 0 & 0 & 1 \end{bmatrix} \begin{bmatrix} X \\ Y \\ Z \end{bmatrix} = \frac{1}{Z} \boldsymbol{K} \begin{bmatrix} X \\ Y \\ Z \end{bmatrix}$$

其中矩阵 $\boldsymbol{K}$ 便是相机的内参矩阵，描述了两个阶段所包含的平移与缩放映射关系。此外，在第一阶段中由相机坐标系到图像坐标系的成像过程中还存在着镜头畸变问题需要修正。镜头畸变包括径向畸变与切向畸变两类：透镜自身形状难以实现完全规则，导致光线在远离透镜中心的地方比靠近中心的地方更加弯曲，这样产生的畸变称为径向畸变；在机械组件安装过程中透镜的安装角度可能存在一定偏移，使得透镜与成像平面不完全平行，这样产生的畸变称为切向畸变。设图像坐标系中某点 (X_C, Y_C, Z_C) 的归一化坐标为 (x,y)，其中 $x = \frac{X_C}{Z_C}$，$y = \frac{Y_C}{Z_C}$，畸变修正坐标为 $(x_{\text{distorted}}, y_{\text{distorted}})$。这两类畸变的建模为

$$\begin{cases} x_{\text{distorted}} = x\left(1 + k_1 r^2 + k_2 r^4 + k_3 r^6\right) + 2p_1 xy + p_2\left(r^2 + 2x^2\right) \\ y_{\text{distorted}} = y\left(1 + k_1 r^2 + k_2 r^4 + k_3 r^6\right) + 2p_1 xy + p_2\left(r^2 + 2y^2\right) \end{cases}$$

其中 k_1、k_2、k_3 为径向畸变系数，p_1、p_2 是切向畸变系数，r 表示该点距成像中心的距离，$r^2 = x^2 + y^2$。因此在相机标定中不仅需要考虑内参矩阵中 f、α、β、c_x、c_y 等内参参数，还需要考虑 k_1、k_2、k_3、p_1、p_2 等畸变参数。这些参数可以在后文介绍的 Camera-Camera 外参标定过程中通过非线性优化方法一并求出。

2. 传感器外参标定

（1）外参的表达形式——变换矩阵

在介绍外参标定前需要从数学上了解外参的表达形式。如图 3-5 所示，若将某传感器坐标变换至车体坐标系中，则需要先经过旋转变换 $\boldsymbol{R}$，再经过平移变换 $\boldsymbol{t}$。对于平移变换而言，仅需定义一个三维空间向量 $\boldsymbol{t} = [a_0 \ a_1 \ a_2]^T$ 即可。对于旋转变化而言，设在变换前

坐标系中p点坐标为(x_0, y_0, z_0)，在变换后的坐标系中p点坐标为(x_1, y_1, z_1)。

在一个坐标系中，可以使用该坐标系的单位向量与某点坐标表示一个向量，利用这个方法可以在多个坐标系中表示同一个向量，如下所示。其中$[e_{0x} e_{0y}\ e_{0z}]$与$[e_{1x} e_{1y}\ e_{1z}]$分别表示两个坐标系中的单位向量。

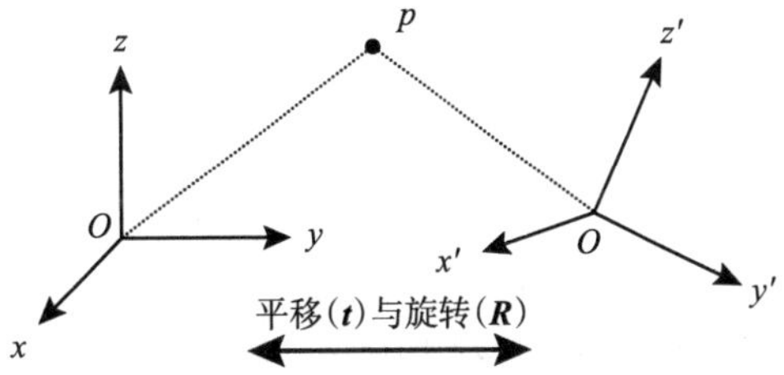

图 3-5　平移与旋转坐标变换示意图

$$[e_{0x} e_{0y} e_{0z}]\begin{bmatrix} x_0 \\ y_0 \\ z_0 \end{bmatrix} = [e_{1x} e_{1y} e_{1z}]\begin{bmatrix} x_1 \\ y_1 \\ z_1 \end{bmatrix}$$

左右两边同时左乘$[e_{0x} e_{0y}\ e_{0z}]^{\mathrm{T}}$得

$$\begin{bmatrix} x_0 \\ y_0 \\ z_0 \end{bmatrix} = \begin{bmatrix} e_{0x} \\ e_{0y} \\ e_{0z} \end{bmatrix}[e_{1x} e_{1y} e_{1z}]\begin{bmatrix} x_1 \\ y_1 \\ z_1 \end{bmatrix}$$

令$\boldsymbol{R} = \begin{bmatrix} e_{0x} \\ e_{0y} \\ e_{0z} \end{bmatrix}[e_{1x} e_{1y}\ e_{1z}]$，上式可表示为

$$\begin{bmatrix} x_0 \\ y_0 \\ z_0 \end{bmatrix} = \boldsymbol{R}\begin{bmatrix} x_1 \\ y_1 \\ z_1 \end{bmatrix}$$

显然$\boldsymbol{R}$是一个三维正定矩阵。加上先前已讨论过的平移变换$\boldsymbol{t}$则可得到完整的坐标变换

$$\begin{bmatrix} x_0 \\ y_0 \\ z_0 \end{bmatrix} = \boldsymbol{R}\begin{bmatrix} x_1 \\ y_1 \\ z_1 \end{bmatrix} + \boldsymbol{t}$$

在这基础上以齐次坐标的形式表达将变换$\boldsymbol{R}$与$\boldsymbol{t}$结合为变换$\boldsymbol{T}$，显然变换$\boldsymbol{T}$囊括了时间变换与空间变换，为

$$\begin{bmatrix} x_0 \\ y_0 \\ z_0 \\ 1 \end{bmatrix} = \begin{bmatrix} \boldsymbol{R} & \boldsymbol{t} \\ 0^{\mathrm{T}} & 1 \end{bmatrix}\begin{bmatrix} x_1 \\ y_1 \\ z_1 \\ 1 \end{bmatrix} = \boldsymbol{T}\begin{bmatrix} x_1 \\ y_1 \\ z_1 \\ 1 \end{bmatrix}$$

由此可知，进行外参的标定的核心是确定各个传感器坐标系到车体坐标系的坐标变换$\boldsymbol{T}$。对于车载的诸多传感器而言，每个传感器都有两种基本的外参标定策略：可以通过

标定各个传感器到车体坐标系的坐标变换 $T_{\text{Car}}^{\text{Sensor}}$ 完成标定；也可以标定一部分传感器与车体坐标系，对另一部分则通过传感器间坐标变换 $T_{\text{Sensor1}}^{\text{Sensor2}}$ 实现整体标定。

智能驾驶领域中长期采用的标定策略如图 3-6 所示。图中标定世界坐标系与车体坐标系的 $T_{\text{World}}^{\text{Car}}$ 由定位获取，不属于外参标定讨论的范围。车体坐标系与车载 IMU 绑定，因此上文中讨论的传感器坐标系与车体坐标系间的变换需要增加车体坐标系与车载 IMU 间的变换，例如 $T_{\text{Car}}^{\text{LiDar}} = T_{\text{Car}}^{\text{IMU}} T_{\text{IMU}}^{\text{LiDar}}$。IMU 仅与 LiDar 坐标系进行标定，而 Camera 坐标系与 Radar 坐标系通过 LiDar 坐标系进行标定，例如 $T_{\text{Car}}^{\text{Camera}} = T_{\text{Car}}^{\text{LiDar}} T_{\text{LiDar}}^{\text{Camera}} = T_{\text{Car}}^{\text{IMU}} T_{\text{IMU}}^{\text{LiDar}} T_{\text{LiDar}}^{\text{Camera}}$。此外，同种传感器间相互标定。值得一提的是，超声波雷达通常不支持直接定位，因此可以通过测量欧拉角结合平移矩阵等方法与车体坐标系进行直接标定。各传感器到车体坐标系的转换关系包含 IMU-Car、LiDar-Camera、Camera-Camera、LiDar-LiDar、LiDar-IMU、LiDar-Radar、超声波雷达 -Car 等。

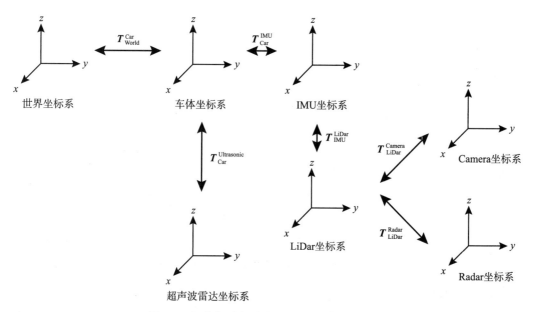

图 3-6　智能驾驶领域中长期采用的标定策略

（2）外参标定方法——最小二乘优化

求取各坐标系间相互变换的矩阵 T 是一个非线性优化的问题，通常采用最小二乘法进行非线性优化。最小二乘法是由勒让德提出的统计学方法，其目的是求取使理论值与观测值之差的平方和达到最小的未知参数。以三维空间为例，使用最小二乘法可以找到使

得损失函数 $F(x)$ 取得局部最小值的三维变量 x。

$$F(x) = \frac{1}{2}\sum_{i=1}^{m}\left(f_i(x)\right)^2$$

损失函数 $F(x)$ 中 f_i 是残差函数，例如在 SLAM 中的残差函数可以定义为预测点位置与观测点位置之差，显然损失函数 $F(x)$ 在这一问题中是非线性的。值得一提的是，例子中观测次数 m 要高于维数 3 以约束变量范围。对于非线性问题，假设损失函数 $F(x)$ 可平滑求导，将其进行泰勒展开（皮亚诺余项）为

$$F(x+\Delta x) = F(x) + J\Delta x + \frac{1}{2}\Delta x^{\mathrm{T}} H\Delta x + \mathrm{o}\left(\|\Delta x\|^3\right)$$

其中 J 与 H 分别表示损失函数对变量 x 的一阶导矩阵与二阶导矩阵。非线性最小二乘求解中采用梯度下降的思想，通过寻找下降方向 d，使损失函数在 x 的不断迭代中逐渐减小直至收敛。定义沿下降步长为 α，则上式中 $\Delta x = \alpha d$，当 α 足够小时，高阶无穷小量趋近于 0，可简化二阶泰勒展开式为一阶泰勒展开：

$$F(x+\alpha d) = F(x) + \alpha Jd$$

从上式中可知，当下降方向 d 满足 $Jd < 0$ 时，即可满足损失函数在迭代中减小的要求。显然可以选择与梯度方向相反的下降方法，即 $d = \dfrac{-J^{\mathrm{T}}}{\|J\|}$ 以达到最快的下降速度，这便是最速下降法。不难看出，由于下降速度过快，最速下降法会产生在最优值附近震荡不收敛的问题。在局部最优点附近的损失函数对 Δx 的导数为 0，因此可用二阶近似方法提高计算精确度。令二阶泰勒展开式对 Δx 求偏导，为

$$\frac{\partial}{\partial \Delta x}\left(F(x) + J\Delta x + \frac{1}{2}\Delta x^{\mathrm{T}} H\Delta x\right) = J^{\mathrm{T}} + H\Delta x$$

令其为 0，可得 $H\Delta x = -J^{\mathrm{T}}$，这便是牛顿法。虽然牛顿法提高了迭代的精度，但是由于需要求解海森矩阵，其计算也更为复杂。对此可以将求取过程中的损失函数改为残差函数，使用残差函数 $f(x)$ 的一阶泰勒展开式 $f(x+\Delta x) = f(x) + J\Delta x$，这里的 J 与上文不同，是残差函数的雅可比矩阵。这一变换将问题转化为求取 $\|f(x)+J\Delta x\|^2$ 最小值的问题，与牛顿法类似，将其展开并对 Δx 求偏导，为

$$\frac{\partial}{\partial \Delta x}\left(\|f(x)+J\Delta x\|^2\right) = \frac{\partial}{\partial \Delta x}\left(\|f(x)\|^2 + 2f(x)^{\mathrm{T}} J\Delta x + \Delta x^{\mathrm{T}} J^{\mathrm{T}} J\Delta x\right) = 2J^{\mathrm{T}} f(x) + 2J^{\mathrm{T}} J\Delta x$$

令其为 0，可得 $J^{\mathrm{T}} J\Delta x = -J^{\mathrm{T}} f(x)$，与牛顿法比较，同样可得类似于 $H\Delta x = g$ 的形式。这一方法规避了牛顿法求解海森矩阵的困难，称为高斯牛顿法。由于 SLAM 问题涉及的

T 变换中的 R 有时带有一定的约束条件（三维正定矩阵），对于这类带约束的非线性优化问题可采用李代数表达位姿。先利用李代数求导的方法转化为将其无约束优化问题，再沿用上述非线性优化求解。

Levenberg 与 Marquardt 两人先后对牛顿法进行了改进，在求解过程中引入了阻尼因子 μ，将式子修改为 $(J^T J + \mu I)\Delta x = -J^T f(x)$，其中 $\mu > 0$ 使得 $(J^T J + \mu I)$ 始终是正定矩阵，保证了迭代朝着下降的方向进行。从式中不难看出，μ 越大，迭代越接近最速下降法；μ 越小，迭代越接近高斯牛顿法，这一对高斯牛顿法的修正方法称为 LM 法。

3. 自动驾驶核心传感器外参标定

接下来展开自动驾驶核心传感器 Camera-Camera、LiDar-Camera 与 LiDar-LiDar、LiDar-IMU 的外参标定方法介绍。

（1）Camera-Camera 标定

Camera-Camera 标定建模为

$$\begin{bmatrix} u \\ v \\ 1 \end{bmatrix} = H \begin{bmatrix} R & t \\ 0 & 1 \end{bmatrix} \begin{bmatrix} X \\ Y \\ Z \\ 1 \end{bmatrix} \quad (3\text{-}1)$$

式子左边表示像素坐标系中二维点的坐标，右边则为相机坐标系下的三维坐标，矩阵 H 中包含了上文介绍相机内参时提及的相机内参与畸变矫正参数。由此可见，相机间标定可同时标定内参与外参两种参数。张正友博士提出了一种利用棋盘格标定板通过非线性优化进行相机参数标定的方法，如图 3-7 所示。以棋盘格原点 $(X_{\text{origin}}, Y_{\text{origin}}, Z_{\text{origin}})$ 为基，由 $\begin{bmatrix} X_{ij} \\ Y_{ij} \\ Z_{ij} \end{bmatrix} = \begin{bmatrix} X_{\text{origin}} \\ Y_{\text{origin}} \\ Z_{\text{origin}} \end{bmatrix} + \begin{bmatrix} ih \\ jw \\ 0 \end{bmatrix}$ 可定义棋盘格上每一个角点，从而在一张棋盘格成像中建立多组对应关系，大大减少了非线性优化中所需的图像数量。在像素坐标系中棋盘格上每一个角点坐标为 $\begin{bmatrix} u_{ij} \\ v_{ij} \\ 1 \end{bmatrix}$，这便是最小二乘法中的观测值；而棋盘格中每一个角点均满足式（3-1）的对应关系，由

$$\begin{bmatrix} u_{ij}^{\text{predict}} \\ v_{ij}^{\text{predict}} \\ 1 \end{bmatrix} = H \begin{bmatrix} R & t \\ 0 & 1 \end{bmatrix} \begin{bmatrix} X_{ij} \\ Y_{ij} \\ Z_{ij} \\ 1 \end{bmatrix}$$

得到最小二乘法中的理论值 $\begin{bmatrix} u_{ij}^{\text{predict}} \\ v_{ij}^{\text{predict}} \\ 1 \end{bmatrix}$。

由此构建误差函数为 $\boldsymbol{e}_{ij} = \begin{bmatrix} u_{ij}^{\text{predict}} \\ v_{ij}^{\text{predict}} \\ 1 \end{bmatrix} - \begin{bmatrix} u_{ij} \\ v_{ij} \\ 1 \end{bmatrix}$

通过对目标函数 $F = \sum_i \sum_j \boldsymbol{e}_{ij}$ 进行非线性优化，求得包含内参与畸变参数的矩阵 $\boldsymbol{H}$，完成了内参的标定。同时能得到棋盘格与相机间坐标变换为

$$\boldsymbol{T}_{\text{Camera}}^{\text{Chessboard}} = \begin{bmatrix} \boldsymbol{R} & \boldsymbol{t} \\ 0 & 1 \end{bmatrix}$$

求得 $\boldsymbol{T}_{\text{Camera}}^{\text{Chessboard}}$ 与 $\boldsymbol{H}$ 就意味着能够利用式（3-1）通过相机拍摄的图像还原该点在相机坐标系中的三维位置。如果两个相机拍摄的棋盘格中存在共视区域，设在共视区域中的点 p 在 Camera-a 中坐标为

$$\boldsymbol{p}_a = \begin{bmatrix} X_a \\ Y_a \\ Z_a \\ 1 \end{bmatrix}$$

在 Camera-b 中坐标为

$$\boldsymbol{p}_b = \begin{bmatrix} X_b \\ Y_b \\ Z_b \\ 1 \end{bmatrix}$$

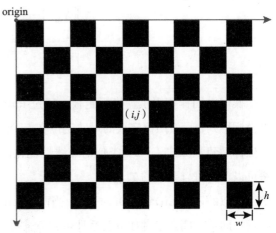

图 3-7 棋盘格标定板示意图

那么两坐标间存在关系：

$$\begin{bmatrix} X_a \\ Y_a \\ Z_a \\ 1 \end{bmatrix} = \boldsymbol{T}_{\text{Cam-a}}^{\text{Cam-b}} \begin{bmatrix} X_b \\ Y_b \\ Z_b \\ 1 \end{bmatrix}$$

从而建立非线性优化问题损失函数为

$$F = \sum_i \left\| \boldsymbol{p}_a^i - \boldsymbol{T}_{\text{Cam-a}}^{\text{Cam-b}} \boldsymbol{p}_b^i \right\|^2 \tag{3-2}$$

对于棋盘格标定板上某一角点 $\begin{bmatrix} u_{ij} \\ v_{ij} \\ 1 \end{bmatrix}$ 而言，它在两相机坐标系中的三维坐标 $\boldsymbol{p}_a^i$ 与 $\boldsymbol{p}_b^i$ 可以通过两相机各自的 $\boldsymbol{T}_{\text{Camera}}^{\text{Chessboard}}$ 由式（3-1）计算得到，代入式（3-2）后通过非线性优化高斯牛顿法或 LM 算法可以求得符合要求的 $\boldsymbol{T}_{\text{Cam-a}}^{\text{Cam-b}}$，完成不同相机之间的标定。这类涉及由二维坐标点求解三维坐标点的问题称为 PnP（Perspective-n-Point）问题。

（2）LiDar-Camera 标定与 LiDar-LiDar 标定

接下来介绍 LiDar-Camera 标定。通过 LiDar 可直接获取空间中的点云信息，与 Camera-Camera 标定类似，当 LiDar 与 Camera 之间有视野重叠时，只要能获取在 Camera 与 LiDar 传感器中某一点的空间坐标，通过如下关系建立非线性优化问题即可求出符合要求的变换矩阵。

$$\begin{bmatrix} X_{\text{cam}} \\ Y_{\text{cam}} \\ Z_{\text{cam}} \\ 1 \end{bmatrix} = \boldsymbol{T}_{\text{LiDar}}^{\text{Camera}} \begin{bmatrix} X_{\text{LiDar}} \\ Y_{\text{LiDar}} \\ Z_{\text{LiDar}} \\ 1 \end{bmatrix}$$

操作中同样使用棋盘格标定板，通过 PnP 问题的解决方法求出标定板中各角点的三维坐标得到 $\boldsymbol{p}_a^i$，按照标定板的尺寸定位在 LiDar 点云图中各角点的位置得到 $\boldsymbol{p}_b^i$，在获得两点坐标后建立如式（3-2）类似的非线性优化问题，通过非线性优化高斯牛顿法或 LM 算法可以求得符合要求的 $\boldsymbol{T}_{\text{LiDar}}^{\text{Camera}}$。

类似的还有 LiDar-LiDar 标定。当两个 LiDar 传感器有视野重叠时，通过在两帧点云中寻找同一空间点通过如下关系即可建立非线性优化问题，求出符合要求的变换矩阵。

$$\begin{bmatrix} X_{\text{LiDar-a}} \\ Y_{\text{LiDar-a}} \\ Z_{\text{LiDar-a}} \\ 1 \end{bmatrix} = \boldsymbol{T}_{\text{LiDar-a}}^{\text{LiDar-b}} \begin{bmatrix} X_{\text{LiDar-b}} \\ Y_{\text{LiDar-b}} \\ Z_{\text{LiDar-b}} \\ 1 \end{bmatrix} \quad (3\text{-}3)$$

如图 3-8 所示，由于帧间更新频率高，两帧之间差异较小，因此需要进行两帧点云的匹配。

设两帧点云分别为 $Q = \{q_1, q_2, ..., q_m\}$（深色）与 $P = \{p_1, p_2, ..., p_m\}$（浅色），在点云 Q 中点云 P 的对应点可通过寻找最近点得到。但对于图中的点云密集区域，上述寻找方法存在精度问题，此时可以将得到的 $\boldsymbol{T}_{\text{LiDar-a}}^{\text{LiDar-b}}$ 回代入式（3-3）进行修正，重构点对关系，提高准确度。这便是迭代最近点（Iterative Closest Point，ICP）算法。

（3）LiDar-IMU 的外参标定

最后介绍 LiDar-IMU 标定。参考智能驾驶领域中长期采用的标定策略可知，LiDar-IMU 作为整体标定的中枢，是 Camera、Radar 传感器坐标系与车体坐标系标定的重要桥梁。在 LiDar-LiDar 标定中我们知道，两帧点云可以通过 ICP 算法获得 $T_{\text{LiDar-a}}^{\text{LiDar-b}}$。对于同一个 LiDar 而言，在汽车运动过程中会生成高频连续的点云，而通过 IMU+GNSS 可以连续地观测到位姿的变化，因此 LiDar-IMU 标定的核心是寻找这两组位姿序列中的对应关系。设 IMU+GNSS 生成的位姿序列为 $T_{\text{IMU}}^{I_0}, T_{\text{IMU}}^{I_1}, ..., T_{\text{IMU}}^{I_n}$，LiDarS 生成的位姿序列为 $T_{\text{LiDar}}^{L_0}, T_{\text{LiDar}}^{L_1}, ..., T_{\text{LiDar}}^{L_n}$，如图 3-9 所示为 IMU 坐标系与 LiDar 坐标系中的映射关系。

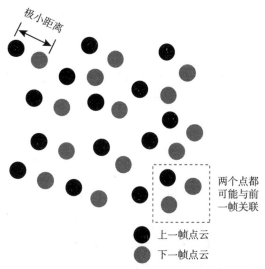

图 3-8 两帧点云匹配问题示意图

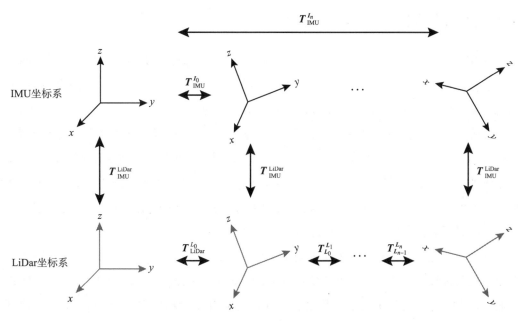

图 3-9 IMU 坐标系与 LiDar 坐标系中的映射关系

可知，欲从 LiDar 坐标系出发得到 IMU 坐标系在某一时刻的坐标变换 $T_{\text{IMU}}^{I_i}$，存在如下对应关系：

$$T_{\text{IMU}}^{I_i} = T_{\text{IMU}}^{\text{LiDar}} T_{\text{LiDar}}^{L_0} T_{L_0}^{L_1} \dots T_{L_{i-1}}^{L_i} = T_{\text{IMU}}^{\text{LiDar}} T_{\text{LiDar}}^{L_i}$$

由于上述关系中涉及系统位姿的变化，变换矩阵 T 中存在着旋转变换 R，而旋转变换 R 具有三维正交矩阵的约束条件，因此需要将上式中包含的 R 表达成李代数的形式，构建非线性优化损失函数如下所示，通过非线性优化高斯牛顿法或 LM 算法可以求得符合要求的 $T_{\text{IMU}}^{\text{LiDar}}$。

$$F = \sum_i \left(1 - T_{\text{IMU}}^{I_i\ \text{T}} T_{\text{IMU}}^{\text{LiDar}} T_{\text{LiDar}}^{L_i}\right)$$

时间同步与空间标定是多传感器间融合的基础，当体系中的诸多传感器能在同一坐标系下记录在同一时间的数据信息时，多传感器间方可进行联动。利用融合算法能将某一时刻的照片像素信息与距离深度信息整合，帮助计算机更好地感知系统所处环境，从而做出诸如规避障碍物的智能判断，3.2 节将具体展开讲解将多传感器间信息进行有效融合的手段与策略。

3.2 融合策略

在 SLAM 系统中各传感器工作原理不同，获得的信息也有所不同。在完成时间同步与空间标定后，即可在同一时刻得到多传感器在同一坐标系下的信息。对于相互耦合的信息，如何做到有效融合以解决实际问题是本节讨论的主题。

传感器融合主要用于解决"我在哪"的建图定位问题与"路上有什么"的感知问题。具体而言，当输入各个传感器在 t 时刻的数据时，通过多传感器间融合运算可以获得此时系统处于世界坐标系的位置（如车身坐标系相对于世界坐标系的变换矩阵等）与道路环境特征元素。如图 3-10 所示，车辆在行驶中通过相机与 LiDar 构建图形地图与三维点云地图，同时明确自身定位，这便是建图定位问题。

同样，当输入各个传感器在 t 时刻采集到的数据后，计算机通过融合运算获得此时环境中的目标级障碍物与各种语义级元素（如车道线、花坛等）。如图 3-11 所示，车辆在行驶中同时采集图片数据与点云数据，在点云中识别目标级障碍物并以颜色标注，便可同时获得障碍物的语义信息与深度信息，这便是感知问题。

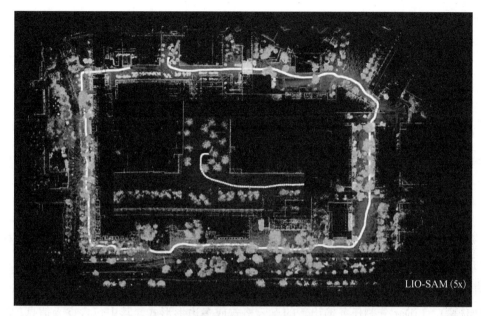

图 3-10　传感器融合解决建图定位问题（见彩插）

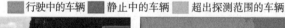

图 3-11　传感器融合解决感知问题（见彩插）

本节着重讨论感知问题的实现方式。传感器融合可分为后融合与前融合两类。后融合策略中每个传感器分别处理其采集到的数据信息，随后在融合模块中对处理后的信息进行整合；前融合策略中直接对传感器采集到的原始数据进行直接融合，并根据融合后的数据信息实现感知。接下来将分别对这两种实现方式及其相关算法展开介绍。

3.2.1　后融合

后融合技术作为经典的传感器融合技术，在多种传感器数据分别完成检测与分割任务后进行数据融合。如图 3-12 所示，LiDar 与 Camera 传感器分别进行 3D 和 2D 的检测及分割任务，随后进行多目标跟踪（Multiple Object Tracking，MOT）提高分割精度，各传感器完成数据处理工作后进行融合，输出所需的感知结果。

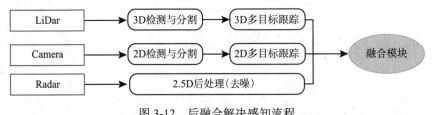

图 3-12　后融合解决感知流程

在介绍实现后融合的算法前，要先明确图 3-12 流程中各传感器的输入与输出。

LiDar 输入的是 3D 点云数据，通过 3D 检测与分割任务输出鸟视图中的 3D 目标障碍物。LiDar 检测任务会输出 LiDar Object 列表作为结果，其中每个 Object 中都包含位姿信息（位置坐标、偏航角等）、运动信息（速度、加速度、偏航速率等）与形状信息（几何尺寸等）。LiDar 分割任务输出新的点云格式或多边形形式，其中包含点云信息（位置三维坐标、强度信息等）与点云类别。

Camera 传感器输入的是 2D 图像数据，通过 2D 检测与分割任务输出图像中的边界框。Camera 检测任务会输出 Camera Object 列表形式的结果，每个 Object 中包含形状信息（像素宽高、边界框中心点等）与位置信息（位置像素坐标、偏航角等）。Camera 分割任务会输出带分类标签的像素信息，以同尺寸的图像的形式下发到后融合模块。

Radar 传感器输入的是点云数据。Radar 传感器检测任务会输出的 Radar Object 列表形式结果，每个 Object 中包含位置信息（不含高度的位置坐标等）、运动信息（速度、加速度等）与 RCS 信息（雷达截面积，用以衡量返回波强度）。上述输出内容中都会附带传感器获取数据的时间戳，可按需控制传感器数据发送延迟。

各类传感器通过检测与分割任务输出观测数据，在融合模块中通过对这些观测量整合得到各类目标级对象与语义级对象，帮助中心处理器进行障碍物类别与位置的判断。由此可见后融合问题的核心是由传感器观测量并估计对象状态量的问题。当然在进行状态估计前，还需处理传感器信息发送延迟不同造成的观测量时空不对齐的问题。

综上所述，后融合 Sensor Fusion 系统的结构流程建模为如图 3-13 所示。首先在预测阶段通过传感器发送的时间戳数据结合运动估计进行空间对齐，接着将当前帧率观测量与上一帧观测量依次进行目标关联，最后结合观测量与状态量进行当前帧状态估计，输出目标级与语义级对象。

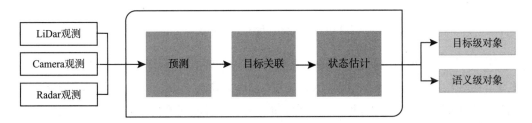

图 3-13　后融合 Sensor Fusion 系统的结构流程建模

（1）预测问题

传感器以固有频率输出观测量给融合模块，而系统状态量却以另一个固定频率（通常更低）进行更新。例如，在车辆驾驶过程中的 t 时刻，传感器观测量为 $Measure_t$，此时车辆系统的状态量由于没有及时更新仍旧处于 $t-1$ 时刻的 $State_{t-1}$，此时需要将车辆的状态量更新到 $State_t$ 从而完成时空对齐。与空间标定类似，通过变换矩阵即可完成位姿状态与运动状态的同步，对于 LiDar 与 Radar 而言，这两类传感器中都包含着位姿、速度与加速度信息，可用式（3-4）完成目标级与语义级对象的对齐，其中 $\boldsymbol{T}_{\mathrm{ego}_t}^{t-1}$ 为从 $t-1$ 时刻到 t 时刻的位姿变化量：

$$State_t = \boldsymbol{T}_{\mathrm{ego}_t}^{t-1} State_{t-1} \tag{3-4}$$

对于 Camera 而言，由于相机传感器记录下的是二维图片，缺少三维空间信息，则可利用式（3-5）完成二维目标级与三维语义级对象的对齐，其中 $\boldsymbol{H}$ 矩阵是包含 $\boldsymbol{T}_{\mathrm{Camera}}^{\mathrm{Car}}$ 的相机内参矩阵：

$$State_{t-1}^{\mathrm{2D}} = \boldsymbol{H}\boldsymbol{T}_{\mathrm{ego}_t}^{t-1} State_{t-1}^{\mathrm{3D}} \tag{3-5}$$

（2）目标关联

对于单个目标级对象而言，通过判定两帧间此对象的状态量是否满足相关联的尺度即可完成匹配工作。不同观测量的匹配度量方式有所不同，以 LiDar、Radar、Camera 的融合为例，它的状态量是一个完整的 3D 边界框，此时判定 LiDar、Radar、Camera 观测互相匹配的度量 d 如式（3-6）、式（3-7）所示。

$$d_{\mathrm{LiDar}} = 3\mathrm{DIoU}\left(bbox_{\mathrm{3D},1}, bbox_{\mathrm{3D},2}\right) \tag{3-6}$$

$$d_{\text{Radar}} = \begin{cases} |x'-x| < l_{\text{bbox}_{3D}} \\ |y'-y| < w_{\text{bbox}_{3D}} \end{cases} \quad (3\text{-}7)$$

$$d_{\text{Camera}} = 2\text{DIoU}\left(\text{project}(bbox_{3D,1}), bbox_{2D,1}\right) \quad (3\text{-}8)$$

式（3-8）中 IoU 是交并比（Intersection over Union），表示两个区域体积（面积）的交集与二者的并集之比。由于 LiDar 观测中可以得到 3D 边界框，故式（3-6）中表示的是两帧画面中观测到的 3D 边界框的交并比。而 Camera 只能观测到 2D 图片，因此式（3-8）中计算的是 3D 边界框投影的二维图片与观测到的图像的交并比。Radar 无法观测尺寸与高度信息，因此只要观测到两帧中的点位于整个 3D 边界框中即可认为其匹配，故式（3-7）中的长宽为 3D 边界框的尺寸信息。这一思想同样可以应用于语义级对象的匹配工作，通过提取某一类别信息（如地面信息）的 2D 分割与 3D 云图中分割的投影，在栅格化后以栅格为单位计算 IoU，再根据这一指标实现 3D 空间和 2D 空间的语义级对象匹配。

显然，在两帧画面中存在着多个需要匹配的目标级对象，因此需要进行 Object 集合的匹配。在匹配时将两帧中各个 Object 抽象为点，根据其位置与运动情况赋予其权重，转化为二分图最大权匹配问题。这类问题通常使用 Kuhn-Munkres 算法（K-M 算法）解决。K-M 算法将二分图中的权值作为每个顶点的一个标号（称作顶标），通过体系的多次降权，将最大权完美匹配求解的问题转化为完美匹配求解的问题。

（3）状态估计

解决融合模型中的预测问题与目标匹配问题后，即可步入由观测量出发的状态估计问题。根据传感器获取观测量的精确度与实际应用价值，通常而言融合的优先级由高到低为目标级运动属性融合、语义级对象融合、目标级其他属性融合。

首先对状态估计问题进行数学建模。设系统在 t 时刻的观测量为 x_t，状态量为 z_t。这两个变量是符合某种分布的随机变量，由于二者相互联系，所以不相互独立。状态估计需要通过历史观测量计算 t 时刻的的状态量 $P(x_t|x_0,z_{1:t})$，其中 x_0 是系统初值，$z_{1:t}$ 表示历史观测量。根据贝叶斯法则将系统状态的概率求解问题拆分

$$P(x_t|x_0,z_{1:t}) = \frac{P(x_0,z_{1:t}|x_t)p(x_t)}{P(x_0,z_{1:t})} \quad (3\text{-}9)$$

其中 $P(x_0,z_{1:t})$ 是已知值，从前 t 次状态量与初值可知第 t 次状态量，故 $P(x_0,z_{1:t}|x_t)=P(z_t|x_t)$。同时 $p(x_t)$ 由前 $t-1$ 次的状态可表示为 $P(x_t|x_0,z_{1:t-1})$，因此式（3-8）可改写为正比例形式

$$P(x_t|x_0,z_{1:t}) \propto P(z_t|x_t)P(x_t|x_0,z_{1:t-1}) \qquad (3\text{-}10)$$

假设系统符合马尔可夫性质，即 x_t 仅与 x_{t-1} 有关，而与更早的状态无关，则式（3-10）中 $P(x_t|x_0,z_{1:t-1})$ 可由上一时刻观测量 x_{t-1} 表示而不涉及状态量，化简为

$$P(x_t|x_0,z_{1:t}) \propto P(z_t|x_t)P(x_t|x_{t-1}) \qquad (3\text{-}11)$$

其中 $P(z_t|x_t)$ 是似然项，可由观测方程得到；$P(x_t|x_{t-1})$ 是先验项，可由状态转移方程推导得到。

至此便完成了状态估计问题的数学建模。这一简化后的问题可由滤波器相关算法，如卡尔曼滤波（Kalman Filter）或扩展卡尔曼滤波（Extented Kalman Filter）来解决。卡尔曼滤波算法将状态空间的概念与随机估计理论相结合，利用系统状态方程、观测方程及噪声的统计特征形成一套完整的滤波算法，用以解决高斯白噪声下对随机过程的最优估计问题。

对于目标级运动属性融合而言，通常假设对象满足匀加速直线运动与匀速旋转运动，目标状态转移方程为

$$\boldsymbol{x}_t = \boldsymbol{F}_t\boldsymbol{x}_{t-1} + \boldsymbol{B}_t\boldsymbol{u}_t + \boldsymbol{\omega}_t \qquad (3\text{-}12)$$

其中 $\boldsymbol{F}_t$ 是状态转移矩阵，表示对象从 $t-1$ 时刻到 t 时刻的状态变化；$\boldsymbol{B}_t$ 为外界输入与系统状态变化的转换关系矩阵；$\boldsymbol{u}_t$ 是 t 时刻系统输入量，例如车辆运行时在背后被人向前推了一段距离，显然这种情况极少出现，因此通常 $\boldsymbol{u}_t$ 为 0，此时 $\boldsymbol{x}_t = \boldsymbol{F}_t\boldsymbol{x}_{t-1} + \boldsymbol{\omega}_t$；$\boldsymbol{\omega}_t$ 是系统噪声，满足高斯分布 $N(0,\boldsymbol{Q}_t)$。

运用卡尔曼滤波算法得先验项为

$$P(x_t|x_{t-1}) = N\left(\boldsymbol{F}_t\boldsymbol{x}_{t-1},\boldsymbol{F}_t\boldsymbol{P}_{t-1}\boldsymbol{F}_t^{\mathrm{T}} + \boldsymbol{Q}_t\right) \qquad (3\text{-}13)$$

其中 $\boldsymbol{P}_{t-1}$ 是 $t-1$ 时刻的协方差矩阵，表示该时刻各状态量的不确定性。例如在某一运动中需要关注位置 p 与速度 v 的变化关系，此时有

$$\boldsymbol{P} = \begin{bmatrix} \Sigma_{pp} & \Sigma_{pv} \\ \Sigma_{vt} & \Sigma_{vv} \end{bmatrix}$$

其中 Σ_{pp}、Σ_{vv} 代表状态分量的方差，Σ_{pv}、Σ_{vp} 代表状态分量的协方差。

根据传感器获得的观测值建立状态转移方程，即可利用式（3-12）与式（3-13）表达状态转移方程与先验项间的关联。

目标级运动属性融合中观测方程为

$$z_t = H_t x_t + v_t \tag{3-14}$$

其中 H_t 为观测矩阵，用以修正观测值 x_t 与状态 z_t 之间的误差。LiDar 与 Camera 对系统的观测和状态一致，因此

$$H_{\text{LiDar}} = H_{\text{Camera}} = I$$

Radar 切向速度不够精确，但径向速度精度高，可以引入下式进行修正：

$$H_{\text{Radar}} = \begin{bmatrix} \cos\theta & \sin\theta \\ -\sin\theta & \cos\theta \end{bmatrix}$$

θ 为自车坐标系下转角；v_t 是观测噪声，满足高斯分布 $N(0, R_t)$。

运用卡尔曼滤波算法得似然项为

$$P(z_t | x_t) = N(H_t x_t, H_t P_t H_t^{\text{T}} + R_t) \tag{3-15}$$

根据传感器获得的观测值建立观测方程即可利用式（3-14）与式（3-15）完成观测方程与似然项间的关联。在获得似然项与先验项分布后将其代入式（3-11）即可完成状态估计问题。语义级对象融合与目标级其他对象融合与之类似。

在语义级对象融合问题中将 3D 鸟视图下的栅格图设置为状态量，将 LiDar 和 Camera 的语义对象栅格图设置为观测量，寻找状态栅格与观测栅格的对应关系。在这类问题中，栅格图上某点 (i,j) 的状态量 $State_{i,j}$ 可以简单地设定为：若物体存在，则 $State_{i,j}=1$；若物体不存在，则 $State_{i,j}=0$。在目标级其他对象融合中关注的是尺寸数据，因此在这之中的状态量 $State_t$ 可设置为几何尺寸矩阵 $[\text{length width height class}\cdots]^{\text{T}}$。值得一提的是，实际情况下形如式（3-11）与式（3-15）的线性方程并不成立，因此需要先将非线性问题线性化，使用扩展卡尔曼滤波求解算法完成状态估计。

状态估计问题中存在着的系统噪声 ω_t 与观测噪声 v_t 不容忽视。方差 Q_t 描述状态转移引入的系统不确定性，将状态转移方程式（3-7）移项变换得

$$\omega_t = x_t - F_t x_{t-1}$$

通过对大量的 x_t 与 x_{t-1} 观测量进行统计学正态分布拟合，得到上述差值的分布 $N(\mu,\sigma)$。在设置 Q_t 时需要考虑 t 与 $t-1$ 时刻之间的时间差 Δt，时间跨度的增大会带来不确定性的增强，通常认为 Q_t 与 $\Delta t\sigma$ 呈线性关系，如式（3-16）所示，λ 值根据系统特点进

行调整。

$$Q_t = \lambda \Delta t \sigma \quad (3\text{-}16)$$

方差 R_t 描述观测量中引入的不确定性，可以使用与确定 Q_t 类似的方法。由于观测量可以直接获得，所以 R_t 也可以通过大量观测量的统计学正态分布得到。

3.2.2 前融合

前融合技术是指直接将传感器采集到的原始数据输入融合模型，再根据数据融合的结果进行综合判断。前融合作为一项新兴技术，相较于后融合而言可以规避融合前大量的传感器前缀的分析工作，直接从传感器数据入手进行融合，在原始数据间建立关联性。如图 3-14 所示，将 LiDar、Camera 与 Radar 的数据直接输入融合模型进行检测与分割，最后使用多目标跟踪与后处理提高分割精度。显然，前融合通过直接信息融合可以获得每个像素级别的深度信息，最终获得的信息量更大。

图 3-14 前融合解决感知流程

这类直接输入 LiDar、Camera 与 Radar 数据给感知系统，将感知系统作为类似黑盒的角色来汇总融合所有数据信息的融合策略称为多模态融合。模态指信息的某种特定的表达形式，诸如 LiDar 采集到的三维点云、Camera 采集到的像素图片、Radar 采集到的毫米波信息均满足模态的定义。深度学习是多模态融合的主要技术手段，接下来对实现多模态融合的卷积神经网络（Convolutional Neural Network，CNN）进行简单介绍。

神经网络由大量的神经元相互连接而成，包含神经元接受输入讯息的输入层（Input layer），讯息在神经元内分析权衡后输出结果的输出层（Output layer），由输入层和输出层之间众多神经元链接组成的隐藏层（Hidden layer）。由输入层起，通过对相应的连接权值进行加权运算，将运算结果代入非线性函数从而得到下一层的结果，这样循环往复由输入层预测输出层的算法称为前向传播算法（Forward propagation）。将预测结果与实际结果之差定义为误差函数，误差函数会对每个权重求梯度。使用梯度下降法反向修正连接权值的过程称为反向传播算法（Back propagation）。结合前向传播与反向传播算法，能够进行对多层神经网络的训练，使得模型达到设计者的预期要求，如图 3-15 所示。

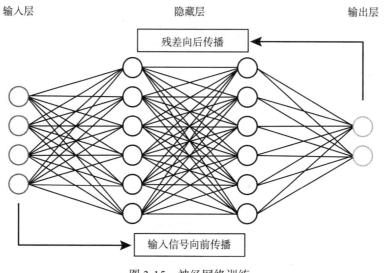

图 3-15　神经网络训练

随着神经网络的发展，"卷积"的概念逐步走入人们的视野。卷积神经网络是一种为了处理二维输入数据而特殊设计的多层人工神经网络，输入的图像通过与可训练的滤波器（卷积核）和可加偏置向量进行卷积运算来提取图像的特征。在后融合中的图像检测与图像分割任务都可以使用 CNN 进行实现，通过建立特定的特征提取网络可以从图像中提取目标级元素并分割语义级元素。

除此之外，对于 LiDar 记录下的点云模态也能使用 CNN 方法进行语义级别对象的识别与分类。通过将三维点云投影至二维图像，并对每一个投影点特征（高度、强度）加以描述，即可使用 CNN 方法完成 LiDar 检测任务。显然，在含有多传感器特征信息的图像上应用 CNN 方法能大大提高融合效率。

依据不同的融合策略，多模态融合又分为数据融合、特征融合与目标融合 3 类，如图 3-16 所示。

- 将传感器获得的原始模态在数据层面拼接后通过 CNN 进行特征提取实现模态融合的方法称为数据融合。例如，将 LiDar 获得的点云数据投影到 Camera 采集到的像素图片上后，使用 CNN 进行图像提取与分类便是典型的数据融合。
- 将传感器获得的数据经过 CNN 方法获得处理，再将处理后的模态信息进行融合的方法称为目标融合。例如,首先使用 CNN 方法提取 LiDar 点云与 Camera 照片中某一共同对象,再对这一对象的点云与图片进行信息融合便是典型的目标融合。
- 在使用 CNN 方法分别提取传感器获得的原始数据中的信息时,还可以将提取过程的中间层进行融合,依照此融合结果进一步使用 CNN 获得最终的融合结果,这种方法称为特征融合。数据融合要求对原始数据进行像素级别与点级别的对齐,时空对齐程度高,而特征融合的计算时间介于数据融合与目标融合之间,因此它与目标融合一样,都允许一定程度的数据不对齐。

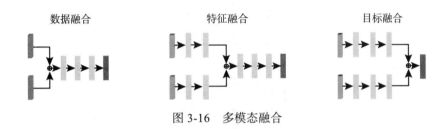

图 3-16　多模态融合

通常在前融合中采用 LiDar+Camera 与 Camera+Radar 的融合模式。

(1) LiDar+Camera 的目标融合 MV3D 方法

LiDar 与 Camera 收集到的数据信息量大,要做到严格的时空对齐较为困难,因此通常不采用数据融合的策略。如图 3-17 所示,该模型分别对 LiDar 鸟视图、LiDar 前视图与 Camera 图像进行卷积神经网络分析。通过对 LiDar 鸟视图信息进行卷积特征提取,采用 two stage 网络提取需要的 3D 候选框(3D Proposal)。以 3D 候选框为依据汇聚 3 个维度的特征,提取卷积后鸟视图中特征信息、卷积后前视图的特征信息与卷积后图像的特征信息。将这 3 类提取后的信息置于对应的通道(Pooling)后进行融合,获得对应的分类与 3D 边界框。

(2) LiDar+Camera 的特征融合 ContFuse 方法

如图 3-18 所示,首先在 Camera 通道对采集到的图像数据通过 ResNet Block 卷积网络提取其浅层特征与深层特征,对这些图像特征进行多尺度融合(Multi-scale Fusion)。随后在融合后的图像中寻找 LiDar 二维鸟视图中每个像素空间对应的特征向量,用以由二维图像特征反推三维空间中的特征。这一三维特征量与 LiDar 通道中每一次卷积得到的二维鸟视图进行连续融合(Continuous Fusion),实现了图像和点云的联合推理,摆脱了 2D 图像检测对 3D 检测性能的约束。

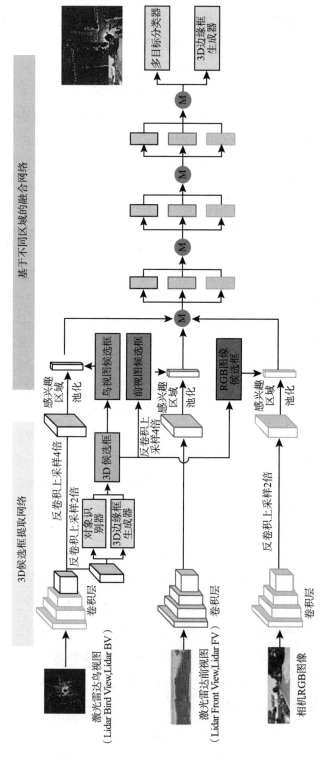

图 3-17 LiDar+Camera 目标融合模型

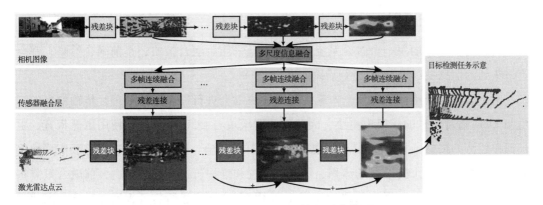

图 3-18 LiDar+Camera 特征融合模型

（3）Camera+Radar 的目标融合 CRFNet 方法

Radar 获取的点云较 LiDar 点云而言更为稀疏，且存在一定的噪声，因此可将 Radar 点云进行多周期叠加及滤波，从而获得更为密集的点云。使用与 LiDar 鸟视图类似的方法获取 Radar 叠加点云的距离信息通道与强度信息通道，这两个通道可作为 Radar 的特征信息与 Camera 卷积得到的图像特征信息同时进入网络进行特征融合，最终获得需要的检测目标。

对比后融合与前融合两类融合策略，前融合作为新兴技术能帮助后融合解决多个小模型计算信息冗杂的问题，但是也会引入 CNN 模型庞大导致计算量增大的问题。相对于后融合这一较为传统可控的技术而言，前融合技术仍旧需要一定的时间发展成熟。

以自动驾驶系统为例，当今 L4 级智能驾驶系统（高度自动驾驶系统）倾向于使用前后融合并行使用的方式，而 L2 级智能驾驶系统（部分自动化驾驶系统）中倾向于使用 Camera+Radar 的后融合系统。因为 Radar 相较于 LiDar 而言存在点云稀疏且噪声多的瓶颈，诸多汽车厂商已逐步部署 LiDar+Camera+Radar 的自动驾驶系统。

3.3 应用分析

传感器融合的技术核心作用在于通过不同传感器的观测量组合使得中心处理器能更准确地感知周围的环境。

本节将着眼于自动驾驶、移动机器人与机械臂中多传感器融合的应用，分析多传感器融合为系统带来的优势。

3.3.1 自动驾驶应用

自动驾驶汽车的每一个融合系统中，无论是采用后融合策略还是前融合策略，都会将采集到的信息发送给 ECU 进行后续的融合。

对于后融合策略而言，每个本地传感器模块都会进行原始数据处理，传输信息的容量与 ECU 整合信息的规模也更小，因此传感器模块与 ECU 之间可以使用更低带宽、更加简单经济的接口。同时 ECU 模块也具有低功耗的优势，但是传感器模块需要配置数据处理器，增加了单个传感器的体积、功耗、配置和维护价格。相较而言，前融合只需将传感器采集到的原始数据汇总到 ECU 中，使用 CNN 网络进行特征提取与融合，因此系统中传感器体积小、成本低，在传感器数量较多的系统中体现出显著的经济优势。但这意味着更庞大的数据传输量与 ECU 处理量，对数据传输的带宽要求与 ECU 处理能力提出了较高的要求。

由此可见，在自动驾驶领域采用后融合与前融合综合的策略，能在硬件层面上兼得融合效率与经济性，同时综合两种融合算法的结果能提升传感器融合的准确性。

谷歌旗下的 Waymo 公司研发的自动驾驶汽车由多个 LiDar、Camera 与 Radar 构成。LiDar 与 Camera 模块安置在车顶，可在每秒内输出数百万个 360° 的激光脉冲，能够扫描半径约 70m 范围内的环境。通过采用 LiDar+Camera+Radar 的多传感器融合感知方案，能够对环境中各类对象进行识别与跟踪。在国内，百度早在 2013 年就开始探索自动驾驶，在 2015 年宣布研发 L4 级技术，目标是实现在开放道路的全自动无人驾驶。百度在 2015 年发布的 Apollo 计划帮助相关研究者搭建了一套完整的自动驾驶系统，该系统同样搭配 LiDar、Camera、Radar 这 3 类自动驾驶中常用的传感器。如图 3-19 所示，在障碍物检测识别模块中通过三维点云投影到二维图像上，融合激光雷达与视觉传感器对障碍物进行检测，可得到障碍物的位置、形状、类别、速度、朝向等信息，帮助驾驶系统做出规避决策。

图 3-19　三维点云投影的二维效果

在学术界不乏对自动驾驶领域中运用多传感器融合技术构建各类对象识别与跟踪的研究。麦新晨等人在《基于多传感器融合的车辆检测与跟踪》一文中将 Camera 与 LiDar 进行融合，通过将 Radar 获得的距离信息与从 Camera 获得的图像信息融合来提取车辆特征，在卡尔曼滤波和粒子滤波相结合的跟踪框架下，提出了一种多维空间马氏距离的数据相关算法，解决了急转弯情况下车辆跟踪容易丢失的问题。王一博等人在《多传感器数据融合的道路行驶车辆识别方法研究》一文中将毫米波雷达与 Camera 进行融合，利用毫米波雷达可不受天气影响全天候进行远距离检测的特点，为 Camera 提供辅助信息帮助完成车辆检测任务，有效地减小了恶劣环境对前方车辆检测的影响。该研究提出了一种基于激光雷达与摄像头融合的目标检测方法，实现对道路目标的检测与识别。杨宇等人在《基于多传感器信息融合的车辆自主定位方法》一文中使用 Camera 与 IMU 进行融合，采用预积分法对 IMU 和 Camera 进行时间同步，结合 IMU 误差项与视觉重投影误差建立目标函数进行非线性优化，设计了一种基于多传感器融合技术的视觉 - 惯性里程计，解决了传统视觉里程计在高速运动的情况下发生的定位算法容易发散的问题。

3.3.2 移动机器人应用

随着全球智能技术的不断进步与完善，为了尽可能增强效率、解放双手及提高个人生活品质，人们逐渐使用各种智能化科技设备取代原有的劳动生产方式。在移动机器人上配置物理交互、语音识别交互、视觉交互、物理抓取模块、自主定位导航技术等诸多智能化模块能使机器人接近人类，拥有相对灵活的身姿与出色的交互能力。诸如家用扫地机器人、酒店送餐机器人、智能消杀机器人都为人们的生活提供了诸多便利。在这之中要实现自主巡航、场地建图、障碍物规避等需求都离不开多传感器融合感知技术的应用。

马信源等人在《基于多传感器信息融合的轮式机器人室内避障的研究》一文中将 LiDar 与深度相机的数据通过神经网络算法配合区域融合规则进行融合，相较于传统的使用单深度相机传感器的目标检测与避障系统。该研究通过将深度相机获得的深度数据转换为 2D 点云数据与 LiDar 数据融合，提升了系统对目标距离估计的准确度。年鉴等人在《多传感器融合的移动机器人室内地图构建与导航研究》一文中设计了一种融合 LiDar 与单目相机数据的建图方案，将单目相机获得的三维点云地图信息投影到二维平面获得网格地图，与 LiDar 扫描帧通过局部和全局分离的方法获得的网格地图相融合，以构建更为精确的环境地图。移动机器人和自动驾驶在定位建图与目标检测任务上有一定的相似性,移动机器人的应用场景相对固定,因此使用卷积神经网络的多传感器融合方案能得到较好的训练效果。

3.3.3 机械臂应用

机械臂作为自动化机械装置在工业制造、医学治疗、军事勘探、半导体制造以及太空探索等领域有着广泛的应用。不同的机械臂拥有不同的形态特点,但是它们的核心功能都是根据编程指令精确地定位到三维空间上的某一点进行作业。机械臂时常需要在复杂环境中执行某些精细操作任务,应用多传感器融合技术能在机械臂动作执行阶段实现对于未知障碍和突发情况的识别与规避,帮助机械臂更安全地在复杂环境中执行工作。

李锐君等人在《融合多传感器数据的抓取机械臂末端定位研究》中融合激光雷达传感器的距离信息与视觉传感器的图像信息执行目标检测任务,获取了抓取机械臂末端的误差模型,并采用遗传算法计算出了机械臂末端各关节的旋转变量补偿值,提高了定位的效率与置信度,解决了抓取机械臂末端定位过程中受环境干扰导致的定位精度与稳定性差的问题。在机械臂研究领域中还会融合速度传感器、运动传感器、接近传感器等其他传感器数据。薛利梅等人在《水下机械手信息融合及作业规划研究》中通过对单目相机的图像定位信息与接近传感器探测到的目标物体的位置进行融合,在判定机械手接近目标的同时提供机械手与抓取目标的具体距离信息,为水下机械手的自主作业奠定了基础。

第 4 章

激光 SLAM

常见的激光 SLAM 框架主要包括以下几个部分：点云预处理、前端里程计、关键帧提取以及后端优化。

1）点云预处理部分负责接收传感器数据，进行多传感器的数据同步，去除点云的无效点，进行去畸变处理等工作。

2）前端里程计部分负责接收预处理后的规范化的点云，进行两帧点云之间的配准并输出初步估计的先验位姿。

3）关键帧提取部分负责接收先验位姿并根据一定条件选取关键帧，输出关键帧之间的相对位姿约束和点云。

4）后端优化部分负责接收来自各种传感器的位姿约束以及关键帧所包含的点云，然后进行位姿优化，最后输出更精准的位姿并构建轨迹和地图。

如图 4-1 所示，本章将分别介绍这几个核心部分的基本工作原理，同时对几种经典的激光 SLAM 算法进行介绍。

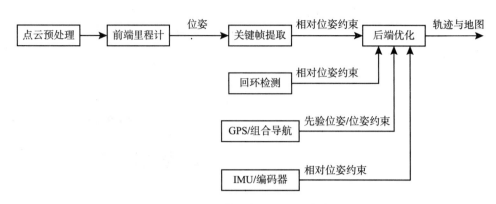

图 4-1 经典的激光 SLAM 框架

4.1 点云预处理

如何对激光雷达所采集到的 2D 或 3D 点云数据进行预处理在激光 SLAM 中非常重要。

点云预处理部分通常包含点云滤波、点云分割、点云运动补偿等工作。其中点云滤波的目的是去除点云中的噪声点或者因遮挡等问题造成的离群点,同时可以对点云进行下采样来减少数据量。点云分割的主要原理是将点云分割聚类成若干个互不相交的子集来实现目标区域和背景点云的分离。点云运动补偿用于解决激光雷达本身的运动所造成的点云坐标的畸变。

本节将主要对以上 3 种点云预处理方法进行介绍。

4.1.1 点云滤波

点云滤波可以实现很多种功能,比如去除噪声点、离群点,使点云平滑,以及压缩数据等。本节将对实现这些功能的相关的滤波器做简单介绍。

(1) 统计滤波器

统计滤波器用于去除明显的离群点和噪声点。离群点的特征是在空间中分布稀疏,因此可以根据这一特征来设定某处点云密度如果小于某个阈值时则该处点云无效。具体来讲,统计滤波器会计算每个点到其最近的 k 个点的平均距离,假设点云中所有点相对于这个点的距离应构成高斯分布,那么根据给定均值与方差,就可以剔除距离在方差之外的点。即使被剔除的点是有效点,但是由于这些点分布太稀疏,带来的有效信息也是很少的,因此剔除此类点所产生的负面影响比较小。

通过图 4-2 的对比我们可以发现,在经过统计滤波后,原图中大量的离散的噪点被去除了,因此过滤掉一些噪点和离群点十分有利于我们后续的处理。

原始点云　　　　　　　　　统计滤波后点云

图 4-2　统计滤波器(见彩插)

(2)体素滤波器

体素滤波器是一种下采样的滤波器,使用体素化方法减少点云数量。具体来讲就是采用体素网格中心点附近的点替代该体素内的所有点云。使用这种方法虽然比直接使用体素中心点要慢,但是更加精确,可以减少点云数据,同时可以保留点云的形状特征,在激光 SLAM 中非常实用。

通过对比图 4-3 中的原始点云和体素滤波后的点云,我们可以发现,在经过体素滤波后,点云的数量明显减少,但是点云的轮廓与形状没有发生明显的改变。

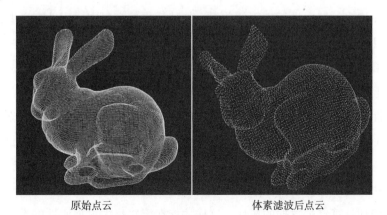

原始点云　　　　　　　　　体素滤波后点云

图 4-3　体素滤波器(见彩插)

（3）高斯滤波器

高斯滤波是一种线性平滑滤波方法，适用于消除高斯噪声。这种方法通过对权重进行加权平均的方式得到滤波后的点，其中权重是根据欧式距离的高斯分布来计算的。高斯滤波器利用标准差去噪，对于呈正态分布的数据能取得较好的平滑效果，但是边缘角点会受到较大的平滑影响，从而失去一些细节特征。

通过图4-4我们可以看到，相比于原始点云，高斯滤波后的点云更加平滑。

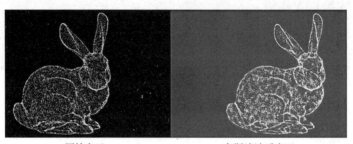

原始点云　　　　　　　　高斯滤波后点云

图4-4　高斯滤波器（见彩插）

4.1.2　点云分割

即使经过了点云滤波等处理，目标区域中表面信息和背景信息的数据仍然可能是混合在一起的，这给后续的处理带来了一定的难度。点云分割这种技术根据空间、几何和纹理等特征对点云进行划分，使得同一区域内的点云拥有相似的特征。同时点云的有效分割往往是在许多领域中进行应用的前提，如特征描述和提取。因此有必要采用点云分割技术进行目标区域和背景点云的分离。

下文介绍常见的几种点云分割方法。

（1）基于属性的分割方法

基于属性的分割方法是一种鲁棒性较好的分割方法，通常包括两个独立的步骤：首先基于属性（如欧式距离或者点云密度）进行计算，然后根据计算点的属性进行聚类。这种聚类方法一般能适应空间关系和点云的各种属性，最终将不同属性的点云分割出来。但是这种方法的局限性在于高度依赖派生属性的质量，所以使用这种方法时要求在第一步就能够精确地计算点云数据的属性，这样才能在第二步中根据属性的类别分割出最佳的效果。目前基于属性的分割方法又有欧式聚类与条件欧式聚类，以及密度聚类两种。

1)欧式聚类与条件欧式聚类。对于欧式聚类来说,距离判断以欧氏距离为基准。对于空间中某点 p,通过 KD-Tree 近邻搜索算法找到 k 个离 p 点最近的点。在这些点中,距离小于设定阈值点的便聚类到集合 Q 中。如果 Q 中元素的数目不再增加,则整个聚类过程结束;否则须在集合 Q 中选取 p 点以外的点,重复上述过程,直到 Q 中元素的数目不再增加为止。条件欧式聚类的工作原理与标准的欧式聚类基本一样。条件欧式聚类除了要检查距离,还可以需要添加一个特殊的、可以自定义的限制条件,以便将符合要求的点添加到同一个集群中。

2)密度聚类。与基于距离的聚类算法不同,基于密度的聚类算法可以实现任意形状的聚类。基于密度的聚类算法通过在数据集中寻找与低密度区域分离的高密度区域,将分离出的高密度区域作为一个独立的类别来进行聚类。密度聚类算法的主流是 DBSCAN 算法。DBSCAN 算法全称为 Density-Based Spatial Clustering of Applications with Noise,也就是"基于密度的聚类"。其基础是假设聚类结构能通过样本分布的紧密程度进行确定,从样本密度的角度来考查样本之间的可连续性,并基于可连续样本来不断扩展聚类簇,以获得最终的聚类结果。DBSCAN 算法具有抗噪声、无须指定类别个数、可以在空间数据中实现任意形状的聚类等优点,但也有对高维数据处理不佳的缺点。DBSCAN 算法效果如图 4-5 所示。

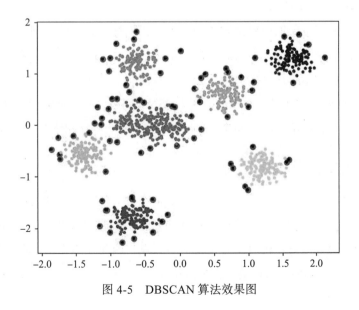

图 4-5　DBSCAN 算法效果图

（2）基于模型的分割方法

该方法是基于几何形状（如球形、圆锥、平面和圆柱形）来对点云进行分组的。那么根据这些几何形状，具有相同的数学表示的点将会被分割为同一组。该方法采用 RANSAC（Random Sample Consensus）算法，即"随机抽样一致性算法"。RANSAC 算法通过迭代的方式从一组包含离群点数据（outlier 或者错误数据）的被观测数据中估算出数学模型的参数。相比于最小二乘法，该算法融合了"剔除不合格数据"的思想，因此对于有部分错误数据的数据样本，能够更快更准地给出辨识结果。RANSAC 算法应用极为广泛且可以认为是模型拟合的最先进技术的母版，当前 3D 点云分割的很多改进方法都继承了这种算法。基于模型的分割方法基于纯粹的数学原理实现，因此快速且强大。RANSAC 算法效果如图 4-6 所示。

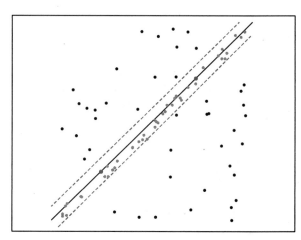

图 4-6　RANSAC 算法效果图

（3）基于深度学习的分割方法

传统的点云分割主要依赖聚类算法和基于随机抽样一致性的分割算法。这些算法在很多技术上得到了广泛应用，但当点云规模不断增大时，传统的分割算法已经很难满足实际需要，因此可以结合深度学习进行分割。目前有 5 种比较前沿的点云分割网络，包括 PointNet/PointNet++、PCT、Cylinder 以及 JSNet 网络，有兴趣的读者可在相关文献中查阅细节，本文将不展开描述。如图 4-7 所示，这是 PointNet 网络结构。

4.1.3　点云运动补偿

在激光 SLAM 中，激光雷达的一帧数据是指在过去的一个周期内通过激光雷达旋转扫描得到的点的集合，而不是某个时刻的数据，而且这些数据仅有一个相同的时间戳。因为每个激光点的坐标都是相对于激光雷达的原点，因此在激光雷达运动时同一帧内的点云的坐标原点就会不同，这样就产生了运动畸变。

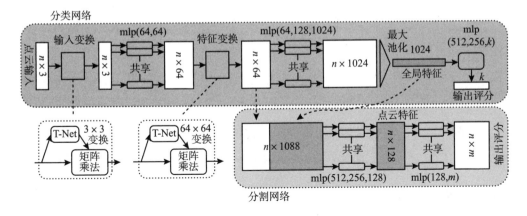

图 4-7 PointNet 网络结构

(1) 运动畸变的来源

1) 平移运动导致的运动畸变。如图 4-8 所示,虚线圆圈代表真实物体,深色点为激光束打到的位置,深色三角是当前采集时刻雷达的位置,浅色三角是该帧的坐标原点,浅色点是该帧点云中激光点的坐标。由于在激光雷达扫描的周期内,激光雷达本身是处于平移运动的,因此这一个周期所采集到的激光点距离数据将会是有畸变的(即偏离真实物体的圆形形状)。

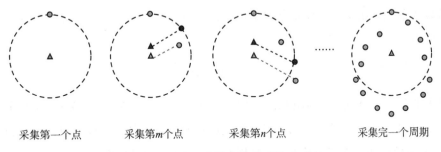

图 4-8 平移运动导致的点云运动畸变

2) 旋转运动导致的运动畸变。如图 4-9 所示,假设激光雷达顺时针旋转,浅色实线是激光雷达 0 度坐标轴,深色实线为一帧点云的 0 度坐标轴。同理,在激光雷达扫描的周期内,激光雷达本身是处于旋转运动的,因此这一个周期所采集到的激光点角度数据也将会是有畸变的。

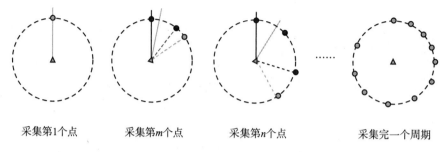

图 4-9 旋转运动导致的点云运动畸变

（2）运动补偿的方法

对每个激光坐标点做运动补偿，其补偿量应为激光点相对于该帧激光雷达数据起始时刻的位姿变化。

假设在一帧点云中，起始时刻雷达位姿为

$$T_0 = \begin{bmatrix} R_0 & t_0 \\ 0 & 1 \end{bmatrix}$$

该帧点云的第 i 个激光点在采集时刻激光雷达的位姿为

$$T_i = \begin{bmatrix} R_i & t_i \\ 0 & 1 \end{bmatrix}$$

假设当前获得的第 i 个激光点的坐标为 $P_i = \begin{bmatrix} p_{ix} & p_{iy} & p_{iz} \end{bmatrix}$，则第 i 个激光点补偿畸变后的坐标应为

$$P_i = T_0^{-1} T_i P_i$$

只需要计算从 0 到 i 时刻激光雷达相对旋转和相对平移的变化即可。实际上，激光雷达点云是局部坐标系下的表示。当 0 时刻雷达的位姿为基准坐标系时，初始激光雷达位姿 T_0 即为单位阵，T_i 即为从 0 到 i 时刻的相对旋转和相对平移。此时有

$$R_i = \omega d_{\text{times}}$$
$$t_i = V d_{\text{times}}$$

只需要知道从 0 到 i 时刻的平均角速度和平均速度即可计算相对位姿的变换，并进一步算出激光点运动补偿后的坐标。

4.2 前端里程计

激光 SLAM 的前端里程计部分本质上是利用点云配准的方法将两帧点云之间的位姿变换求解出来，并给后端优化部分提供一个有待进一步优化的先验位姿。激光 SLAM 的前端里程计根据方法的不同可以分为基于直接匹配的前端里程计（如迭代最近点法）和基于特征的视觉里程计（如 LOAM）等。

本节主要介绍基于直接匹配和基于特征的前端里程计的原理及算法流程。

4.2.1 基于直接匹配的迭代最近点算法

（1）ICP 算法流程

迭代最近点（Iterative Closest Point）算法简称 ICP 算法，是一种基于 EM 算法（Expectation-maximization algorithm）思想的方法，采用交替迭代法进行优化得到最优值。ICP 算法分为两步，第一步是进行点云匹配，第二步是进行运动估计。其中，点云匹配是将两帧点云数据放置在同一个坐标系下，使一帧点云中的点找到另一帧点云中最近的点，这对点就作为一对匹配点。运动估计就是根据两帧点云的匹配情况构建最小二乘方程并求解两帧之间的位姿变换。

假设两帧点云为 $X=\{x_1,x_2,\ldots,x_{N_x}\}, x\in \mathbf{R}^3$ 和 $Y=\{y_1,y_2,\ldots,y_{N_y}\}, y\in \mathbf{R}^3$，已经找到点云之间的匹配关系，并且两帧的点云数目相等，即 $N_x=N_y$，那么运动估计的目标就是找到旋转矩阵 R 与位移 t，使得一帧点云在旋转平移后与另一帧点云的残差最小，即

$$\min \mathrm{E}(\boldsymbol{R},\boldsymbol{t}) = \min \frac{1}{N_y}\sum_{i=1}^{N_y}\|x_i - \boldsymbol{R}y_i - \boldsymbol{t}\|^2$$

其中 R 是 3×3 的矩阵，t 是 3×1 的向量，N_x, N_y 表示点云中点的个数。

ICP 算法流程如图 4-10 所示。先点云预处理部分负责规范化点云的格式，如去除 NaN（Not a Number，一般是指出现无限大的值）值点和规范点云数量等，然后进入 ICP 算法的处理流程。在 ICP 算法流程中，首先进行点云匹配，如进行两帧点云中最近邻关联点的选取等；其次进行运动估计，即求解位姿变换，使得两帧点云匹配的残差最小；最后进行条件判断，即在残差或迭代步长足够小时停止循环，并输出位姿 R 和 t。

ICP 算法流程的数学表示如下。

1）点云匹配。首先，对于每一个在 X 内的点 x_i，找到 Y 内与之相关联的最近邻点。

然后，去除超出边界的点，如 $\|x_i - y_i\|$ 过大的点。

2）运动估计。公式为 $\boldsymbol{R}, \boldsymbol{t} = \arg_{R,t} \min E(\boldsymbol{R}, \boldsymbol{t}) = \arg_{R,t} \min \dfrac{1}{N_y} \sum_{i=1}^{N_y} \|x_i - \boldsymbol{R} y_i - \boldsymbol{t}\|^2$

3）检查是否收敛。收敛标准包括：残差 $E(\boldsymbol{R}, \boldsymbol{t})$ 足够小；$\Delta \boldsymbol{R}, \Delta \boldsymbol{t}$ 足够小。

4）如果不收敛，则

$$Y' = \boldsymbol{R}Y + \boldsymbol{t}$$
$$Y = Y'$$

再重复上述步骤。

（2）旋转矩阵 $\boldsymbol{R}$ 和位移向量 $\boldsymbol{t}$ 的求解

1）基于奇异值分解（Singular Value Decomposition，SVD）的 ICP 算法。令 $\boldsymbol{H} = \sum_{i=1}^{N_y} y_i' x_i'^{\mathrm{T}}$，其中有

$$x_i' = x_i - u_x,\; y_i' = y_i - u_y,\; u_x = \dfrac{1}{N_x}\sum_{i=1}^{N_x} x_i,\; u_y = \dfrac{1}{N_y}\sum_{i=1}^{N_y} y_i$$

对 $\boldsymbol{H}$ 做 SVD 分解得

$$\boldsymbol{H} = \boldsymbol{U}\boldsymbol{\Sigma}\boldsymbol{V}^{\mathrm{T}}$$

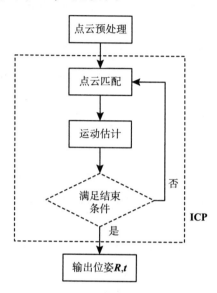

图 4-10 ICP 算法流程

则根据推导得出，旋转矩阵 $\boldsymbol{R} = \boldsymbol{V}\boldsymbol{U}^{\mathrm{T}}$，平移向量 $\boldsymbol{t} = u_x - \boldsymbol{R}u_y$。推导过程这里不做详细阐述，读者可参考相关文献。

2）基于凸优化的 ICP 算法。首先，优化任务的目标。找到变量 $x^* \in \boldsymbol{R}^n$，使得损失函数 $F(x)$ 取得局部最小值，即

$$\min_x F(x) = \dfrac{1}{2}\|f(x)\|_2^2$$

其中局部最小值指对任意的 $\|x - x^*\| < \delta$，其中 δ 为小的正数，都有 $F(x^*) \le F(x)$，$f(x)$ 代表残差函数。

其次，迭代方法流程。给定初值 x_0；对第 k 次迭代，计算增量 Δx_k，使得 $\|f(x_k + \Delta x_k)\|_2^2$ 达到极小值；当 Δx 足够小时，则停止；否则，令 $x_{k+1} = x_k + \Delta x$，返回第二步。

再次，数值求解优化的方法。损失函数的泰勒展开式可表示为

$$F(x + \Delta x) \approx F(X) + \boldsymbol{J}\Delta x + \dfrac{1}{2}\Delta x^{\mathrm{T}} \boldsymbol{H} \Delta x$$

其中 $\boldsymbol{J}$ 和 $\boldsymbol{H}$ 分别为损失函数 $F(x)$ 对变量 x 的一阶导数（雅克比矩阵）和二阶导数

（黑森矩阵）。

- 最速下降法：只保留一阶泰勒展开式，取增量为 $\Delta x = -\bm{J}^{\mathrm{T}}$，即沿着梯度的反方向取增量。
- 牛顿法：保留损失函数的二阶泰勒展开式，此时的增量方程为

$$\Delta x^* = \arg\min\left(F(x) + \bm{J}\Delta x + \frac{1}{2}\Delta x^{\mathrm{T}}\bm{H}\Delta x\right)$$

求右侧关于 Δx 的导数并令其为 0，即得到

$$\bm{J}^{\mathrm{T}} + \bm{H}\Delta x = 0 \Rightarrow \bm{H}\Delta x = -\bm{J}^{\mathrm{T}}$$

求解上式即可得到增量 Δx。

- 高斯牛顿法：对残差函数 $f(x)$ 而非损失函数 $F(x)$ 进行泰勒展开，即

$$f(x+\Delta x) \approx f(x) + \bm{J}\Delta x$$

此时的问题为寻找增量 Δx，使得 $\|f(x+\Delta x)\|^2$ 最小，即

$$\Delta x^* = \arg\min \frac{1}{2}\|f(x) + \bm{J}\Delta x\|^2$$

对右侧求导并令其为 0，有

$$\bm{J}^{\mathrm{T}}f(x) + \bm{J}^{\mathrm{T}}\bm{J}\Delta x = 0$$

令 $\bm{H} = \bm{J}^{\mathrm{T}}\bm{J}$，$\bm{g} = -\bm{J}^{\mathrm{T}}f(x)$，则有增量 $\Delta x = \bm{H}^{-1}\bm{g}$。

- 列文伯格 – 马夸尔特（Levenberg-Marquardt，LM）方法

LM 方法的原理推导较为复杂，读者可自行查看最优化问题相关参考，这里直接给出增量方程

$$(\bm{H} + \lambda \bm{I})\Delta x = \bm{g}$$

最后，分析 ICP 问题的迭代求解方法。

ICP 问题可重新表示为

$$\bm{T} = \arg_{\bm{T}}\min \frac{1}{2}\sum_{i=1}^{n}\|x_i - \bm{T}y_i\|^2$$

其中 $\bm{T}$ 为变换矩阵，即

$$\bm{T} = \begin{bmatrix} \bm{R} & \bm{t} \\ 0 & 1 \end{bmatrix}$$

在李代数下可表示为

$$T = \arg_T \min \frac{1}{2} \sum_{i=1}^{n} \| x_i - \exp(\zeta) \|^2$$

其中 ζ 为 T 对应的李代数，则残差对应的雅可比矩阵为

$$J = \frac{\partial e}{\partial \delta \zeta} = -\left(\exp(\zeta) y_i\right)^{\odot}$$

即可通过上述优化方法进行求解。这里关于李代数不详细阐述，读者可自行查阅相关文献。

（3）ICP 算法的改进

根据不同的残差函数，目前主流的 ICP 算法可具体分为点到点的 ICP 方法、点到线的 PLICP（Point-to-Line Iterative Closest Point）方法、面到面的 GICP（Generalized Iterative Closest Point、几何误差最小化算法）方法等。关于求解方法，除了上述提到的奇异值分解和数值迭代优化，还有四元数法等。为了增加算法的鲁棒性，近年又有学者提出 NICP（Normal ICP）的方法。

（4）ICP 算法的评价

ICP 算法最大的优点就是方案简单、易实现，同时在较好的初始化条件下具有不错的性能。但是缺点也同样明显：进行两帧点云之间的最近邻搜索可能会比较耗时，而且如果初始位姿不太理想，后续就很难将其纠正过来。

4.2.2 基于特征匹配的正态分布变换算法

（1）NDT 算法流程

正态分布变换算法（Normal Distribution Transformation，NDT）算法的核心思想是将空间离散为方格。如果是二维空间，则划分为栅格；如果是三维空间，则划分为立方体。这样就可以将采样的点云划分到不同的网格中，因此可以很方便地描述点云的局部特性，例如点云局部的形状（直线、平面或者球体）、方向（平面法向、直线方向等），然后构建多维变量的正态分布。如果变换参数能使得两帧激光点云的数据匹配得很好，那么变换点在参考系中的概率密度将会很大。因此，可以考虑用优化的方法求出使得概率密度最大的变换参数，此时这两帧激光点云的数据将匹配得最好。NDT 算法流程如图 4-11 所示。

NDT 算法流程如下。

1）对目标点云进行空间网格划分，在此基础上对每个网格计算均值和协方差，并且计算需要的常数。

2）初始化位姿参数。首先，通过初始位姿变换源点云；然后，计算损失函数、雅克比矩阵、黑森矩阵；最后，通过最优化方法更新位姿。

3）检查是否收敛。若收敛，则输出当前位姿；若不收敛，则重复上一步骤。

（2）经典 NDT 算法原理

假设有目标点云 $X = \{x_1, x_2, \dots, x_{N_x}\}$，$x \in \mathbf{R}^3$ 和源点云 $Y = \{y_1, y_2, \dots, y_{N_y}\}$，$y \in \mathbf{R}^3$，则 NDT 算法的目标是

$$\max \Psi = \max \prod_{i=1}^{N_y} f(X, T(\boldsymbol{p}, y_i))$$

其中 $f(X, T(\boldsymbol{p}, y_i))$ 是联合概率分布。对于 2D 模型有

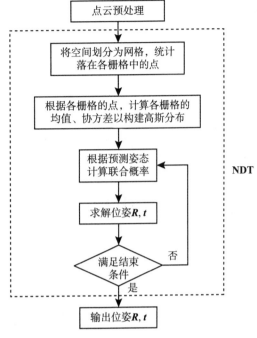

图 4-11 NDT 算法流程

$$\boldsymbol{p} = \begin{bmatrix} t_x & t_y & \phi_z \end{bmatrix}^\mathrm{T}$$

对于 3D 模型有

$$\boldsymbol{p} = \begin{bmatrix} t_x & t_y & t_z & \phi_x & \phi_y & \phi_z \end{bmatrix}^\mathrm{T}$$

我们令均值为 $\mu = \dfrac{1}{N_x} \sum_{i=1}^{N_x} x_i$，则协方差为

$$\Sigma = \frac{1}{N_x - 1} \sum_{i=1}^{N_x} (x_i - \mu)(x_i - \mu)^\mathrm{T}$$

根据初始预测的位姿，对点云 Y 中的点进行旋转和平移有

$$y_i' = \mathrm{T}(\boldsymbol{p}, y_i) = \boldsymbol{R} y_i + t$$

旋转和平移后的点与目标点集在同一坐标系下，此时刻计算各点的联合概率密度为

$$N(X, y_i') = \sqrt{\frac{1}{(2\pi)\det(\Sigma)}} \exp\left(-\frac{1}{2}(y_i' - \mu)^\mathrm{T} \Sigma^{-1} (y_i' - \mu)\right)$$

因此所有点的联合概率为

$$\Psi = \prod_{i=1}^{N_x} f(X, T(p, y_i)) = \prod_{i=1}^{N_x} \sqrt{\frac{1}{(2\pi)\det\Sigma}} \exp\left(-\frac{1}{2}(y_i^{'} - \mu)^T \Sigma^{-1} (y_i^{'} - \mu)\right)$$

取对数有

$$\min (y_i^{'} - \mu)^T \Sigma^{-1} (y_i^{'} - \mu)$$

$$y_i^{'} = T(p, y_i^{'}) = Ry_i^{'} + t$$

其中待求参数为旋转矩阵 **R** 与平移向量 **t**。因此我们可以定义残差函数

$$f_i(p) = y_i^{'} - \mu$$

可得到其雅可比矩阵为

$$J_i = \frac{\mathrm{d}f_i(p)}{\mathrm{d}p}$$

如果是 2D 场景即 $p = \begin{bmatrix} t_x & t_y & \phi_z \end{bmatrix}^T$,则

$$y_i^{'} = T(p, y_i^{'}) = \begin{bmatrix} \cos\phi_z & -\sin\phi_z \\ \sin\phi_z & \cos\phi_z \end{bmatrix} y_i^{'} + \begin{bmatrix} t_x \\ t_y \end{bmatrix}$$

因此可计算雅可比矩阵为

$$J_i = \begin{bmatrix} 1 & 0 & -y_{i1}\sin\phi_z - y_{i2}\cos\phi_z \\ 1 & 0 & y_{i1}\cos\phi_z - y_{i2}\sin\phi_z \end{bmatrix}$$

在 3D 场景中可同理进行求解,这里不再推导。

(3) NDT 算法的改进

为了节省运算量,可以使用八叉树来划分空间网格。这样的空间网格尺寸不固定,在存在点云的地方划分网格,在不存在点云的地方就不划分网格,因此节省了存储空间。也可以聚类之后再划分栅格,找到点云中点数多的区域,抛弃点云中点数少的区域,以此划分网格来减少运算量。另外,为了增加算法的鲁棒性,可以使用插值方法来解决空间网格划分导致的不连续问题。

(4) NDT 算法的评价

相比于 ICP 算法,NDT 算法不需要进行最近邻点搜索,因此节省了计算量,使匹配速度加快。另外,NDT 算法对初始位姿并不敏感。这也是 NDT 算法的一大优点。但是 NDT 算法也有相应的缺点,比如有更多复杂的操作步骤,以及需要精细地调整空间网格

的分辨率以适应各种具体问题。

（5）NDT算法的代码实操

这里提供一个NDT算法的实践应用。实操前需准备开源的NDT_Lib。实践目标是简单的点云配准，代码如下。

```cpp
pcl::PointCloud<pcl::PointXYZRGB> map;
pcl::NormalDistributionsTransform<pcl::PointXYZRGB, pcl::PointXYZRGB> ndt;
Eigen::AngleAxisf init_rotation(0.0, Eigen::Vector3f::UnitZ());
Eigen::Translation3f init_translation (0, 0, 0);
Eigen::Matrix4f init_guess = (init_translation * init_rotation).matrix();
//guess_Matrix(0,3)=10;
// -------------------加载点云---------------------
for (int i=0;i<lidar_pathes.size();i++){
  pcl::PointCloud<pcl::PointXYZRGB>::Ptr cloud(new pcl::PointCloud<pcl::PointXYZRGB>);

  CreateCloudFromTxt(lidar_pathes[i], cloud);
// -------------------过滤点云---------------------
  pcl::PointXYZRGB p;
  pcl::PointCloud<pcl::PointXYZRGB> scan;

  for (int j=0;j<cloud->points.size();j++)
  {
    p.x = cloud->points[j].x;
    p.y = cloud->points[j].y;
    p.z = cloud->points[j].z;
    p.r = cloud->points[j].r;
    p.g = cloud->points[j].g;
    p.b = cloud->points[j].b;
    auto range = sqrt(pow(p.x, 2.0) + pow(p.y, 2.0));
    if (min_range_ < range && range < max_range_)
    {
      scan.push_back(p);
    }
  }
  if(i==0) {
    map+=scan;
  }
  else {

// -------------------体素滤波器过滤点云---------------------
    pcl::PointCloud<pcl::PointXYZRGB>::Ptr scan_ptr(new pcl::PointCloud<pcl::PointXYZRGB>(scan));
    pcl::PointCloud<pcl::PointXYZRGB>::Ptr filtered_scan_ptr(new pcl::PointCloud<pcl::PointXYZRGB>);
```

```
    pcl::VoxelGrid<pcl::PointXYZRGB> voxel_grid_filter;
    voxel_grid_filter.setLeafSize(voxel_LeafSize_, voxel_LeafSize_,
voxel_LeafSize_);
    voxel_grid_filter.setInputCloud(scan_ptr);
    voxel_grid_filter.filter(*filtered_scan_ptr);

    // ------------------配置ndt参数----------------------
    pcl::PointCloud<pcl::PointXYZRGB>::Ptr map_ptr(new
pcl::PointCloud<pcl::PointXYZRGB>(map));
    ndt.setTransformationEpsilon(ndt_TransformationEpsilon_);
    ndt.setStepSize(ndt_StepSize_);
    ndt.setResolution(ndt_Resolution_);

    ndt.setMaximumIterations(ndt_MaximumIterations_);
    ndt.setInputTarget(map_ptr);
    ndt.setInputSource(filtered_scan_ptr);

    pcl::PointCloud<pcl::PointXYZRGB>::Ptr output_cloud (new
pcl::PointCloud<pcl::PointXYZRGB>);
    ndt.align(*output_cloud, init_guess);
    pcl::transformPointCloud(*scan_ptr, *output_cloud,
ndt.getFinalTransformation());
    map+=*output_cloud;

    init_guess=ndt.getFinalTransformation();
    std::cout << "Round " << i << ": T_Matrix is " << init_guess << std::endl;
    }
}
```

该代码的功能是循环读取不同时间戳的 PCD 点云数据。这些点云数据既可在时间上连续，也可不连续。一帧 PCD 点云为一帧激光雷达扫描，在经过 NDT 配准（scan-map）后加入整体地图中，最后多帧激光数据拼接成一张点云地图。

4.2.3　ICP 算法与 NDT 算法的比较

比较 ICP 算法与 NDT 算法并总结其要求，如表 4-1 所示。

表 4-1　ICP 算法与 NDT 算法的比较

要求	算法	
	ICP	NDT
提供初始位姿	需要	需要
对目标点云划分网格	不需要	需要

(续)

要求	算法	
	ICP	NDT
最近邻点搜索	需要	不需要
最优化问题类型	普氏变换问题	最大似然估计问题
有无解析解	有解析解	无解析解

4.3 关键帧提取

SLAM 系统在长时间运行时会不断地处理大量的传感器数据并进行状态估计、地图构建和位姿优化等计算任务，导致系统计算量增加。此外，SLAM 系统需要不断地保存传感器数据、特征点、地图点以及优化后的位姿等信息，这些信息的数量会随着时间的推移而不断增加，最后将导致算力不足的情况出现。

关键帧提取的主要目的就是减少 SLAM 系统的计算量和内存占用。在 SLAM 系统中，相邻帧之间的位姿变化往往比较小，因此并不需要对每一帧都进行位姿估计和地图构建。只有在相邻帧之间的位姿变化比较大时，才需要重新估计位姿并更新地图，这时就需要提取其中一些帧作为关键帧。关键帧作为地图构建和位姿估计的关键节点，需要保证系统的稳定性和精度。在地图构建时，关键帧是进行三维点云重建和局部地图拼接的基础；在位姿估计时，关键帧是进行位姿优化和回环检测的关键。

目前常用的 SLAM 系统中，关键帧提取的方法有很多种，在此列举两种常用的方法。

4.3.1 基于帧间运动的关键帧提取

基于帧间运动的关键帧提取方法是一种常用的 SLAM 关键帧提取方法，其原理是利用相邻帧之间的运动变化，通过设置阈值来筛选出运动变化较大的关键帧。具体来说，这种方法首先通过前端里程计算出相邻帧之间的相对位姿变化，然后通过计算相邻帧之间的运动变化量（例如平移和旋转）来评估当前帧是否应该成为关键帧。一般情况下，如果当前帧与前一帧之间的运动变化超过了一定的阈值，则当前帧被认为是关键帧。通过这种方法可以有效地控制关键帧的数量，减少计算量和内存占用，并保证

SLAM 系统的实时性和稳定性。同时，该方法还可以有效地避免重复计算，提高计算效率。

在 ORB SLAM（西班牙 Zaragoza 大学的 Raúl Mur-Arta 编写的视觉 SLAM 系统，其核心是使用 Oriented FAST and BRIEF 作为整个视觉 SLAM 中的核心特征）系统中使用了基于帧间运动的关键帧提取方法。具体来说，ORB SLAM 系统在前端里程计中利用 FAST（Features from Accelerated Segment Test）特征点和 ORB 描述子来提取特征点，并通过 RANSAC 算法来估计相邻帧之间的运动变化。在每个时刻，ORB SLAM 系统计算当前帧与前一帧之间的运动变化，如果这个变化超过了一定的阈值，则当前帧被选为关键帧。同时，ORB SLAM 还通过设置最小时间间隔和最小运动阈值来限制关键帧的数量及控制关键帧的分布。

谷歌公司开发的 Cartographer 也使用了基于帧间运动的关键帧提取方法。具体来说，Cartographer 系统在前端里程计中使用激光雷达点云数据，通过配准和位姿估计算法来估计相邻帧之间的运动变化。同理，Cartographer 系统也会计算当前帧与前一帧之间的运动变化，当变化超过了一定的阈值时，当前帧被选为关键帧。同时，Cartographer 还使用了一些策略来控制关键帧的数量和分布，例如，限制关键帧的最小时间间隔和最小运动阈值，以及根据地图分布来决定是否选择当前帧作为关键帧。

4.3.2　基于时间间隔的关键帧提取

基于时间间隔的关键帧提取方法是一种比较简单有效的方法，其核心思想是根据相邻帧之间的时间间隔来选择关键帧。具体来说，系统设置一个时间间隔阈值，如果两个相邻帧之间的时间间隔超过了这个阈值，则将当前帧选为关键帧。这种方法的优点是简单易用，适用于大多数 SLAM 应用场景。同时，时间间隔与场景的运动复杂度有关，因此可以通过调整阈值来控制关键帧的数量和分布，从而达到更好的效果。

基于时间间隔的关键帧提取方法主要包括两个任务：帧间时间间隔的计算和关键帧的选择。在计算时间间隔时，系统记录每个帧的时间戳或时间信息，然后根据时间信息计算相邻帧之间的时间间隔。在选择关键帧时，系统会设置一个时间间隔阈值，当两个相邻帧之间的时间间隔超过阈值时，当前帧被选为关键帧。此外，系统还可以设置一些参数来调节关键帧数量和分布，如最小时间间隔、最大时间间隔、关键帧之间的最小距离等。

基于时间间隔的关键帧提取方法虽然简单有效，但也存在一些缺点。例如，如果场景中存在运动缓慢或静止的物体，这些帧之间的时间间隔可能较长，而实际上这些帧并不具有足够的信息量，无法作为关键帧。此外，对于高速运动或快速变化的场景，使用这种方法可能会导致关键帧数量过多，从而增加计算和存储的复杂度。

GMapping（Grid-based Fast SLAM Mapping）是一种用于激光雷达数据的基于粒子滤波的 SLAM 算法。在 GMapping 算法中，基于时间间隔的关键帧提取方法是通过计算两帧激光数据之间的时间间隔来实现的。具体来说，GMapping 算法会对激光雷达数据进行预处理，如去除地面点、进行滤波等，然后对处理后的激光数据进行匹配，以得到两帧之间的位姿变换。在每次处理完一帧激光数据后，GMapping 算法会记录下当前的时间，并计算当前帧与上一帧的时间间隔。如果当前帧与上一帧的时间间隔超过了预设的阈值，GMapping 算法会将当前帧作为一个新的关键帧，加入建图过程中。否则，GMapping 算法会将当前帧与上一帧进行位姿匹配，生成一条新的轨迹，但不将当前帧作为关键帧。GMapping 算法中，时间间隔的阈值可以根据具体应用场景进行调整，较高的阈值可以减少生成的关键帧数量，从而降低计算量，但也可能会导致建图精度下降。

在 LOAM 算法中，基于时间间隔的关键帧提取方法是通过计算两帧点云之间的时间间隔来实现的。具体来说，LOAM 算法会对点云数据进行预处理，如去除运动畸变、降采样等，然后对处理后的点云数据进行特征提取，以得到点云中的关键特征点。在每次处理完一帧点云数据后，LOAM 算法会记录下当前的时间，并计算当前帧与上一帧的时间间隔。如果当前帧与上一帧的时间间隔超过了预设的阈值，那么 LOAM 算法会将当前帧作为一个新的关键帧来加入建图过程中。否则，LOAM 算法会将当前帧与上一帧进行特征匹配，生成一条新的轨迹，但不将当前帧作为关键帧。LOAM 算法中，时间间隔的阈值可以根据具体应用场景进行调整，较高的阈值可以减少生成的关键帧数量，从而降低计算量，但也可能会导致建图精度下降。

这里提供一个 GMapping 算法实操的例子。在 Gazebo 平台提供仿真环境下，使用 GMapping 算法来控制一台 Husky 机器人完成 SLAM 任务，经可视化工具 Rviz 处理后，运行结果如图 4-12 所示。

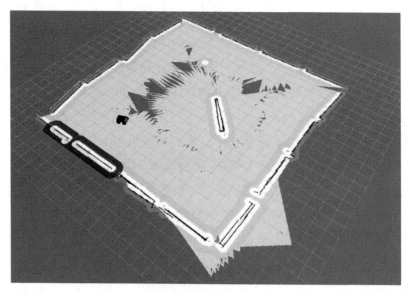

图 4-12　机器人运行结果

4.4　后端优化

SLAM 系统中的前端部分通常通过特征提取、匹配等方法来计算机器人的位姿和地图，但是由于传感器噪声、误匹配以及运动模型不准确等因素的影响，前端计算的结果通常存在一定的误差，即漂移误差。并且，随着时间的推移，漂移误差会逐渐累积，导致机器人的位姿和地图与实际情况存在较大的偏差。而后端优化的作用就是优化前端计算的结果来减小这些误差，从而提高 SLAM 系统的精度、鲁棒性和效率。具体来说，后端优化可以实现以下几个方面的作用。

- 降低误差：后端优化可以通过最小化误差的方式来优化前端计算的结果，从而减小误差。
- 提高精度：通过降低误差，后端优化可以提高 SLAM 系统的精度。
- 增强鲁棒性：后端优化可以通过对不可靠的前端计算结果进行筛选和剔除来增强 SLAM 系统的鲁棒性。
- 提高效率：通过优化前端计算结果，后端优化可以减少前端计算的次数和时间，从而提高 SLAM 系统的效率。

后端优化的方法主要分为两类：基于图优化和基于滤波器。

4.4.1 基于图优化的后端优化

图优化（Graph Optimization）是指利用图论中的优化方法来对 SLAM 系统进行优化。图优化的核心思想是将 SLAM 系统中的约束关系表示为图的形式，并利用图论中的算法来求出最优解，以达到提高 SLAM 系统精度的目的。图优化通常被用于后端优化中，即对前端计算得到的位姿和地图进行优化，消除由于漂移误差和误匹配等原因引起的误差。

图优化的一般流程如下。

1）构建优化图：将前端计算得到的位姿和地图以及传感器观测数据表示为一个优化图。在优化图中，位姿和地图节点表示为图中的顶点，传感器观测数据表示为顶点之间的边。

2）定义代价函数：将 SLAM 系统中的约束关系转化为代价函数，而代价函数通常是误差的平方和。例如，针对位姿估计问题，代价函数可以表示为观测数据与位姿估计之间的误差，即残差。

3）优化求解：利用优化算法求得最优解，即使代价函数最小化。图优化通常采用非线性最小二乘（Nonlinear Least Squares）算法，如高斯牛顿（Gauss-Newton，GN）算法、LM 算法等。这些算法通过迭代求解来更新位姿和地图的估计值，以达到使代价函数最小化的目的。

4）更新估计值：根据优化求解步骤得到的最优解来更新位姿和地图的估计值。由于前端计算得到的位姿和地图存在误差，图优化可以通过更新估计值来消除误差，以提高位姿和地图的精度。

此外，目前有许多成熟的 C++ 库可以用于实现图优化。下面介绍了两个常用的 C++ 库。

g2o 是一个用于图优化的通用框架，可用于多种机器学习和计算机视觉应用中。g2o 采用 C++ 实现，具有高效、灵活、易用等特点。g2o-SLAM 是基于 g2o 库实现的一种图优化 SLAM 算法，它将 SLAM 问题转化为了一个因子图优化问题。g2o-SLAM 的主要思路是以图的形式来表示机器人的运动和环境的地图。图上包括节点（Node）和边（Edge），并且根据约束条件在节点和边之间构建图。节点包括位姿节点和地图节点，边则表示运动或观测的约束。在图构建完成后，使用图优化算法来求解所有节点的最优位置。g2o-

SLAM 支持多种图优化算法，包括 GN 和 LM 等算法，并且具有良好的性能和稳定性。

GTSAM 是一个用于因子图优化的 C++ 库，也广泛应用于 SLAM 系统中的图优化。GTSAM 支持多种因子图优化算法，包括批量优化、增量式优化等，并且具有良好的性能和稳定性。

LIO-SAM 是一种基于因子图优化的 LiDar-Inertial SLAM 算法，它通过将机器人的运动和环境的地图表示为因子图来实现优化。LIO-SAM 的主要思路是将机器人的位姿和地图表示为因子图上的节点和边，然后根据约束条件在节点和边之间构建图。节点同样包括位姿节点和地图节点，而边则表示 LiDar 和 IMU 的约束。在图构建完成后，使用因子图优化算法来求解所有节点的最优位置。LIO-SAM 基于滑动窗口来实现增量式优化，并且具有较好的精度和实时性能。

图优化作为一种后端优化方法，可以有效地消除漂移误差和误匹配误差等，从而提高 SLAM 系统的精度。同时，图优化也是一种通用的优化方法，可以应用于其他的机器学习和计算机视觉问题中。

4.4.2 基于滤波器的后端优化

基于滤波器的 SLAM 后端优化方法就是使用滤波器来估计机器人的状态。该方法将 SLAM 问题建模为一个带噪声的非线性系统，并通过状态预测和更新过程来减小误差。

基于滤波器的后端优化主要包括以下几个步骤。

1）状态表示：将机器人的状态表示为一个向量，其中包括机器人的位姿、地图以及其他重要的状态量。通常使用扩展卡尔曼滤波器来表示状态。

2）预测：通过机器人的运动模型对机器人状态进行预测，并计算状态的协方差矩阵。预测过程中考虑机器人的控制指令以及传感器测量误差等因素，以便更准确地预测机器人的状态。

3）观测更新：使用传感器数据来更新状态估计。通常使用扩展卡尔曼滤波器或扩展信息滤波器来计算状态的增量更新以及更新状态的协方差矩阵。在观测更新过程中，会考虑传感器的测量噪声以及机器人状态的不确定性等因素。

基于滤波器的后端优化方法的主要优点是实现简单、易于理解，同时可以处理噪声和误差，提高位姿估计和地图构建的精度及鲁棒性。但是该方法存在一些缺点，比如对系统动力学和传感器模型有一定的要求，以及不易扩展、难以处理非线性因素等。

一些经典的滤波器包括扩展卡尔曼滤波器、无迹卡尔曼滤波器、粒子滤波器等，下面对这几种常用的滤波器进行介绍。

（1）扩展卡尔曼滤波器

扩展卡尔曼滤波器（Extended Kalman Filter，EKF）本身是一种基于卡尔曼滤波器的非线性优化算法。卡尔曼滤波器（Kalman Filter）是一种线性动态系统的最优估计方法，它利用状态空间模型、测量模型以及过程噪声和测量噪声的统计特性，通过递归计算状态的最优估计值和方差来对系统状态进行估计及预测。但是，对于非线性动态系统和测量模型，EKF算法可以通过对非线性函数进行线性化，将非线性问题转化为线性问题来进行处理。具体来说，EKF算法通过在每个时间步骤中使用泰勒级数将非线性函数进行一阶线性化，从而将非线性状态估计问题转化为线性状态估计问题。

EKF是一种经典的滤波算法，具有广泛的应用和实践经验。此外，EKF不需要进行大量的数值计算和存储，计算复杂度相对较小，适用于实时性要求较高的应用场景。但是，EKF采用线性化的方式来处理非线性系统，因此只有在非线性程度较低的情况下才能取得较好的效果。另外，EKF需要计算状态转移和观测方程的雅可比矩阵，这一线性化过程需要对非线性函数进行一阶泰勒展开，所以对于高阶非线性函数和复杂系统，将会导致精度降低。

（2）无迹卡尔曼滤波器

无迹卡尔曼滤波器（Unscented Kalman Filter，UKF）是一种非线性滤波器，也是卡尔曼滤波器的扩展形式。它通过对非线性函数进行高斯近似，实现了对非线性系统的状态估计和预测。

UKF的核心思想是将不确定性通过一组sigma点进行传递和更新，而不是像EKF一样，通过线性化来处理非线性问题。具体而言，UKF通过在状态空间中选取$2n+1$个sigma点来实现近似状态的概率分布，其中n为状态向量的维度。这些sigma点是从先验分布的均值和协方差矩阵中采样得到的。然后，将这些sigma点通过非线性函数进行映射，得到状态转移矩阵和测量转移矩阵，进而进行状态预测和更新。

相较于EKF，UKF具有如下优点。

- UKF可以处理非线性函数而不需要对其进行线性化，因此对于高度非线性的系统，UKF比EKF更加准确。
- UKF能够处理非高斯的状态转移和测量模型，并且不需要计算雅可比矩阵，因此具有更好的鲁棒性和计算效率。

不过，UKF 也有一些缺点，比如在高维状态空间下，需要采样获取大量的 sigma 点来保证近似精度，这会导致计算量的急剧增加。

（3）粒子滤波器

粒子滤波器（Particle Filter,PF）也称作蒙特卡洛方法，是一种基于随机采样的滤波算法，通常用于非线性、非高斯的状态估计问题。

PF 的基本思想是通过一系列随机采样的粒子来表示概率分布函数，并通过递推的方式不断更新和调整粒子的权重，最终得到估计状态的概率密度函数。在每次更新时，对于已有的粒子，通过加入噪声来扩展它们的空间分布，以更好地覆盖概率分布的整个区域。

PF 算法的主要步骤如下。

- 初始化：生成一组随机的粒子，并为每个粒子赋予相同的权重。
- 预测：通过状态转移方程将每个粒子向前推进一个时间步长。
- 重采样：根据粒子的权重对其进行抽样，保留权重较高的粒子，并放弃权重较低的粒子。
- 修正：通过观测值对每个粒子的权重进行修正，使得权重较高的粒子更符合实际观测值。
- 归一化：将所有粒子的权重进行归一化，以确保它们的和为 1。

PF 算法的优点如下。

- 能够处理非线性和非高斯分布的情况，因此适用范围比 EKF 更广。
- 不需要对状态转移和观测模型进行线性化，因此可以处理更为复杂的系统模型。
- 鲁棒性较强，对于不确定性和噪声较大的情况下，其估计精度更高。

PF 算法的缺点如下。

- 需要大量的粒子样本，计算复杂度较高。
- 在实际应用中需要调整许多参数，如粒子数、噪声方差等，需要一定的经验和实践。

前面所使用的 GMapping 算法为 RBPF（Rao-Blackwellized Particle Filter），为 PF 算法的计算复杂度高与粒子耗散的问题提供了解决方案，对于算法实践有要求的读者可尝试调参并应用这种算法。GMapping 的参数罗列如下。

```xml
<launch>

  <arg name="scan_topic" default="front/scan" />  #根据scan名称进行修改

  <node pkg="gmapping" type="slam_gmapping" name="slam_gmapping">
    <rosparam>
      odom_frame: odom
      base_frame: base_link
      map_frame: map

      map_update_interval: 0.5 # 发布新地图

      maxUrange: 5.5 # 应略小于传感器探测距离
      maxRange: 6.1 # 应略大于传感器探测距离
      particles: 100 # 从80开始增长

      # 更新频率设置
      linearUpdate: 0.3
      angularUpdate: 0.5
      temporalUpdate: 2.0
      resampleThreshold: 0.5

      # 初始地图尺寸设置
      xmin: -100.0
      ymin: -100.0
      xmax: 100.0
      ymax: 100.0
      delta: 0.05

      # 默认参数设置,有兴趣可尝试修改
      sigma: 0.05
      kernelSize: 1
      lstep: 0.05
      astep: 0.05
      iterations: 5
      lsigma: 0.075
      ogain: 3.0
      lskip: 0
      llsamplerange: 0.01
      llsamplestep: 0.01
      lasamplerange: 0.005
      lasamplestep: 0.005

    </rosparam>
    <remap from="scan" to="$(arg scan_topic)"/>
  </node>
</launch>
```

4.5 激光 SLAM 算法实战

激光雷达与相机相比有着对光照、纹理不敏感的优点。与利用视觉特征点的视觉 SLAM 地图相比，激光 SLAM 地图有着更好的鲁棒性。在重视安全性的自动驾驶领域，激光 SLAM 方案往往在自动驾驶车辆上都具有重要地位。因此，从实用性的角度来讲，目前更加成熟的激光 SLAM 方案相比于视觉 SLAM 有着明显的优点。下面将对目前主流的 2D 和 3D 的激光 SLAM 算法进行详细的介绍。

4.5.1 Cartographer 算法

1. Cartographer 算法简介

Cartographer 是一种用于构建 2D 和 3D 环境地图的实时定位算法，是最为经典的单线激光雷达 SLAM 算法之一（用于处理 2D 点云）。它最初由谷歌公司的机器人组开发，用于构建自主驾驶汽车的地图，现在已经被广泛应用于机器人领域中。该算法采用的是主流的 SLAM 框架，也就是特征提取、回环检测、后端优化的三段式，通过使用激光雷达和 IMU 等传感器数据，实时计算机器人在环境中的位置和方向，并将其位置和方向信息与周围环境的传感器数据结合，构建出高精度的地图，如图 4-13 所示。

这种算法具有以下几个特点。

- 基于激光雷达和 IMU 等传感器数据的实时定位：Cartographer 使用激光雷达和 IMU 等传感器数据来实时计算机器人在环境中的位置及方向。这种实时计算方法能够保证机器人在运动中实时地获取位置信息。
- 高精度的地图构建：Cartographer 通过将机器人的位置和方向信息与周围环境的传感器数据结合，构建出高精度的地图。这种算法能够生成详细的 2D 和 3D 点云图，包括点云图的拓扑结构以及物体的位置、大小等信息。
- 跨平台支持：Cartographer 是一种跨平台的 SLAM 算法，可以在各种硬件平台上运行，包括桌面计算机、嵌入式系统和移动设备等。
- 可扩展性：Cartographer 具有良好的可扩展性，可以支持多种不同的传感器和机器人平台，并且可以通过添加新的传感器模型和优化算法来进一步改进算法的性能。

2. Cartographer 匹配方法

SLAM 中的点云匹配策略主要有如下 3 种。

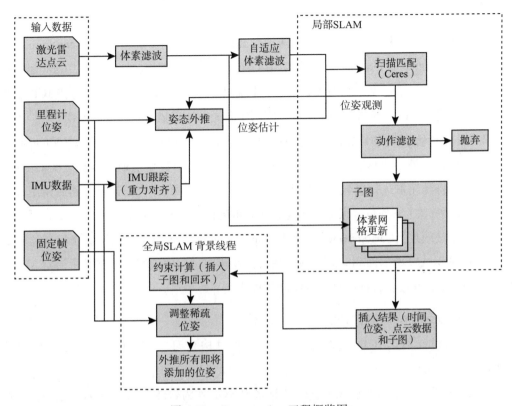

图 4-13 Cartographer 工程概览图

1）scan-scan：利用两帧激光雷达扫描数据计算二者之间的变换，从而计算机器人的位姿变化。常用的方法是 ICP 算法。ICP 算法使两个点云之间的距离最小化，通过不断迭代优化得到两个点云之间的最佳匹配。

2）scan-map：利用一帧激光雷达扫描数据和地图数据，找到激光数据在地图中的位置。这种匹配方法是将激光数据与已知的地图进行匹配，常用的包括 NDT 算法等。

3）map-map：利用一个子地图数据，在一个更大的地图中找到它合适的位置。这种匹配方法是将一个子地图数据与已知的大地图进行匹配，常用的是 Submap Matching 算法。

需要注意的是，不同的匹配方法适用于不同的场景和应用。例如，scan-scan 匹配适用于机器人在运动中时，相邻两帧激光雷达扫描数据之间的匹配；scan-map 匹配适用于机器人在已知环境中进行建图时，将激光雷达扫描数据与已有地图进行匹配；map-map 匹配适用于机器人在未知环境中进行建图时，将子地图与大地图进行匹配。这 3 种匹配方法是可以融合运用的。

在 Cartographer 中，主要使用了前两种点云匹配策略，即 scan-scan 和 scan-map。

1）在 Cartographer 的位姿估计阶段使用了 scan-scan 匹配方法。具体而言，Cartographer 将两帧激光雷达扫描数据进行对齐，以估计机器人的位姿，即使用迭代最近点 ICP 算法来计算激光雷达扫描数据的变换，从而实现两帧激光雷达扫描数据之间的匹配。

2）在 Cartographer 的位姿优化阶段使用了 scan-map 匹配方法。具体而言，Cartographer 采用了几何误差最小化算法（GICP）来计算激光雷达扫描数据与地图点云之间的匹配。该算法可以将激光雷达扫描数据与地图点云进行对齐，并计算位姿误差，然后使用最小二乘法（LM 算法）来使位姿误差最小化，从而得到机器人的最终位姿。

需要注意的是，Cartographer 不使用 map-map 匹配方法，而采用了基于回环检测的方法来处理 SLAM 中的回环问题。该方法可以在建图过程中检测到环路，进而对 SLAM 的建图进行优化和校正，提高建图的精度和鲁棒性。

3. Cartographer 建图方法

Cartographer 可以在机器人移动过程中实时构建环境地图，下面将详细介绍 Cartographer 的建图方法。

1）激光雷达数据预处理。Cartographer 采用 ROS 作为软件平台，接收激光雷达数据，并对数据进行预处理。预处理包括去噪、滤波、重采样等操作，以降低数据噪声、减少数据量、提高建图效率。

2）子地图构建。Cartographer 的地图是由多个子地图组成的。每个子地图包含一定范围内的激光雷达扫描数据和相应的位姿信息。Cartographer 利用 scan-scan 匹配算法来推测累积的扫描数据相对于子地图的位姿，从而实现子地图的构建。具体而言，Cartographer 采用了 scan-scan 匹配算法，将两帧激光雷达扫描数据进行对齐，以估计机器人的位姿。

3）回环检测和闭环优化。在 Cartographer 中，回环是指机器人在运动过程中经过相似的区域，因此需要将这些区域识别出来，避免因为运动轨迹的误差导致地图的不精确性。为此，Cartographer 使用了闭环检测算法，该算法可以检测机器人是否到达过先前访问过的区域，并利用回环优化算法来校正地图，从而提高地图的精确性和一致性。在回环优化阶段，Cartographer 使用了 g2o 图优化算法来优化地图的位姿，从而实现地图的一致性和精确性的提高。

4）地图保存和更新。Cartographer 的地图可以保存为二进制文件或 ROS 消息，以供后续使用。在机器人继续移动的过程中，Cartographer 会不断更新地图，并对地图进行增量更新，以保持地图的最新状态。

4. Cartographer 后端：回环检测模块

Cartographer 的后端是回环检测模块，主要用于检测机器人是否经过了之前已经探索过的区域，以此来修正地图的局部不一致性。在 Cartographer 中，回环检测的方法是基于子地图的。回环检测的过程分为两个主要阶段：候选子地图的提取和子地图匹配。

在候选子地图的提取阶段，Cartographer 首先将当前时刻的位姿与历史时刻的位姿进行比较，如果它们非常接近，那么它们很可能是同一个位置，需要进一步检查是否存在回环。Cartographer 采用滑动窗口的方法来存储历史时刻的位姿，滑动窗口大小为 10 个子地图，每个子地图大小为 5m × 5m。在子地图匹配阶段，Cartographer 将候选子地图与当前子地图进行匹配。具体来说，Cartographer 首先计算两个子地图之间的相对位姿，然后将当前子地图投影到候选子地图的坐标系中。接下来，Cartographer 采用 ICP 算法对两个子地图进行精细匹配，并将匹配结果反馈到前端，以修正当前子地图的位姿。如果匹配成功，则说明当前位置与历史位置相同，回环检测成功。

需要注意的是，Cartographer 的回环检测算法只能检测轮廓相似的环境。如果环境中存在大量动态物体，如行人、车辆等，这些动态物体会导致环境轮廓的变化，从而影响回环检测的效果。此时需要采用其他方法来解决该问题。

4.5.2　Cartographer 代码实战

Cartographer 的官方介绍包含了小型样本的使用过程，这里提供对应的 Docker 镜像以及数据代码，以供实践。

（1）前提条件

1）安装 Docker：https://docs.docker.com/desktop/install/linux-install/。

2）安装 Git 和百度网盘。

（2）获取 Docker 镜像

拉取镜像，代码如下。

```
# practice for gmapping/fast_lio/ndt_mapping/cartographer
docker pull junhuidocker/slam_collection:0.0
```

（3）下载代码

创建本地工作区，如 work_dir =/ws_path_dir/ws/，后面所有的代码均可克隆到这个目录下。

使用 git clone 命令下载代码至 work_dir，并且创建各自项目的子工作空间。

```
# work dir
cd /ws_path_dir/ws
# workspace for project cartographer
mkdir -p ws_carto/src && cd ws_carto/src
git clone https://gitclone.com/github.com/cartographer-project/cartographer_ros.git
git clone https://gitclone.com/github.com/cartographer-project/cartographer.git
# create the docker container
docker run --gpus all -v /tmp/.X11-unix:/tmp/.X11-unix -v $HOME/.Xauthority:/root/.Xauthority -e DISPLAY=$DISPLAY  -w /ws_path_dir/ws:/mnt/ws --net=host --privileged --name slam_box -it junhuidocker/slam_collection:0.0
# then should be in container
cd /mnt/ws
```

（4）数据下载

将数据放入 /ws_path_dir/ws/data 目录下。

所有项目的数据样本均上传至百度网盘，可自行下载。下载链接为 https://pan.baidu.com/s/1_gq_-YfFuQqyZjH0oqRXcg，提取码为 rtqu。

（5）安装教程与测试

至此所有代码和镜像下载完成。将代码克隆到本地 ws 路径下，并且将本地 ws 文件路径映射到容器的 /mnt/ws 路径下。而该 ws 文件可作为沟通本地与其他容器间的桥梁，方便代码编写以及多个不同容器间的代码交互。

```
# if the container already start
# otherwise use the docker run XXX command in the upper lists
docker exec -it slam_box /bin/bash
cd /mnt/ws/ws_carto
catkin_make
source devel/setup.bash
# 以下测试用例，完整可参 https://google-cartographer-ros.readthedocs.io/en/latest/demos.html
roslaunch cartographer_ros demo_backpack_2d.launch bag_filename:=your_data_dir/cartographer_paper_deutsches_museum.bag
#
roslaunch cartographer_ros demo_backpack_3d.launch bag_filename:=your_data_dir/b3-2016-04-05-14-14-00.bag
```

在官方数据集中,有一个国外博物馆的二维建图案例如图 4-14 所示。

```
roslaunch cartographer_ros demo_backpack_2d.launch bag_filename:=PATH_TO_YOUR_2D_BAG
```

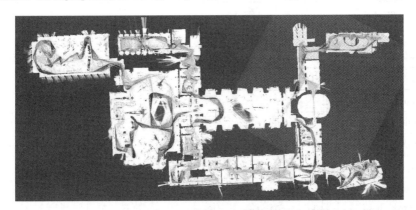

图 4-14　国外博物馆二维建图案例

Cartographer 的调参是一个比较复杂的问题,因为整个 Cartographer 系统包含许多互相耦合及影响的参数。依照官方文档,一些可调的参数及其影响如表 4-2 所示。

表 4-2　Cartographer 部分可调参数及其影响

参数及调整方式	影响
POSE_GRAPH.optimize_every_n_nodes = 0	关闭全局 SLAM,以免干扰局部调优
TRAJECTORY_BUILDER_2D.ceres_scan_matcher.translation_weight TRAJECTORY_BUILDER_2D.ceres_scan_matcher.rotation_weight	设置 CeresScanMatcher 的偏离先验代价
调低 optimize_every_n_nodes	降低全局 SLAM 的延迟
调高 MAP_BUILDER.num_background_threads	
调低 global_sampling_ratio	
调低 constraint_builder.sampling_ratio	
调高 constraint_builder.min_score	
调低自适应体素滤波器的 min_num_points 和 max_range,调高 max_length	
调高 voxel_filter_size 和 submaps.resolution,调低 submaps.num_range_data	
调低 search windows sizes: 1. linear_xy_search_window 2. linear_z_search_window 3. angular_search_window	
调高 global_constraint_search_after_n_seconds	
调低 max_num_iterations	

(续)

参数及调整方式	影响
调高 voxel_filter_size	降低全局 SLAM 的延迟
调高 submaps.resolution	
调低自适应体素滤波器的 min_num_points 和 max_range，调高 max_length	
调低 max_range（数据噪声大）	
调低 submaps.num_range_data	
TRAJECTORY_BUILDER.pure_localization = true	仅用于定位
大大调低 POSE_GRAPH.optimize_every_n_nodes	
调低 global_sampling_ratio	
调低 constraint_builder.sampling_ratio	
POSE_GRAPH.optimization_problem.local_slam_pose_translation_weight	使用里程计，用作全局优化
POSE_GRAPH.optimization_problem.local_slam_pose_rotation_weight	
POSE_GRAPH.optimization_problem.odometry_translation_weight	
POSE_GRAPH.optimization_problem.odometry_rotation_weight	

4.5.3 LOAM 算法

1. LOAM 概述

与 Cartographer 算法不同，LOAM 系列算法是经典的多线激光雷达 SLAM 算法（用于处理 3D 点云）。LOAM 算法是 Ji Zhang 于 2014 年提出的使用激光雷达完成定位与三维建图的算法，论文题目为《LiDar Odometry and Mapping in Real-time》，是非常经典的激光里程计和建图方案。之后的许多激光 SLAM 算法都借鉴了 LOAM 中的一些思想，该算法在激光 SLAM 中占有非常重要的地位。

LOAM 算法是一种使用 6 自由度的 2 轴激光雷达进行实时里程计测量和建图定位的方法。因为激光雷达的载体可能处于运动状态，所以该激光雷达在不同时刻获得的距离数据可能会导致点云的运动畸变。LOAM 方法主要用于解决该问题，其基本思想是用两个独立的算法来同时求解大量参数的最优化问题。其中一个算法以高频率但低精确度的方式估计雷达位姿，另一个算法以相对低的频率来进行精细的点云与地图的匹配。这两个算法的结合可以让 LOAM 算法进行实时的定位和建图。

2. LOAM 基本原理

（1）系统架构

LOAM 系统的基本架构如图 4-15 所示。

激光雷达的一帧数据是过去一个扫描周期内形成的所有数据。第 k 次扫描周期记为 k，$k \in Z^+$，第 k 次扫描周期内获取到的所有点云记作 $\hat{P}$。LiDar 坐标系设定为 L，L_k 代表第 k 个周期时的 LiDar 观测坐标系。LiDar 坐标系原点设置在激光雷达的几何中心。若有一个坐标点 i，且 $i \in \hat{P}$，则在 LiDar 坐标系 L_k 下将这个点的坐标记为 $X^L_{(k,i)}$。全局坐标系设定为 W，W_k 代表第 k 个周期时的全局坐标系。全局坐标系开始时与 LiDar 坐标系原点一致。同理，若有一个坐标点 i，且 $i \in \hat{P}$，则在全局坐标系 W_k 下这个点的坐标记为 $X^W_{(k,i)}$。

系统的核心主要包含两个部分：一个是 LiDar Odometry，即以激光雷达点云为里程计，计算两次扫描之间的位姿变换；另一个是 LiDar Mapping，利用多次扫描的结果构建地图，细化位姿轨迹。因此，我们就可以将整个问题转化为：已知一段点云序列 P_k，$k \in Z^+$，计算每个周期 k 内的 LiDar 位姿变换并构建全局地图。

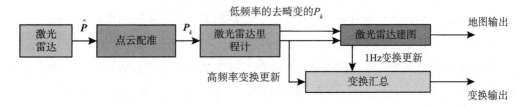

图 4-15　LOAM 系统基本架构

一帧激光扫描周期的点云数据在 LiDar 坐标系中进行特征点提取，在第 k 帧中形成处理后的点云 P_k。之后，点云 P_k 进入两个算法中。其中，LiDar Odometry 用获得的点云计算两帧之间的位姿变换，并且获得去畸变点云。LiDar Mapping 进一步利用去畸变点云将其匹配到一张全局地图中。

（2）特征点提取

为了计算激光雷达的运动位姿，我们需要得到相邻帧间的位姿变换关系。为了获取位姿变换，若使用全部点云进行处理则计算量太大。为了减少计算的时间消耗，一般需要使用特征点来代替完整的数据帧。可以将特征点划分为两大类：平面点和边缘点。

- 平面点：在三维空间中处于平滑平面上的点，与周围点的大小差距不大，曲率较低，平滑度较低。

- 边缘点：在三维空间中处于尖锐边缘上的点，与周围点的大小差距较大，曲率较高，平滑度较高。

常见的特征点提取可以利用特征向量、直方图、旋转图片等。这些方法虽然能很精准地涵盖一帧数据的大部分信息，但是由于计算量大，很难在激光 SLAM 的相邻帧的匹配中使用，因此需采用更好的方法。Ji Zhang 提出一种平面光滑度的计算方法，并将其作为提取当前帧的特征信息的指标。

$$c = \frac{1}{|S| \cdot \left\| X_{(k,i)}^L \right\|} \| \sum_{j \in S, j \neq i} (X_{(k,i)}^L - X_{(k,j)}^L) \|$$

特征点是具有一定特征的点，对于点云中任意一个点 $X_{(k,i)}^L$，给它定义一个特征值即平面光滑度，称为 c。这种提取方法就是通过计算一个集合 S 中所有点之间的关系来判断坐标点 $X_{(k,i)}^L$ 究竟属于平面点还是边缘点。

得到平滑度这一指标后，我们对集合内的点进行排序，找到 c 值最小的点并将其作为平面点，将 c 值最大的点作为边缘点。同时，对所取的点也有一定的限制：在边缘点和平面点的选择上，为了使分布更加均匀，通常将激光雷达一圈的扫描均匀分成几个部分，分别在每个部分中提取曲率最大（边缘点）和最小（平面点）的几个点。

激光雷达扫描到的一些数据点是不稳定的，通常有两种不稳定数据点：一种是采集面与扫描面基本平行的点，另一种是被遮挡的点。在获得一帧激光雷达扫描的点云后，这两种不稳定点会被首先去除，如图 4-16 所示。

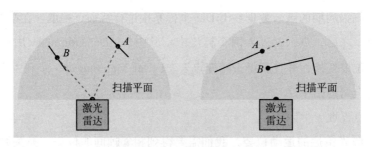

图 4-16　需要去除的点

以上就实现了边缘点和平面点的获取，并且进一步得到了一帧数据对应的特征信息。提取后的数据如图 4-17 所示。

这样就可以在整个三维空间内，将平面点和边缘点作为特征点提取出来以代替整个数据了。

（3）帧间里程计

提取了特征点之后，我们需要做的就是特征匹配了。帧间里程计（LiDar Odometry）使用的是scan-scan的方法来实现帧与帧之间的特征匹配。

已知第k帧扫描的点云为P_k，提取的边缘点集合记为E_k，提取的平面点集合为H_k。我们想要得到连续两帧点云P_{k+1}和P_k之间的位姿变换

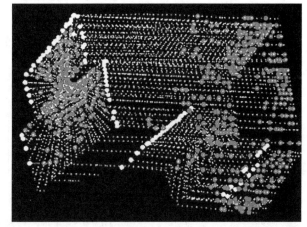

图4-17 提取的平面点和边缘点（见彩插）

关系，即E_{k+1}与E_k以及H_{k+1}与H_k之间的关系。激光雷达自身在从k到$k+1$时刻的过程中是运动的，而激光雷达的一帧数据仅有一个时间戳，因此这一帧的点云会产生运动畸变。所以，每个点对应的位姿变换矩阵都应该得到一定的修正。为了方便处理，我们将所有的点重投影到每一帧的起始时刻，这样在这一帧中的所有点都可以得到对应的去畸变的位姿变换信息。将重投影到每一帧起始时刻的平面点和边缘点分别记为$\hat{E}_k$、$\hat{H}_k$。边缘点和平面点的匹配过程如下。

1）边缘点匹配。已知第$k+1$帧去畸变边缘点的点云$\hat{E}_{k+1}$和第k帧边缘点的点云E_k，如图4-18所示。

根据Ji Zhang的观点，令i是$\hat{E}_{k+1}$中的一个边缘点，j是E_k中使用K-D树查询到的与i最近的邻点，l点是j点相邻扫描线中与i最近邻的点，j点和l点构成了i对应的边缘线。这样的目的是防止i,j,l三点共线而无法构成三角形。因此选取了3个点为$\{i\in\hat{E}_{k+1}, j,l\in E_k\}$，其坐标分别记为$\hat{X}^L_{(k+1,i)}$，$X^L_{(k,j)}$和$X_{(k,l)}$。根据匹配原理构造优化问题，即求解变换$T$使边缘点和边缘线的距离最短。其中边缘点到边缘线的距离为

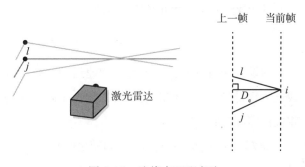

图4-18 边缘点匹配方法

$$D_e = \frac{\left|\left(\hat{X}^L_{(k+1,i)} - X^L_{(k,j)}\right) \times \left(\hat{X}^L_{(k+1,i)} - X^L_{(k,l)}\right)\right|}{\left|X^L_{(k,j)} - X^L_{(k,l)}\right|}$$

2）平面点匹配。已知第 $k+1$ 帧去畸变平面点的点云 $\hat{H}_{k+1}$ 和第 k 帧平面点的点云 H_k，如图 4-19 所示。

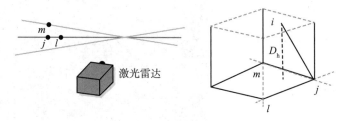

图 4-19　平面点匹配方法

令 i 是 $\hat{H}_{k+1}$ 中的一个平面点，j 点是根据 K-D 树查询的 H_k 中与 i 点最相近的邻点，l 点是与 j 点同一根扫描线上与 i 点最近邻的点，m 点是 j 点相邻扫描线上与 i 点最近邻的点，j、l 和 m 构成了 i 对应的平面。这样的话，就可以找到一个不共线的、能构成一个平面的 3 个点。因此，选取了 4 个点：$\{i \in H_{k+1}, j, l, m \in H_k\}$，坐标分别记为 $\hat{X}^L_{(k+1,i)}, X^L_{(k,j)}, X^L_{(k,l)}, X^L_{(k,m)}$。同理，根据匹配原理构造优化问题，即求解变换关系 $\boldsymbol{T}$ 使平面点和平面距离最短。点 i 到平面 jlm 之间的距离为

$$D_h = \frac{\left|\left(\hat{X}^L_{(k+1,i)} - X^L_{(k,j)}\right) \cdot \left(\left(X^L_{(k,j)} - X^L_{(k,l)}\right) \times \left(X^L_{(k,j)} - X^L_{(k,m)}\right)\right)\right|}{\left|\left(X^L_{(k,j)} - X^L_{(k,l)}\right) \times X^L_{(k,j)} - X^L_{(k,m)}\right|}$$

3）姿态解算。当获取了 D_e 和 D_h 之后，我们需要做的就是求解最小化的 D_e 和 D_h，可以使用非线性优化的方法来进行求解。

首先我们知道点云位姿变换式为

$$X_{k+1} = RX_k + t$$

假设激光雷达的自身运动是匀速运动，我们可以计算每个点的时间戳信息，并使用线性方程得到每个时刻对应的姿态变换矩阵。这一步主要是进行了运动补偿。运动补偿相关内容可参照 4.1 节。

令 $\boldsymbol{T}^L_{k+1} = [t_x, t_y, t_z, \theta_x, \theta_y, \theta_z]$ 是两帧之间 $[t_{k+1}, t]$ 的激光雷达位姿变换矩阵。其中 t_x, t_y, t_z 是沿着 xyz 轴的平移量，同理，$\theta_x, \theta_y, \theta_z$ 是右手坐标系下绕各旋转轴旋转的角度。首先求解

第 k 帧中第 i 个点的姿态变换信息

$$T^L_{(k+1,i)} = \frac{t_i - t_{k+1}}{t - t_{k+1}} T^L_{k+1}$$

这样的话，就可以求出每个点对应的位姿变换矩阵并进行后续的求解了。联立上面的 D_e 和 D_h 计算公式，可以得到一个统一的公式

$$f(T^L_{k+1}) = D$$

到这里我们只需求解这个非线性优化问题。使用 LM 算法来进行求解，得到位姿迭代式为

$$T^L_{k+1} \leftarrow T^L_{k+1} - \left(J^T J + \lambda \mathrm{diag}(J^T J)\right)^{-1} J^T$$

这里求解的还是 LiDar 坐标系下的结果，即相邻帧之间的变换，也就是 T^L。而为了定位和建图，需要求解的是全局坐标系下的变换，也就是 T^W。因此，需要进入下面建图的内容中。

（4）建图

当我们获取了若干相邻帧的姿态变换信息后，我们需要做的就是将它和全局地图进行匹配，并将其加入全局地图之中。这里使用的是 scan-map 方法。

这里设定：第 $k+1$ 帧之前的点云在全局坐标系下的投影为 Q_k；第 k 帧扫描结束后，即第 $k+1$ 帧起始时的位姿变换信息为 T^W_k；利用里程计计算 T^L_{k+1}，将 T^W_k 从 $k+1$ 帧的起始时刻推演到 $k+2$ 帧的起始时刻，得到位姿变换矩阵 T^W_{k+1}；通过 T^W_{k+1}，将之前 $k+1$ 帧的所有点云投影到全局坐标系下，记为 $\hat{Q}_{k+1}$。

我们需要做的就是优化求解 T^W_{k+1}。这里的已知信息为 $\{Q_k, \hat{Q}_{k+1}\}$，不精准的 T^W_{k+1}。同样是两个点云 $Q_k, \hat{Q}_{k+1}$，为获得精准的姿态变换 T^W_{k+1}，计算方法和之前的 LiDar Odometry 部分很接近。但是如果使用全部的地图数据，在计算效率上会大打折扣，所以这里首先采用体素滤波获得一个小的局部地图代替全局地图以减少计算量。

如何确定两个点云 $Q_k, \hat{Q}_{k+1}$ 中对应的边缘线和平面呢？首先选取之前 k 帧已经投影到全局坐标系下的点云 Q_k 的两种特征点的相邻点集合 S。计算 S 的协方差矩阵，记为 M，M 的特征值记为 V，特征向量记为 E。特征点的特征值有如下特点：如果 S 分布在一条直线上，那么 V 的一个特征值就会明显比其他两个大，E 中与最大特征值对应的特征向量代表直线的方向，如果 S 分布在一个平面上，那么 V 的一个特征值就会明显比其他两

个小，E 中与较小特征值相对应的特征向量代表平面法向量的方向。通过这种方法就可以快速的确定对应的边缘线和平面了。因此可以快速的找到 $\hat{Q}_{k+1}$ 中的一个点 i，和 Q_k 中的边缘点 $\{j,l\}$，以及平面点 $\{j,l,m\}$。然后就可以参考 LiDar Odometry 利用 LM 法求解 T_{k+1}^W 了。

（5）汇总变换

这一部分主要是将 LiDar Odometry 中得到的局部位姿信息和建图中得到的全局位姿信息全部都放入 Rviz 中，方便观看和处理。

3. LOAM 的评价

LOAM 作为在 KITTI（Karlsruhe Institute of Technology and Toyota Technological Institute，一个用于自动驾驶和计算机视觉研究的公开数据集及基准测试）测试中表现较好的激光 SLAM 算法，有着独特优势，如下所示。

- 将特征点提取的概念引入激光 SLAM 算法。
- 使用了运动补偿。
- 融合了 scan-scan 和 scan-map 的思想。

同时，LOAM 也存在如下缺点。

- 没有做后端优化。
- 不能处理大规模的旋转变换。
- 原始代码晦涩难懂，不易学习。
- 原始 LOAM 由于一些原因被作者闭源，后续不再维护。

4.5.4 LOAM 代码实战：A-LOAM

香港科技大学秦通博士使用 Eigen 以及 Ceres-Solver 对原始 LOAM 代码进行重构。在保证算法原理基本不变的前提下，对代码框架进行优化，使其更加容易被读懂。该代码简洁明了，没有复杂的数学推导和冗余操作。

1. A-LOAM 代码概览

A-LOAM（Advance implementation of LOAM）代码通过 ROS 运行，主要有 3 个节点，分别是 scanResigtration、laserOdometry 和 laserMapping，对应特征点提取、里程计计算和建图细化三部分，整体结构如图 4-20 所示。

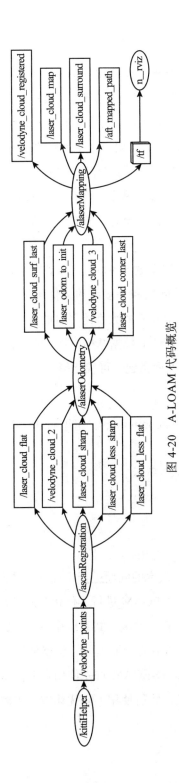

图 4-20 A-LOAM 代码概览

2. A-LOAM 的依赖

ROS 不但提供了操作系统应有的服务，包括硬件抽象、底层设备控制、常用函数实现、进程间消息传递以及包管理，也提供了用于获取、编译、编写和跨计算机运行代码所需的工具和库函数。ROS 的主要目标是为机器人研究和开发提供代码复用的支持。ROS 是一个分布式的进程（也就是"节点"）框架，这些进程被封装在易于分享和发布的程序包及功能包中。ROS 也支持一种类似于代码储存库的联合系统，这个系统也可以实现工程的协作及发布。这个设计可以使一个工程的开发和实现过程中从文件系统到用户接口的决策变得完全独立（不受 ROS 限制）。同时，所有的工程都可以被 ROS 的基础工具整合在一起。

Ceres solver 是一个开源 C++ 库，用于建模和求解大型复杂优化问题。它可以用于求解具有边界约束的非线性最小二乘问题和一般无约束优化问题。PCL（Point Cloud Library）是在以往点云相关研究的基础上建立的大型跨平台的开源 C++ 编程库。它实现了大量与点云相关的通用算法并建立了高效的数据结构，涉及点云的采集、滤波、分割、配准、检索、特征提取、识别、跟踪、曲面重建、可视化等。

3. A-LOAM 运行效果

在 NSH（Nuclei Segmentation in Histopathology，组织病理学中的细胞核分割）数据集的运行效果如图 4-21 所示。

在 KITTI 数据集的运行效果如图 4-22 所示。

4.5.5 LeGO-LOAM 算法

1. LeGO-LOAM 概述

LeGO-LOAM 算法针对 LOAM 计算效率的问题进行了优化，结合地面移动机器人在室内外环境下运行时的特点，针对性地对 LOAM 进行了优化和改进，实现了一套轻量级的激光雷达 SLAM 系统，使之可以在低算力的嵌入式系统中运行。LeGO-LOAM 不仅整合了 LOAM 的系统结构，同时对 LOAM 中的特征提取、位姿估计计算都进行了优化改进，还加入了回环检测和全局优化。LeGO-LOAM 首先使用点云分割滤除了噪声并做了特征提取以获取明显的平面点和边缘点，然后使用 LM 优化方法求解两帧之间 6 自由度的位姿变换。

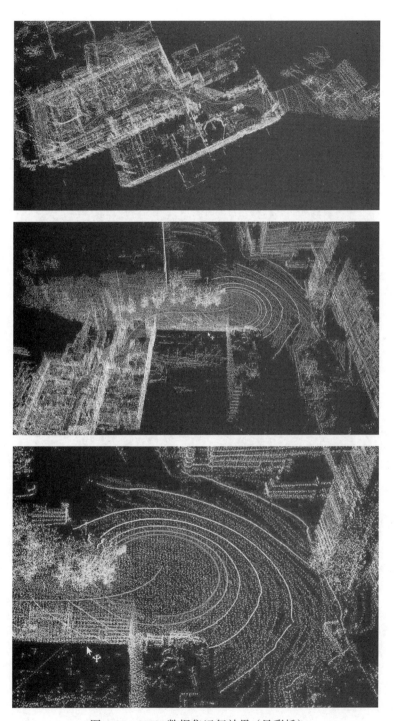

图 4-21 NSH 数据集运行效果（见彩插）

图 4-22 KITTI 数据集运行效果（见彩插）

该算法由 Shan Tixiao 于 2018 年在论文 "LeGO-LOAM: Lightweight and Ground-Optimized LiDar Odometry and Mapping on Variance Terrain"中提出，其代码源基于 LOAM 的原始版本生成。

2. LeGO-LOAM 原理

（1）系统架构

系统收到来自多线激光雷达的 3D 点云输入并给出 6 自由度的位姿估计。如图 4-23 所示，整个系统分为 5 个模块。

- 点云分割：将一帧的点云投影到深度图并进行点云分割。
- 特征提取：输入分割后的点云，对点云进行特征提取。
- 雷达里程计：利用提取出来的特征点云计算两帧之间的位姿变换。

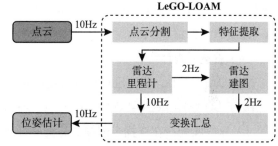

图 4-23　LeGO-LOAM 系统架构

- 雷达建图：输入激光里程计信息与点云信息，优化里程计并将点云信息转化到全局坐标系。
- 变换汇总：收集来自激光里程计和雷达建图的数据并输出最终的位姿估计。

（2）点云分割

点云分割部分会将激光雷达一帧内获得的点云投影到一张深度图上。假设使用的激光雷达是 16 线激光雷达，且水平分辨率和垂直分辨率分别为 0.2°和 2°，则在这一帧内的每一个点都对应深度图中的一个位置。因此这个深度图大小为 1800×16，其中 1800 = 360°/0.2°。深度值对应为目标点到激光雷达的欧氏距离。

首先假设激光雷达是水平安装的，根据这个先验条件，通过判断其竖直维度的特性可以很好地标记出地面点和非地面点。比如，激光扫描束的范围为 [−15°,15°]，则地面点必然出现在 [−15°,1°] 的扫描线上。再将剩余点云通过基于图像的分割方法（广度优先搜索算法）分割为不同的类并打上不同的标签。同时，如果被标记为同一类别的点云数目过少，如在室外场景中由树叶、草地等获得的点云，则该点云会被抛弃。结束后存储每个被保留下的点的 3 个信息：地面点和分割点的标签；该点在深度图中的行列索引；该点的深度值。

(3)特征提取

与 LOAM 类似,LeGO-LOAM 使用的评价指标依旧是点的光滑度或粗糙度。光滑度 c 为

$$c = \frac{1}{|S|\|r_i\|} \| \sum_{j \in S, j \neq i} (r_j - r_i) \|$$

但是不同的是 LeGO-LOAM 从地面点和分割后的点云中提取特征。将一帧点云数据按照每一线来选取边缘点和平面点,并且每一线分为 6 段来选择。对于所有满足边缘点条件的点,在每一线每一段中最多保留 40 个;对于所有满足平面点条件的点,在每一线每一段中最多保留 80 个。

(4)雷达里程计

与 LOAM 相似,雷达里程计也通过帧间点云的配准来估计两帧之间的位姿变换。但是相比于 LOAM,LeGO-LOAM 做了一些变化,提高了特征匹配的准确率和效率。

1)标签匹配:在查找当前帧点云的特征点时,首先需要考虑它们是否属于同一类。当前帧平面点所对应的特征点都被标记为地面点。而对于当前帧边界点,则在与其具有相同标签的簇中进行查找。在同一标签的点云之间构建约束,这样可以提高匹配的效率。

2)两步 LM 优化:在 LOAM 中计算两帧之间的位姿变换是采用 LM 方法最小化所有从点到线和从点到面的距离所构成的非线性方程。而在 LeGO-LOAM 中采用两步优化法对位姿进行求解。首先利用从当前帧的平面点到上一帧对应平面的距离来计算 6 自由度中的 3 个 $[t_z, \theta_{\text{roll}}, \theta_{\text{pitch}}]$,然后采用从当前帧特征点到上一帧中对应点所构成的特征线的距离来计算剩下的位姿 $[t_x, t_y, \theta_{\text{yaw}}]$。

(5)雷达建图

关于建图,LeGO-LOAM 与 LOAM 采用的方法相同,如下所示。

1)利用从雷达里程计得到的位姿将当前帧点云投影到世界坐标系下。

2)将世界坐标系下的当前帧点云与一个子地图进行匹配(计算位姿变换所采用的方法与雷达里程计相同)。

在子地图的选择上,以雷达里程计中得到的当前帧在世界坐标系下的位姿为中心画出一个边长为 100m 的正方形,将 x,y 值在该世界坐标系下的点云作为子地图。也可以采用位姿图 SLAM 的方式进行建图。进一步来说,我们可以通过采用回环检测的方法消除漂移误差,使得到的雷达位姿通过位姿图优化进行迭代更新。

3. LeGO-LOAM 评价

根据主要思想和代码，LeGO-LOAM 的主要创新点可以归纳为以下几点。

- 增加基于柱面投影的特征分割，对原始点云进行地面点分割和目标聚类。
- 基于分割点云的线面特征提取，从地面点和目标聚类点云中提取线面特征，使特征点更精确。
- 采用两步法实现 laserOdometry 线程的位姿优化计算，在估计精度保持不变的情况下使收敛速度极大提升。
- 采用关键帧进行局部地图和全局地图的管理，使近邻点云的索引更为便捷。
- 增加基于距离的回环检测和全局优化，构成完整的激光 SLAM 解决方案。

4.5.6　LeGO-LOAM 代码实战

（1）LeGO-LOAM 代码概览

与 LOAM 类似，系统整体分为 4 个部分，对应 4 个 ROS 节点，在 4 个不同进程中运行。不同的是，LeGO-LOAM 将 LOAM 中负责点云特征提取的 scanRegistration 节点和负责 scan-scan 匹配的 laserOdometry 节点整合为 featureAssociation 节点，增加 imageProjection 节点，同时在 mapOptimization 节点中开辟回环检测与全局优化线程，如图 4-24 所示。

imageProjection 节点负责将原始点云投影为深度图，并利用深度图进行快速的地面点分割和目标点聚类，有效地对点云进行降维。featureAssociation 节点负责从分割点中提取线面特征，并进行 scan-scan 的特征匹配，估计 LiDar 在 t_{k-1} 到 t_k 的相对运动变换 T_{k-1}。mapOptimization 节点一方面负责利用 T_{k-1} 来预测 LiDar 位姿 T_k，并由 scan-map 的特征点云匹配方法对预测的 T_k 进行进一步优化；另一方面在并行线程中根据关键帧位置点间的距离检测闭环，并采用 ICP 算法匹配构成回环的关键帧点云，最后进行全局位姿图优化。transformFusion 节点主要负责将高频运行的 featureAssociation 节点和低频运行的 mapOptimization 节点估计的位姿进行整合输出，保证高频的位姿输出频率。

（2）LeGO-LOAM 依赖的库

GTSAM 可以解决 SLAM 和 SFM（Structure From Motion）的问题，当然也可以解决更加简单或者更加复杂的估计问题。因子图是一种图模型，非常适合对复杂的估计问题进行建模，比如 SLAM 或者 SFM 问题。

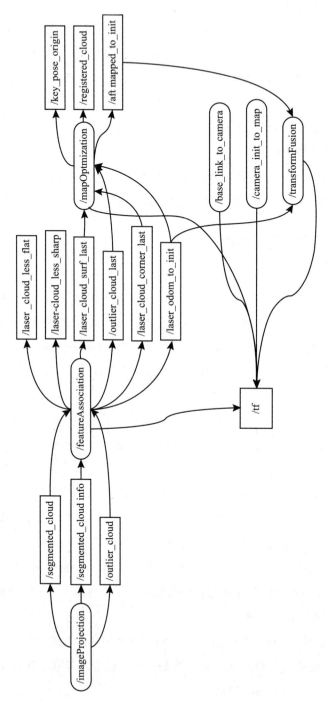

图 4-24 LeGO-LOAM 代码概览

GTSAM 利用稀疏性来提高计算效率。通常情况下,测量仅提供少数变量之间关系的信息,因此得到的因子图将是稀疏连接的。GTSAM 中的实现算法就是利用这一点来降低计算复杂度的。当图形过于密集而无法通过直接方法进行有效处理时,GTSAM 也提供了非常有效的迭代方法。

(3) LeGO-LOAM 运行效果

LeGO-LOAM 在来自史蒂文森理工学院提供的样本数据集下的运行效果如图 4-25 所示。

4.5.7 LIO-SAM 算法

1. LIO-SAM 概述

LIO-SAM 是 Tixiao Shan 提出的一个激光-惯性紧耦合的框架。该框架通过平滑与建图实现了高精度且实时的移动机器人轨迹估计和地图构建的功能。LIO-SAM 在因子图上添加了激光-惯性里程计,从而可以将不同来源的大量相对测量值和绝对测量值(包括回环)作为因子纳入该系统中。预积分可用于校准点云,并为激光雷达里程计的优化提供初始值,而优化得到的激光雷达里程计又反过来用于估计 IMU 的偏差。

为了确保实时的高性能,LIO-SAM 将旧的激光雷达帧边缘化以进行位姿优化,而不是将激光雷达帧与全局地图进行匹配。该框架采用局部匹配代替全局匹配、进行关键帧的选择性引入、采用滑动窗口方法、将新的关键帧输入到固定窗口的先验子关键帧中等,大大提高了系统的实时性能。

LIO-SAM 的主要贡献包括:提出了一种建立在因子图之上的紧密耦合的激光雷达惯性里程计框架,适用于多传感器融合和全局优化;提出了一种高效的、基于局部滑动窗口的扫描匹配方法,通过将选择的新关键帧注册到固定大小的先验子关键帧集来实现实时性能。

2. LIO-SAM 原理

(1) 激光-惯性的两种耦合框架

激光里程计通常使用 ICP 和 GICP 等扫描匹配方法来寻找两个连续帧之间的相对变换。基于特征的匹配方法也由于其高效的计算过程而成为一种流行的选择。然而,由于现代三维激光雷达的旋转机制和传感器运动,扫描的点云往往是发生了畸变的。仅仅使用激光雷达进行姿态估计并不理想,因为使用畸变的点云或特征进行配准最终会导致比较大的漂移。因此，激光雷达通常与其他传感器（如 IMU 和 GPS）一起用于状态估计和建图。这种设计方案根据传感器融合方式可以分为两类：松耦合和紧耦合。

图 4-25　LeGO-LOAM 的运行效果（见彩插）

松耦合是指分别对参数做出估计，再把多个参数估计结果进行融合，如最简单的加权平均方法。LOAM 利用 IMU 对激光雷达扫描帧去畸变，并给出扫描匹配的运动先验值。然而，IMU 本身并不参与算法的优化过程。因此，LOAM 可归类为松耦合方法，LeGO-LOAM 也一样。一种更流行的松耦合方法是使用扩展卡尔曼滤波器，例如，在机器人状态估计的优化阶段使用 EKF 整合来自 LiDar、IMU 和 GPS 的测量值。

紧耦合是指把各种参数放到一起进行联合优化求解。紧耦合系统通常具有更高的精度，是目前业界研究的焦点之一。R-LINS 提出了一种以机器人为中心的激光-惯性状态估计方法，使用误差状态卡尔曼滤波器来递归修正机器人的状态估计。由于缺少其他可用的传感器来进行状态估计，该方法在长时间航行场景中会产生漂移问题。LIOM（LIO-Mapping 的缩写）引入了一种激光-惯性紧耦合的定位与建图框架，联合优化了激光雷达和 IMU 的测量。该框架与 LOAM 相比具有类似或更好的准确性。在 LIO-SAM 中使用的是这种紧耦合融合框架。

（2）LIO-SAM 紧耦合框架

将世界坐标系表示为 W，机器人坐标系表示为 B，并且为了方便假设 IMU 坐标系与机器人坐标系重合，则机器人的状态 X 可以写成

$$X = \left[R^{\mathrm{T}}, p^{\mathrm{T}}, v^{\mathrm{T}}, b^{\mathrm{T}} \right]^{\mathrm{T}}$$

其中旋转矩阵为 $R \in \mathrm{SO}(3)$，平移向量为 $p \in \mathbf{R}^3$，速度向量为 v，IMU 偏差为 b。因此有从机器人坐标系 B 到世界坐标系 W 的变换矩阵 $T \in \mathrm{SE}(3)$，且 $T = [R|p]$。

LIO-SAM 整个系统框架如图 4-26 所示。

系统需要接收来自 3D 激光雷达、IMU 以及可选的 GPS 的数据。LIO-SAM 的目的是利用这些传感器的观测数据对机器人的状态和轨迹进行最优估计。这个状态估计问题可以转化为最大后验（MAP）问题。而在高斯噪声模型的假设下，MAP 问题等价于求解非线性最小二乘问题。此时可以使用一个因子图来建模。在因子图中，LIO-SAM 引入了 4 种类型的因子以及一种变量。其中的变量表示机器人在特定时间的状态并记为因子图的节点。而这 4 种因子如下。

- IMU 预积分因子
- 激光里程计因子
- GPS 因子
- 环路闭合因子

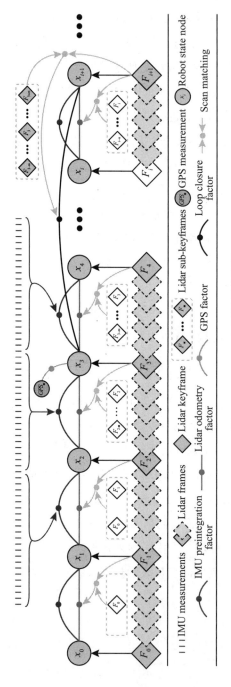

图 4-26 LIO-SAM 系统整体框架

当机器人的姿态变化超过用户定义的阈值时,则将在图中添加一个新的机器人状态节点x。因子图在插入新节点时使用贝叶斯树(iSAM2)进行优化。

(3)IMU预积分因子

IMU可测量9自由度的信息,包括角速度、加速度和朝向信息等。在机器人坐标系下,IMU获得的角速度和加速度可以表示为

$$\widehat{\omega}_t = \omega_t + b_t^\omega + n_t^\omega$$
$$\widehat{a}_t = \boldsymbol{R}_t^{BW}(a_t - \text{g}) + b_t^a + n_t^a$$

其中,$\widehat{\omega}_t$和$\widehat{a}_t$是在时刻t于载体坐标系下获得的IMU测量数据,而且这两个量受到缓慢变化的偏差$\boldsymbol{b}_t$和白噪声$\boldsymbol{n}_t$的影响。g是世界坐标系下的重力加速度。通过IMU计算运动可以得到世界坐标系下的速度、位置和旋转。

$$\text{速度:} \quad v_{t+\Delta t} = v_t + \text{g}\Delta t + \boldsymbol{R}_t\left(\widehat{a}_t - \boldsymbol{b}_t^a - \boldsymbol{n}_t^a\right)\Delta t$$
$$\text{位置:} \quad p_{t+\Delta t} = p_t + v_t \Delta t + \frac{1}{2}\text{g}\Delta t^2 + \frac{1}{2}\boldsymbol{R}_t\left(\hat{a}_t - \boldsymbol{b}_t^a - \boldsymbol{n}_t^a\right)\Delta t^2$$
$$\text{旋转:} \quad \boldsymbol{R}_{t+\Delta t} = \boldsymbol{R}_t \exp\left(\left(\widehat{\omega}_t - \boldsymbol{b}_t^\omega - \boldsymbol{n}_t^\omega\right)\right)$$

其中,$\boldsymbol{R}_t = \boldsymbol{R}_t^{WB} = \boldsymbol{R}_t^{BW^\text{T}}$。可以进一步计算得到$i,j$时刻的IMU预积分值并将其作为帧间约束,以约束$i,j$时刻的位姿变化,使其不能和实际IMU值相差过大。

$$\Delta v_{ij} = \boldsymbol{R}_i^\text{T}\left(v_j - v_i - \text{g}\Delta t_{ij}\right)$$
$$\Delta p_{ij} = \boldsymbol{R}_i^\text{T}\left(p_j - p_i - v_i \Delta t_{ij} - \frac{1}{2}\text{g}\Delta t_{ij}^2\right)$$
$$\Delta \boldsymbol{R}_{ij} = \boldsymbol{R}_i^\text{T} \boldsymbol{R}_j$$

(4)激光里程计因子

当收到新的一帧激光雷达数据时,首先进行特征点的提取,即通过计算一个区域内几个相邻点的光滑度来将其分类成边缘点和平面点。光滑度较大的点被划分为边缘特征点。同样,光滑度小的被分类为平面特征点。我们将第i时刻激光雷达扫描帧提取的边缘和平面特征分别表示为F_i^e和F_i^p,而同一时刻提取的所有特征将组成一个激光雷达帧F_i,其中$\boldsymbol{F}_i = \{\boldsymbol{F}_i^e, \boldsymbol{F}_i^p\}$。

如果使用激光雷达的每一帧数据进行计算,那么该过程的计算量是非常大的,对此

引入了关键帧。在关键帧的选择上，LIO-SAM 使用了一种简单而有效的启发式方法：与之前的状态 x_i 相比，当机器人的姿态变化超过用户定义的阈值时，则选择激光雷达帧 F_{i+1} 作为关键帧。在因子图中，新保存的关键帧 F_{i+1} 与一个新的机器人状态节点 x_{i+1} 关联。两个关键帧之间的激光雷达帧则被丢弃。通过这种方式添加关键帧，既能平衡建图的密度和内存消耗，又能保持相对稀疏的因子图，适用于实时非线性优化的需求。

激光雷达里程计因子的生成步骤如下。

1）选取体素地图的子关键帧。首先利用滑动窗口的方法来创建一个包含固定数量的最近激光雷达扫描帧的点云地图。我们没有优化两个连续的激光雷达扫描帧之间的转换，而是提取 n 个最近的关键帧，并称之为子关键帧，将其用于估计工作。然后将子关键帧集合 $\{F_{i-n},...,F_i\}$ 通过与之关联的变换矩阵 $\{T_{i-n},...,T_i\}$ 转换到世界坐标系 W，转换后的子关键帧会被合并到一个体素地图 M_i 中。我们在前面的特征提取步骤中提取了两种类型的特征，因此 M_i 由两个亚体素地图组成，分别是边缘特征体素地图 M_e^i 和平面特征体素地图 M_i^p。

2）对边缘点特征和平面点特征进行匹配。将新得到的激光雷达关键帧 F_{i+1} 与体素地图 M_i 通过 scan-map 的方法进行配准。通过 IMU 预测的运动轨迹可以获得初始的变换矩阵，因此可先将 $\{F_{i+1}^e, F_{i+1}^p\}$ 从机器人坐标系转换到世界坐标中，然后可以根据 KD-Tree 找到当前帧的特征点在地图中对应的线或者平面。

3）相对位姿变换。利用前面提到的帧间匹配方法中从点到线与从点到面的距离关系，建立位姿约束方程（类似于 LOAM 算法），并通过高斯牛顿法求解最优化的位姿变换。最后求得状态 x_i 和 x_{i+1} 之间的相对变换矩阵为

$$\Delta T_{i,i+1} = T_i^{\mathrm{T}} T_{i+1}$$

（5）GPS 因子

虽然我们可以通过仅仅使用 IMU 预积分和激光里程计因子来获得可靠的状态估计，但是一旦系统运行时间较长，那么漂移则是一个不可忽略的问题。为了解决这个问题，我们使用可以进行绝对测量的传感器（如 GPS、高度计或者罗盘）。当接收到 GPS 测量值时，我们首先将所提供的经纬度转换到局部笛卡儿坐标系中。然后在因子图中添加一个新的状态节点，并将一个新的 GPS 因子与这个节点关联起来形成绝对位姿约束。如果 GPS 信号与激光雷达帧之间没有硬件同步，则根据激光雷达帧的时间戳对 GPS 测量值进

行线性插值。我们注意到，在 GPS 接收正常时无须不断增加 GPS 因子，因为激光雷达惯性里程计的漂移增长非常缓慢。因此在实际应用中，我们只须在估计的 GPS 位置协方差大于接收到的 GPS 位置协方差时添加一个 GPS 因子。

（6）回环因子

LIO-SAM 使用基于欧式距离的回环检测的方法。当一个新的状态节点 x_{i+1} 被添加到因子图时，首先搜索因子图中与节点 x_{i+1} 的欧氏距离最近的状态节点。比如状态节点 x_3 是候选的回环帧之一，那么我们新插入的关键帧 F_{i+1} 将与子关键帧 $\{F_{3-m},...,F_3,...,F_{3+m}\}$ 进行匹配。这样就可以得到相对位姿变化 $\Delta T_{3,i+1}$，并把这个回环因子加入因子图中。

3. LIO-SAM 的评价

- 优点：紧耦合了多种不同传感器，运动估计结果更鲁棒；使用增量平滑和建图方法 iSAM2 执行因子图优化，位姿解算更加准确。
- 缺点：关键帧之间的特征被完全丢弃，产生了信息损失。

4.5.8　LIO-SAM 代码实战

LIO-SAM 代码概览如图 4-27 所示。

同样，LIO-SAM 依赖于 GTSAM 库。

而 LIO-SAM 在样本数据集下的运行效果如图 4-28 所示。

总结一下，本章首先介绍了激光 SLAM 的主流框架，并针对框架中的点云预处理、前端里程计、关键帧提取和后端优化部分分别做了详细的介绍。然后，本章介绍了几种主流的激光 SLAM 算法的原理与实战。

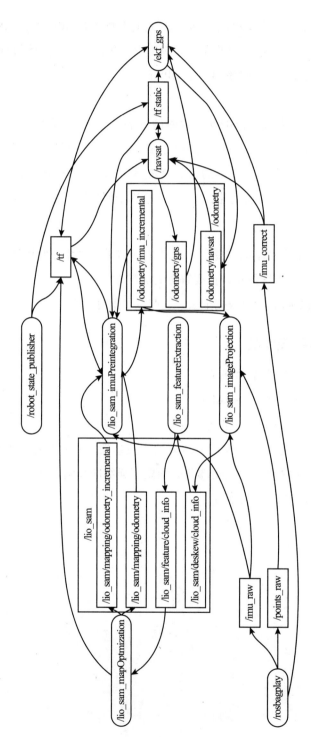

图 4-27 LIO-SAM 代码概览

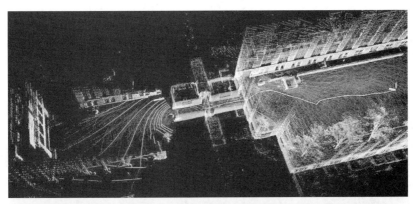
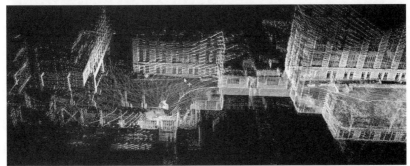

图 4-28　LIO-SAM 的运行效果（见彩插）

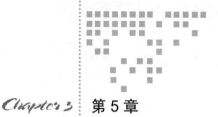

Chapter 3 第 5 章

视觉 SLAM

视觉 SLAM 是一种以计算机视觉系统为基础的 SLAM 方案,其中最核心的传感器就是相机,视觉 SLAM 以相机获取到的连续图像作为主要的信息输入来构建地图模型。其实,视觉 SLAM 是一种模仿人类自身感官的方案。通过对周围世界的观察、记忆、对比,我们可以很容易地判断出周围的环境是怎样的、自身在环境中处于什么位置,以及是否到过同样的地方。同样,视觉 SLAM 系统的运行也有着相似的逻辑。

常见的视觉 SLAM 流程主要包括数据信息的读取、前端视觉里程计(Visual Odometry,VO)、后端非线性优化(Optimization)、回环检测(Loop Closing)以及建图(Mapping)。首先,对相机图像进行读取和预处理;接着,由视觉里程计估算相机运动并进行局部建图,这是视觉 SLAM 的前端部分;然后通过回环检测来判断相机是否到过当前位置;后端部分则根据从前端获取的不同时刻的相机位姿和回环检测信息进行优化,构建全局一致的轨迹;最后根据估计的轨迹进行建图。经典的视觉 SLAM 框架如图 5-1 所示。

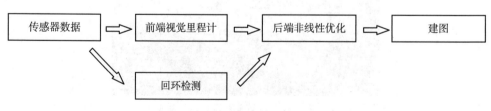

图 5-1 经典的视觉 SLAM 框架

本章我们将分别介绍视觉 SLAM 系统中几大核心步骤的基本原理，同时会介绍几种经典的视觉 SLAM 算法，对这些经典算法进行原理理解和动手实践将有助于读者了解视觉 SLAM 的核心原理和研究趋势。

5.1 前端视觉里程计

视觉 SLAM 的前端也称为视觉里程计，前端的主要作用是根据相邻图像的信息对相机的运动进行估计，为后端提供初始值。主流的视觉里程计算法包括特征点法和不需要提取特征点的直接法，本节分别对两类方法进行介绍。

5.1.1 基于特征点法的视觉里程计

视觉里程计主要用来解决运动估计的问题，那么对于系统而言，如何从传感器采集的连续图像中提取出有用的运动信息呢？我们来理解一下这个问题。随着相机的运动，在连续的图像中必然存在着一些相同的场景和物体（比如同一个路灯），只是它们在图像中的位置会不断移动，而如果能够提取出一些关键点（比如路灯的底座、边角），那我们就可以大概推断出相机运动的轨迹，这就是特征点法的基本思路。基于特征点法的前端设计一直是主流且比较成熟的方法，它的优点是运行稳定，对光照、动态物体的敏感度低。

最常用的特征点提取算法包括 SIFT（Scale Invariant Feature Transform，尺度不变特征变换）、SURF（Speeded Up Robust Features，加速稳健特征）、FAST（Features from Accelerated Segment Test，加速分段检测的特征）、BRIEF（Binary Robust Independent Elementary Features，二进制稳健独立的基元特征）、ORB 等。其中 SIFT 特征具有较好的鲁棒性和准确性，目前在场景分类、图像识别、目标跟踪等视觉领域都已经有了成功应用；SURF 在 SIFT 基础上通过盒式滤波逼近高斯函数，从而大大提高了检测效率；FAST 的检测速度快，而对关键点的判断仅基于对若干像素的比较；ORB 则是在 FAST 的基础上进一步计算特征点方向，同时采用 BRIEF 方法计算特征描述符。下面我们介绍这几个经典特征提取方法的基本原理。

1. 特征点提取

（1）SIFT

SIFT 是一种斑点特征点检测方法，它描述的特征点是一个与周围像素的颜色或灰度存在明显差异的区域。

SIFT 算法引入了尺度空间理论来解决尺度不变性问题。由于"近大远小"现象的存在，计算机无法直接从图像中预知物体尺寸，比如对于同样的一个信号灯，当我们离它越近时看到的尺寸也会越大，这就导致我们很难直接将距离很远时拍到的"小物体"和距离很近时拍到的"大物体"进行匹配得到尺度信息。因此需要考虑图像在多个尺度下的描述，进而判断物体的最佳尺度。如果一些关键点在不同尺度下都保持相同，那么在不同尺度下的图像中就都能够检测这些关键点进行匹配，即尺度不变性。

SIFT 的主要原理如下。

1）尺度空间极值检测。在不同的尺度空间是不能单纯使用同样的窗口来检测极值点的，只有对小的关键点使用小的窗口，对大的关键点使用大的窗口，才能区分出不同的尺度。为了达到上述目的，我们需要使用尺度空间滤波器和可以产生多尺度空间的核函数——高斯核。一个图像的尺度空间 $L(x,y,\sigma)$ 定义为原始图像 $I(x,y)$ 与一个可变尺度的二维高斯函数 $G(x,y,\sigma)$ 的卷积运算。

利用 SIFT 在图像金字塔中进行特征检测时，首先需要根据尺度空间理论对图形进行高斯差分（Difference of Gaussian, DoG），检测尺度空间的极值点。定义尺度可变高斯函数 $G(x,y,\sigma)$ 为

$$G(x,y,\sigma) = \frac{1}{2\pi\sigma^2} e^{-(x^2+y^2)/2\sigma^2}$$

则尺度空间极点 $G(x,y,\sigma)$ 计算如下：

$$D(x,y,\sigma) = (G(x,y,k\sigma) - G(x,y,\sigma)) * I(x,y) = L(x,y,k\sigma) - L(x,y,\sigma)$$

通过对原图像进行不同程度的高斯平滑处理，可以得到如图 5-2 左侧所示的高斯金字塔，再通过降采样及高斯平滑处理继续得到下一组高斯金字塔，最后对高斯金字塔进行差分处理来构建右侧所示的 DoG 金字塔。比如，DoG 金字塔的第一组第一层由高斯金字塔的第一组第一层与第一组第二层相减得到，以此类推，在原高斯金字塔的基础上构建出一个完整的 DoG 金字塔。DoG 金字塔就是用来进行尺度检测的关键。

图像的特征点由 DoG 金字塔中的局部极值点构成。在 DoG 金字塔中，对 1 个像素点与它周围 26 个相邻像素点进行比较，即极值点检测，如图 5-3 所示。如果其像素值大于（或小于）全部相邻点，则可以认为极值点是一个特征点。

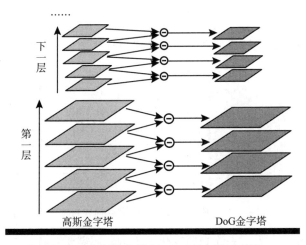
图 5-2 高斯金字塔和 DoG 金字塔示意图

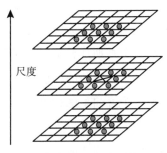
图 5-3 极值点检测示意图

在得到了极值点后,还需要对离散坐标进行曲面拟合与插值,进而获得更精确的关键点定位。同时,由于 DoG 算子对图像边缘的敏感度较高,还需要去除 DoG 局部曲率不对称的像素,以消除边缘效应。

2)特征方向分配。对于通过尺度不变性求得的极值点,为了使其具有旋转不变性,需要确定特征点的方向。SIFT 算法利用特征点邻域内的梯度信息来确定特征点的方向,具体方法如下。

计算出所有像素的梯度大小和方向,梯度大小为

$$m(x,y) = \sqrt{(L(x+1,y)-L(x-1,y))^2 + (L(x,y+1)-L(x,y-1))^2}$$

梯度的方向为

$$\theta(x,y) = \arctan \frac{L(x,y+1)-L(x,y-1)}{L(x+1,y)-L(x-1,y)}$$

对区域内的像素点采用梯度直方图统计法。具体来说,将 0~360°以 10°为步长划分为 36 个柱进行统计,则直方图中的峰值就代表了该关键点的主方向。为了增强匹配鲁棒性,对其他柱只保留其中峰值超过主方向峰值 80% 的部分,将其作为该关键点的辅方向。到这里就可以确定该关键点的方向分配情况了。

3)生成关键点描述符。每个关键点里面都包含了位置、尺度以及方向信息,接下来我们通过一组向量来描述该关键点的信息,这就是关键点描述符。通过描述符的使用可以剔除光照、视角等变化造成的影响,同时大大简化后续的对比运算过程。那么,关键

点描述符是怎样建立的呢？

先将坐标轴旋转到主方向上使其具备旋转不变性，再将关键点周围图像区域划分成 2×2 的小块，每一块包含 4×4 个像素点，其中箭头方向表示像素点的梯度方向，长度表示梯度大小，圆圈表示高斯加权范围。对每个子块统计 8 个方向的梯度直方图，以获取每个方向上的梯度大小。实验研究表明，采用这种 $4\times 4\times 8 = 128$

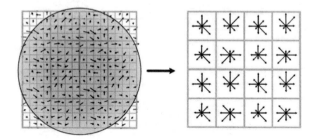

图 5-4　SIFT 关键点描述符

维度的特征描述向量具有较强的稳健性。为了去除光照变化的影响，还需要对特征向量长度进行归一化处理，使其满足图像灰度变化不变性。至此，利用获取的这些关键点描述符就可以构建出该图像的描述符集合，这些描述符将会用于下文的特征匹配，即对这些描述符的相似性进行比对，以完成后续匹配过程。SIFT 关键点描述符如图 5-4 所示。

SIFT 算法的提出在传统图像特征检测研究中具有里程碑意义。它在很大程度上解决了目标旋转、缩放、平移、图像仿射/投影变换、光照影响、目标遮挡、杂物场景、噪声等难题。然而 SIFT 特征的向量维数过大，导致它的时间复杂度很高，这是它的主要缺点。同时，受专利限制，SIFT 在开源算法中使用不多。

（2）SURF

SURF 算法是对 SIFT 算法的一种改进，在保留了 SIFT 算法性能的同时，有效克服了其计算复杂度高、耗时长的缺点。

1）尺度空间与特征点检测。前面介绍过，SIFT 的特征点是在 DoG 金字塔中提取的，它的尺度空间构建涉及高斯卷积、图像下采样和高斯差分。而 SURF 改进了特征提取和描述的方式。不同于 SIFT 采用的 DoG 图像，SURF 采用 Hessian 矩阵来构造金字塔，对于二维函数 f，像素点 (x,y) 的 Hessian 矩阵可以表示为

$$H(f(x,y)) = \begin{bmatrix} \dfrac{\partial^2 f}{\partial x^2} & \dfrac{\partial^2 f}{\partial x \partial y} \\ \dfrac{\partial^2 f}{\partial x \partial y} & \dfrac{\partial^2 f}{\partial y^2} \end{bmatrix}$$

对应的判别式为

$$\det \boldsymbol{H} = \frac{\partial^2}{\partial x^2} \frac{\partial^2 f}{\partial y^2} - \left(\frac{\partial^2 f}{\partial x \partial y}\right)$$

当 Hessian 矩阵判别式取得局部最大值时，可以判定该点比邻域内的点更亮或更暗，对应图像表现为斑点，可以认为这是一个关键点。在 SURF 中，点 x 在尺度 σ 的 Hessian 矩阵定义为

$$\boldsymbol{H}(x,\sigma) = \begin{bmatrix} L_{xx}(x,\sigma) & L_{xy}(x,\sigma) \\ L_{xy}(x,\sigma) & L_{yy}(x,\sigma) \end{bmatrix}$$

其中，$L_{xx}(x,\sigma)$ 是高斯二阶微分 $\frac{\partial^2 g(\sigma)}{\partial x^2}$ 在该点处与图像函数 $I(x,y)$ 的卷积（其他各项同理）。为了实现尺度无关性，需要在构建 Hessian 矩阵前进行高斯滤波。不过为了简化高斯滤波计算量，SURF 采用了图 5-5 所示的盒式滤波器进行替代，将其转化成一个非常简单的加减法运算，得到的行列式如下：

$$\det(H_{app}) = D_{xx}D_{yy} - (0.9 D_{xy})^2$$

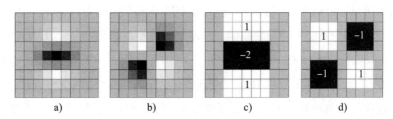

图 5-5　盒式滤波器

a)、b) 为高斯滤波器 L_{yy} 和 L_{xy}　c)、d) 为盒式滤波器 L_{yy} 和 L_{xy}

其中，0.9 是一个用来平衡误差的加权系数。这里用到的是一种积分图像的方法，SURF 将滤波过程简化为对积分图像的加减运算。对于图像内任一矩形区域的像素值之和，只需要经过 3 次简单的加法就可以计算出来，如图 5-6 中阴影部分的像素值之和可表示为 $A-B-C+D$，这可以大大加快对 Hessian 矩阵的计算速度。

接下来，SURF 使用不同尺寸的盒式

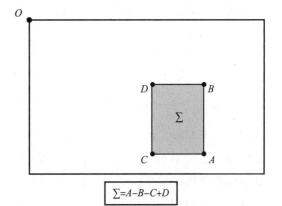

图 5-6　积分图像

滤波器对原图像进行卷积,构建出多尺度的金字塔图像如图 5-7 所示。这类似于 SIFT 算法,搜索出相应的极值点,同时避免了下采样过程,提高了运算速度。

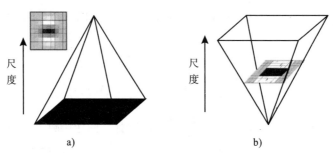

图 5-7 多尺度金字塔图像

a) SIFT 金字塔构建示意图　b) SURF 金字塔构建示意图

SURF 的特征点检测在整体思路上与 SIFT 类似。首先由图像金字塔计算 Hessian 响应,去除响应值小于一定阈值的点,将其余点作为潜在特征点;比较所有潜在特征点与其周围 26 个点的 Hessian 响应,通过非极大抑制得到最大值作为特征点。

2)特征点方向分配。与 SIFT 类似,SURF 也需要对特征点进行方向分配来保证旋转不变性。在以特征点为中心、6σ 为半径的区域内(σ 代表特征点尺度),计算特征点在 X、Y 方向上的 Haar 小波响应值(Haar 小波边长取 4σ),再对这两个值进行因子为 2σ 的高斯加权,加权后的值分别表示水平和垂直方向分量。Haar 特征值反映了图像灰度变化情况,主方向就是描述灰度变化特别剧烈区域的方向。用一个张角为 $\pi/3$ 的扇形窗口将范围内的 Haar 小波响应值 d_x、d_y 累加合成一个矢量(如图 5-8 所示),遍历整个圆,将得到的最长矢量作为该特征点的主方向。

$$m_w = \sum d_x + \sum d_y$$

$$\theta_w = \arctan\left(\sum d_x / \sum d_y\right)$$

3)生成关键点描述符。图 5-9 展示了 SURF 的特征描述符示意图,同样是首先将图像旋转到主方向上;然后取 $20\sigma \times 20\sigma$ 的邻域划分为 4×4 的子块,每个子块取 5×5 个采样点,采用一个尺寸为 2σ 的 Haar 模板计算 X、Y 方向的 Haar 小波,根据其与中心特征点的距离进行高斯加权,统计各子块的加权响应值得到特征向量,也就是我们想要的描述符,它对应的特征维度为 $4 \times 4 \times 4 = 64$(比 SIFT 描述符的维度降低了一半)。SURF

也将特征点包含的所有信息通过一个描述符表示出来了，之后与 SIFT 特征点匹配方法类似，也是以描述符相似性程度为基础进行后续匹配。

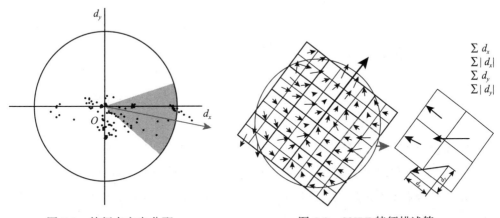

图 5-8 特征点方向分配　　　　　　图 5-9 SURF 特征描述符

相比于 SIFT，SURF 改进了特征的提取和描述方式。首先，没有采用 SIFT 的降采样方法，而是用盒式滤波代替了高斯滤波，通过改变盒式滤波器的大小对于恒定图像进行处理来构建尺度金字塔，采用计算积分图通过简单的加减运算提高了运算速度。同时，在关键点方向计算上没有采用直方图统计，而是采用 Haar 小波响应来确定梯度，生成的描述符维度也低于 SIFT，从而提高了运算效率。最后，其算法速度较 SIFT 提高了 3~7 倍。

（3）FAST

FAST 是一种经典的角点检测方法。与 SIFT 和 SURF 的斑点特征检测不同，FAST 检测的是角点。如果一个像素点与周围邻域内足够多的像素点亮度有较大的区别，则该点可以被认为是一个角点。

FAST 算法进行角点检测的核心步骤如下。

1）选择一个像素点 p，其像素值为 I_p，并设定一个恰当的阈值 t 用于判断。

2）以点 p 为中心点做一个半径为 3 像素的圆（如图 5-10 所示），在圆的边缘共得到 16 个像素点。

3）判断 16 个像素点中是否存在连续 N 个像素点的亮度都大于 I_p+t，或都小于 I_p-t，如果存在则说明 p 点是一个角点。

实际的算法中采用了机器学习方法来对角点检测进行加速。令 $x \in \{1,\cdots,16\}$ 表示点 p 周围对应位置的像素点，则按照像素值大小可分为 3 类：

$$S_{p \to x} = \begin{cases} d & I_{p \to x} \leq I_p - t & \text{(darker)} \\ s & I_p - t < I_{p \to x} < I_p + t & \text{(similar)} \\ b & I_p + t \leq I_{p \to x} & \text{(brighter)} \end{cases}$$

其中，I_p 为点 p 的像素值，$I_{p \to x}$ 为对应位置点的像素值，t 为阈值。根据计算结果可以将 p 分为 3 类（p_d，p_s，p_b），分别表示像素点亮度暗于中心点、与中心点接近、亮于中心点。对这些像素定义一个熵，采用 ID3 算法（决策树分类器）进行递归计算，不断地对子树进行分割，直到子集的熵为 0，此时对应的子集全部为角点或非角点，这样构建出来的决策树就可以区分出图像中所有的角点。

为了加快检测速度，FAST 算法会优先检测图 5-10 中编号为 1、5、9、13 这 4 个位置上的像素点，这就要求至少有 3 个点的亮度能超过或低于中心点的亮度阈值，否则就直接认定该中心点 p 不是角点，这样一来就可以加快筛选的速度了。为了防止 FAST 角点集中出现，在检测后通常需要进行非极大值抑制，在一定区域内仅保留具有响应极大值的角点。

FAST 算法对于关键点的判断仅基于对若干像素的比较，因此具有检测速度快、计算效率高的特点，可以用于实时场景检测。它的提出大大改善了实时计算机视觉的特征提取性能，也成了后续很多改进算法的基础。

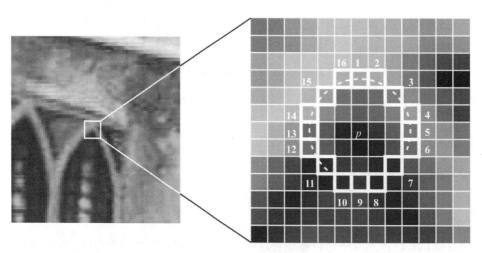

图 5-10 FAST 算法检测

（4）ORB

ORB 是将 FAST 特征检测算子与 BRIEF 描述符相结合的方法。ORB 在原 FAST 算法的基础上进行了改进，首先增加了特征点主方向的计算步骤，然后通过 BRIEF 描述符对从图像中提取出来的特征点的周围区域进行描述。

ORB 方法的原理如下。

1）Oriented FAST 特征检测。在原 FAST 算法的基础上，针对该方法检测出来的角点缺少方向性和尺度的问题，添加了对尺度和旋转的描述。具体来说，利用图像金字塔增加了尺度不变性，在金字塔的每一层进行角点检测，并通过灰度质心法实现旋转描述，将图像灰度值作为权重中心，过程如下。

首先，定义以特征点 O 为中心、r 为半径区域内图像的矩：

$$m_{pq} = \sum_{x,y \in r} x^p y^q I(x,y)$$

其中 p,q 取 0 或 1；$I(x,y)$ 表示图像灰度值。然后通过该矩得到图像的质心 C：

$$C = \left(\frac{m_{10}}{m_{00}}, \frac{m_{01}}{m_{00}} \right)$$

可以得到几何中心 O 到质心 C 的向量 $\boldsymbol{OC}$，对应的角度 θ 即为该特征点的方向

$$\theta = \arctan(m_{01}, m_{10})$$

由此得到的 FAST 角点就具有了我们需要的尺度和旋转描述。

2）Rotated BRIEF 特征描述符。下面我们来介绍 ORB 的特征描述符部分。ORB 特征描述符以 BRIEF 描述符为基础。BRIEF 是一种二进制描述符，它的构建方法是在特征点的邻域内随机选择 n 对像素点 p_i、q_i ($i=1,2,\cdots,n$)，比较每个点对灰度值的大小，如果 $p_i > q_i$ 则记为 1，反之则记为 0。将所有的点对分别进行比较，可以得到长度为 n 的二进制串，其中 n 通常取 128、256 或 512。采用这种二进制描述符最重要的优势就是可以提高运算效率。二进制类型描述符可以采用汉明距离来衡量，二进制数字之间的汉明距离表示它们之间不同数字的个数，比如"1001001"和"1011101"之间不同的字符数为 2，则汉明距离为 2。这种方法大大提高了运算和存储效率，在后续的特征匹配上具有很大优势，也使得算法在实时图像检测上的可用性大大增强。

基于原 BRIEF 提供的点对和 FAST 提供的特征点方向，可以进一步构造出经过旋转的点对 S_θ，得到具备更好的旋转不变性的描述符 Steer BRIEF。

$$S = \begin{pmatrix} x_1, & \cdots, & x_n \\ y_1, & \cdots, & y_n \end{pmatrix}$$

$$S_\theta = R_\theta S$$

由于 FAST 在不同尺度上提取特征点，因此进行特征描述时需要先将特征点转换到相应的尺度图像上，再在提取特征点的邻域进行旋转。

ORB 对 BRIEF 的另一改进在于，采用了数据学习方法来选择 256 个点对集合。在对图像进行高斯平滑后，用某个 5×5 的邻域窗口的灰度平均值代替某个点对值进行比较，并采用积分图像来简化运算，提高了算法的抗噪性和运算速度。

ORB 的优势就在于它的运算速度。FAST 本身检测速度就很快，同时 BRIEF 描述符是二进制串，而以 BRIEF 二进制描述符的汉明距离为相似性度量则大大提高了匹配速度。ORB 特征匹配速度大约是 SIFT 特征匹配速度的 10 倍、SURF 特征匹配速度的 10 倍，更加适用于实时检测的场景。

3）特征匹配。通过特征提取可以找到每幅图像中的特征点。接下来，为了构建出完整的地图，我们还需要将图像之间关联起来，即将图像的特征点两两对应起来，这一过程就叫作特征匹配。在前面的特征提取中，我们已经获取了特征点描述符，而在这一步这些描述符就要派上用场了。特征匹配就是利用特征点描述符在图像与图像、图像与地图之间进行匹配，以解决数据关联的问题。

暴力匹配（brute-force matcher）是一种最基本的特征匹配方法。它的基本原理看起来非常"简单粗暴"。首先，对于图像 I_t 中的特征点 x_t^i，依次计算出它与图像 I_{t+1} 中所有特征点描述符 $x_{t+1}^n (n=1,2,\cdots,N)$ 之间的距离，距离越近就表示两个特征点的相似程度越高，最后找到一个距离最近的特征点返回，完成匹配。在实际运算当中，根据描述符类型可以选择不同范数来度量描述符之间的距离，比如，对于浮点类型描述符一般采用欧氏距离进行度量，对于二进制类型描述符可以采用汉明距离来衡量。

暴力匹配的缺点在于特征匹配计算的时间复杂度和空间复杂度都很高，由此提出了 FLANN 匹配（Flann-based matcher）的方法，该方法基于快速近似最近邻算法实现。FLANN 是一种近似特征匹配法，不保证找到最佳匹配结果，但其计算速度相比于暴力匹配大大提升，在匹配点数量较多的情况下更加适用。

对于特征匹配优化的典型思路是使用索引，如 KNN 算法（K 最近邻算法）。采用 KNN 进行特征匹配的过程是：通过 K 近邻查找法找到 k 个与特征点相似的点（k 通常取2），如果最近邻点和次近邻点的距离比值小于设定的阈值，则将最近邻的点作为匹配点。

事实上，直接使用描述符进行匹配很容易出现误匹配的情况。误匹配一般分为假阳性匹配和假阴性匹配。假阳性匹配指的是错误地将不匹配的特征点检测为匹配特征点，而假阴性匹配指的是未能将匹配的特征点成功检测出来。

减少假阴性匹配一般需要改进匹配算法，而对于假阳性匹配往往可以采用优化算法剔除不匹配点，最常用的方法是 RANSAC（随机采样一致性）算法。RANSAC 算法常用于计算机视觉领域，它能够在一组数据集中有效地剔除异常数据，并具有较高的鲁棒性。RANSAC 算法会先设置一个阈值，与模型距离小于阈值的点被划分为内点，反之则为外点，然后通过迭代来估计数学模型参数，如果迭代产生的新模型的内点多于原模型，则对原模型进行更新。

迭代需要的最大次数与当前内点的数量相关，可以通过简单的数学推导公式获得：

$$p = 1 - \left(1 - w^n\right)^k$$

其中，p 表示经过 k 次迭代后随机抽取的数据集中的点都为内点的概率，w 表示样本是内点的概率，n 表示当前模型中的内点数量。

据此可以推导出需要迭代的最大次数 k 为

$$k = \frac{\log(1-p)}{\log\left(1-w^n\right)}$$

RANSAC 应用于特征匹配优化的具体步骤如下。

- 设定阈值 λ。
- 从特征点集中随机选取 4 个不共线点对作为内点初始值，拟合出变换矩阵 M。
- 计算待匹配特征点集中所有数据与 M 的投影误差 δ，如果 $\delta < \lambda$，则将其加入内点集合 I 中。
- 判断内点集合 I 中元素数量是否大于最优的内点集合 I_{best}。如果大于，则更新 I_{best}，同时更新最大迭代次数 k。
- 更新当前迭代次数，达到最大迭代次数 k 后则停止迭代。

运行 RANSAC 算法后，匹配特征点得到了提纯优化，大大降低了误匹配造成的影响，提高了特征匹配的正确率。

2. 位姿估计

位姿是位置和姿态的总称，位姿估计可以表示目标本体坐标系与相机坐标系之间的旋转和平移关系。位姿估计是视觉里程计的核心部分，基本思路是通过分析相机与空间点的几何关系，求解出从 $K-1$ 时刻到 K 时刻相机位姿的变换矩阵 $\boldsymbol{T}_{k,k-1}$，再按照时间序列将相邻时刻的运动相连接形成运动轨迹。

（1）2D-2D 对极几何

通过两帧图像的若干特征匹配点求解相机运动轨迹，这类问题属于对极几何问题。所谓的对极几何是指两帧图像对于同一个空间点成像所形成的几何关系。

如图 5-11 所示，p_1、p_2 是空间点 P 在 I_1、I_2 两帧图像上的投影点，O_1、O_2 为两个相机光心，O_1、O_2、P 三点所处的同一平面称为极平面，O_1、O_2 连线称为基线，基线与投影平面的交点称为极点，即 e_1、e_2，极平面与投影平面的交线称为极线 l_1、l_2。

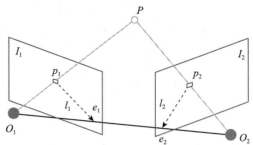

图 5-11　对极几何约束示意图

设点 P 的空间位置为 $\boldsymbol{P} = [X，Y，Z]^T$，根据针孔相机模型可以得到图像上的投影坐标为

$$z_1 \boldsymbol{p}_1 = \boldsymbol{KP}, \quad z_2 \boldsymbol{p}_2 = \boldsymbol{K}(\boldsymbol{RP}+\boldsymbol{t})$$

其中 $\boldsymbol{K}$ 为相机内参矩阵，转换为齐次坐标，得

$$\boldsymbol{p}_1 = \boldsymbol{KP}, \quad \boldsymbol{p}_2 = \boldsymbol{K}(\boldsymbol{RP}+\boldsymbol{t})$$

取 $\boldsymbol{x}_1$，$\boldsymbol{x}_2$ 作为像素点归一化平面坐标：

$$\boldsymbol{x}_1 = \boldsymbol{K}^{-1}\boldsymbol{p}_1, \quad \boldsymbol{x}_2 = \boldsymbol{K}^{-1}\boldsymbol{p}_2$$

代入得

$$\boldsymbol{x}_2 = \boldsymbol{R}\boldsymbol{x}_1 + \boldsymbol{t}$$

两边同时左乘 $\boldsymbol{x}_2^T \boldsymbol{t}\^$，得

$$\boldsymbol{x}_2^T \boldsymbol{t}\^ \boldsymbol{R} \boldsymbol{x}_1 = 0$$

该式也被称为对极约束，描述了 O_1、O_2、P 三点共面的关系，$\boldsymbol{t}\^\boldsymbol{R}$ 被称为本质矩阵 $\boldsymbol{E}$（Essential Matrix），于是有

$$\boldsymbol{x}_2^T \boldsymbol{E} \boldsymbol{x}_1 = 0$$

因此，为了得到相机位姿，需要先求解本质矩阵 $\boldsymbol{E}$，再根据本质矩阵求解 $\boldsymbol{R}$、$\boldsymbol{t}$。本

质矩阵可以通过八点法求解，设一对匹配点的归一化坐标 $\boldsymbol{x}_1 = [u_1, v_1, 1]^T$，$\boldsymbol{x}_2 = [u_2, v_2, 1]^T$，由对极约束关系可以得到

$$[u_1, v_1, 1] \begin{bmatrix} e_1 & e_2 & e_3 \\ e_4 & e_5 & e_6 \\ e_7 & e_8 & e_9 \end{bmatrix} \begin{bmatrix} u_2 \\ v_2 \\ 1 \end{bmatrix} = 0$$

$\boldsymbol{E}$ 展开为向量形式，有 $\boldsymbol{e} = [e_1, e_2, e_3, e_4, e_5, e_6, e_7, e_8, e_9]^T$，于是由这组匹配点可以得到一个线性方程：

$$[u_1 u_2, u_1 v_2, u_1, v_1 u_2, v_1 v_2, v_1, u_2, v_2, 1] \cdot \boldsymbol{e} = 0$$

将由 8 对匹配点 $\boldsymbol{x}_1^i = [u_1^i, v_1^i, 1]^T$，$\boldsymbol{x}_2^i = [u_2^i, v_2^i, 1]^T$ $(i = 1, 2, \cdots, 8)$ 得到的方程构成一个方程组，可以得到

$$\begin{bmatrix} u_1^1 u_2^1 & u_1^1 v_2^1 & u_1^1 & v_1^1 u_2^1 & v_1^1 v_2^1 & v_1^1 & u_2^1 & v_2^1 & 1 \\ u_1^2 u_2^2 & u_1^2 v_2^2 & u_1^2 & v_1^2 u_2^2 & v_1^2 v_2^2 & v_1^2 & u_2^2 & v_2^2 & 1 \\ \vdots & \vdots & \vdots & \vdots & \vdots & \vdots & \vdots & \vdots & \vdots \\ u_1^8 u_2^8 & u_1^8 v_2^8 & u_1^8 & v_1^8 u_2^8 & v_1^8 v_2^8 & v_1^8 & u_2^8 & v_2^8 & 1 \end{bmatrix} \begin{bmatrix} e_1 \\ e_2 \\ e_3 \\ e_4 \\ e_5 \\ e_6 \\ e_7 \\ e_8 \\ e_9 \end{bmatrix} = 0$$

若 8 对匹配点满足矩阵秩为 8，则可以通过求解方程得到本质矩阵 $\boldsymbol{E}$，再通过奇异值分解得到相机外参 $\boldsymbol{R}$ 和 $\boldsymbol{t}$，可能有如图 5-12 所示的 4 种不同情况的解，其中只有图 a 这一种情况满足空间点在两个相机上的深度都为正数的要求。可以将 4 个解代入进行判断，进而得到唯一的正确解。

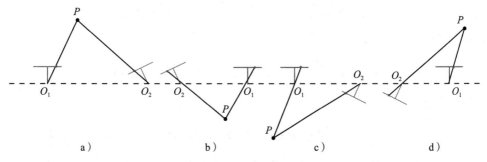

图 5-12 本质矩阵分解示意图（其中只有图 a 是正确解）

(2) 3D-2D PnP

PnP(Perspective-n-Point)是一种用于求解相邻两帧图像中特征点运动轨迹的方法,适合处理相邻图像中一帧是二维特征点、另一帧是三维特征点(3D-2D)的情况。已知 n($n \geq 3$)个特征点在世界坐标系和图像坐标系下的坐标,利用透视投影关系求出其在相机坐标系下的坐标,从而得到相机坐标系与世界坐标系之间的变换关系。如果其中一帧图像的特征点深度位置是已知的,那么最少需要 3 个点对来估计相机运动,其中包含一个用于结果验证的额外点。对于单目视觉里程计,需要先进行初始化以获取深度信息,而在双目和 RGB-D 相机中,深度信息则是可以直接应用的。

PnP 的求解方法有很多,常用的有 DLT(直接线性变换,至少需要 6 对匹配点对)、P3P(至少需要 3 对匹配点对),以及更加复杂的 EPnP、OPnP、UPnP 等,也可以利用非线性优化的方式,通过构建最小二乘问题来迭代求解,如 BA 优化。

1)DLT 将旋转矩阵 R 和平移向量 t 定义为一个增广矩阵 $[R|t]$,根据空间点与其投影到相机成像平面的特征点之间的关系而求解位姿估计问题。根据目标三维点和像素点的对应关系建立线性方程组,直接求解出矩阵参数,然后通过透视矩阵参数与位姿参数的关系求解出位姿等相关参数。下面进行简单推导。

对于空间点 P,其坐标为 $P = [X, Y, Z, 1]^T$,其在图像上的投影为 $x_1 = [u_1, v_1, 1]^T$,定义增广矩阵 $[R|t]$,展开为

$$z \begin{bmatrix} u_1 \\ v_1 \\ 1 \end{bmatrix} = \begin{bmatrix} t_1 & t_2 & t_3 & t_4 \\ t_5 & t_6 & t_7 & t_8 \\ t_9 & t_{10} & t_{11} & t_{12} \end{bmatrix} \begin{bmatrix} X \\ Y \\ Z \\ 1 \end{bmatrix}$$

最后一行消去 z:

$$u_1 = \frac{t_1 X + t_2 Y + t_3 Z + t_4}{t_9 X + t_{10} Y + t_{11} Z + t_{12}} \quad v_1 = \frac{t_5 X + t_6 Y + t_7 Z + t_8}{t_9 X + t_{10} Y + t_{11} Z + t_{12}}$$

定义 T 的行向量:

$$t_1 = [t_1, t_2, t_3, t_4]^T, t_2 = [t_5, t_6, t_7, t_8]^T, t_3 = [t_9, t_{10}, t_{11}, t_{12}]^T$$

进一步得

$$t_1^T P - t_3^T P u_1 = 0, t_2^T P - t_3^T P v_1 = 0$$

因此对于每个特征点,可以得到两个关于 t 的线性方程。对于 N 个特征点,可以得

到方程组

$$\begin{bmatrix} \boldsymbol{P}_1^T & 0 & -u_1\boldsymbol{P}_1^T \\ 0 & \boldsymbol{P}_1^T & -v_1\boldsymbol{P}_1^T \\ \vdots & \vdots & \vdots \\ \boldsymbol{P}_N^T & 0 & -u_N\boldsymbol{P}_N^T \\ 0 & \boldsymbol{P}_N^T & -v_N\boldsymbol{P}_N^T \end{bmatrix} \begin{bmatrix} t_1 \\ t_2 \\ t_3 \end{bmatrix} = 0$$

由于 t 是 12 维的，因此需要 6 对匹配点来求解方程组。

2）P3P（Perspective-Three-Problem）利用给定 3 个点之间形成的三角形相似的性质，将 2D 坐标转换为相机坐标系下的 3D 坐标，从而将 3D-2D 转化为 3D-3D 的位姿估计问题。如图 5-13 所示，假设 A、B、C 为 3 个 3D 空间中的点，a、b、c 为对应投影平面的 3 个 2D 映射点，O 为相机光心，待验证点为（D,d），P3P 的目标是求解光心 O 到这 3 个空间点的距离，由相似三角形性质可以得到约束关系式：

$$OA^2 + OB^2 - 2OA \cdot OB \cdot \cos\langle a,b\rangle = AB^2$$
$$OB^2 + OC^2 - 2OB \cdot OC \cdot \cos\langle b,c\rangle = BC^2$$
$$OA^2 + OC^2 - 2OA \cdot OC \cdot \cos\langle a,c\rangle = AC^2$$

其中，空间点坐标可以通过相机外参矩阵和归一化平面坐标获得。关系式右侧可以视为已知量，通过 2D 图像位置可以获得 $\cos\langle a,b\rangle$，$\cos\langle b,c\rangle$，$\cos\langle a,c\rangle$，因此方程组可解，这里用吴消元法进行方程解析。如果出现错误的特征匹配，那么 P3P 方法很容易失效，因此很多改进的 PnP 算法利用更多的匹配对信息通过迭代来优化求解位姿，从而降低噪声影响。

P3P 算法通过 3 个约束条件来估计相机位姿，3 个空间点通过约束关系可以得到 4 个解，将验证点对代入计算相机坐标系下的 3D 点。

（3）3D-3D ICP

对于两组匹配好的 3D 点，可以用 ICP 方法解出它们之间的旋转和平移变换。对于视觉系统，可以通过特征点获取其匹配关系，然后利用 ICP 方法求解。具体来说，既可以采用 SVD 进行线性求解，也可以采用

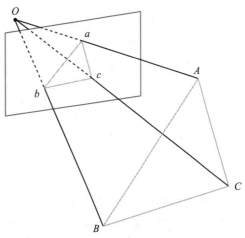

图 5-13　P3P 示意图

BA 方法进行非线性优化。这里简要介绍一下 SVD 的求解思路。

对于匹配好的两个 3D 点 $P=\{p_1,\ldots,p_n\}$，$P'=\{p'_1,\ldots,p'_n\}$，定义它们的误差项为 $e_i = p_i - (Rp'_i + t)$，求解的目标是找到使得误差项的最小二乘值最小的旋转矩阵 R 和平移矩阵 t。

定义两组点的质心坐标：

$$p = \frac{1}{n}\sum_{i=1}^{n}(p_i), \quad p' = \frac{1}{n}\sum_{i=1}^{n}(p'_i)$$

分别计算它们的去质心坐标

$$q_i = p_i - p, \quad q'_i = p'_i - p'$$

我们需要构建出最小二乘问题来找到使误差最小的 R，t。去质心坐标可以简化为

$$R^* = \text{argmin } R \frac{1}{2}\sum_{i=1}^{n}\|q_i - Rq'_i\|^2$$

最优旋转矩阵 R 可以通过 SVD 解出，这里不展开推导。最后根据优化得到的 R 可以进一步计算得到 t：

$$t^* = p - Rp'$$

5.1.2 基于直接法的视觉里程计

基于特征点来估计相机运动的方法目前在视觉里程计中应用广泛，但它仍存在一些不足，比如，特征点的提取需要耗费大量时间，特征点以外的图像信息被直接放弃可能导致有用信息丢失。另外，在很多实际场景中，很难找到区分度很高的特征点，尤其对于无纹理、弱纹理的场景，特征点提取的难度很大，算法的可靠性会大打折扣。

而基于直接法的视觉里程计则能够更好地解决上述问题。这种方法可以选择保留特征点，但只计算关键点而不计算描述符，然后用光流法跟踪特征点运动，或者完全抛弃特征点，直接通过像素灰度差异来跟踪相机运动。下面我们就分别介绍光流法和从光流法演化而来的直接法。

1. 光流法

光流（Optical Flow）是指空间中运动物体在观察成像平面上的像素运动的瞬时速度。它利用像素在时域上的变化和相邻帧间的相关性来求解当前帧及上一帧的对应关系，进而计算当前帧中物体的运动信息。

光流法有两个基本假设条件。
- 灰度不变：假设同一个空间点的像素灰度值在各个图像中都是固定不变的。
- 时间连续或者"小运动"：时间变化不会引起运动位置的剧烈变化，相邻帧间的位移是很小的。

根据基本假设，对于 t 时刻位置为 (x, y) 的像素，在 $t+\mathrm{d}t$ 时刻运动到了 $(x+\mathrm{d}x, y+\mathrm{d}y)$ 位置，我们认为它的灰度保持不变，则有

$$\boldsymbol{I}(x+\mathrm{d}x, y+\mathrm{d}y, t+\mathrm{d}t) = \boldsymbol{I}(x, y, t)$$

进行泰勒展开，可以得到

$$\boldsymbol{I}(x+\mathrm{d}x, y+\mathrm{d}y, t+\mathrm{d}t) \approx \boldsymbol{I}(x, y, t) + \frac{\partial \boldsymbol{I}}{\partial x}\mathrm{d}x + \frac{\partial \boldsymbol{I}}{\partial y}\mathrm{d}y + \frac{\partial \boldsymbol{I}}{\partial t}\mathrm{d}t$$

由于灰度保持不变，则有

$$\frac{\partial \boldsymbol{I}}{\partial x}\mathrm{d}x + \frac{\partial \boldsymbol{I}}{\partial y}\mathrm{d}y + \frac{\partial \boldsymbol{I}}{\partial t}\mathrm{d}t = 0$$

$$\frac{\partial \boldsymbol{I}}{\partial x}\frac{\mathrm{d}x}{\mathrm{d}t} + \frac{\partial \boldsymbol{I}}{\partial y}\frac{\mathrm{d}y}{\mathrm{d}t} = -\frac{\partial I}{\partial t}$$

像素点在 x、y 方向上的速度为 u、v，像素点在 x、y 方向上的梯度为 $\boldsymbol{I}_x$、$\boldsymbol{I}_y$，有

$$\begin{bmatrix} \boldsymbol{I}_x & \boldsymbol{I}_y \end{bmatrix} \begin{bmatrix} u \\ v \end{bmatrix} = -\boldsymbol{I}_t$$

其中 $\boldsymbol{I}_x$、$\boldsymbol{I}_y$ 是可以直接得到的，u、v 是待求解的参数。约束方程只有一个，而方程的未知量有两个，因此无法直接求出 u、v 的值，必须引入额外的约束条件，这就形成了光流法的不同方法，常见的方法包括基于梯度（微分）的方法、基于匹配的方法、基于能量的方法、基于相位的方法与神经动力学方法。

以基于梯度的方法 LK (Lucas-Kanade) 光流算法为例，它假设某一窗口内的像素运动相同，采用了一个 $w \times w$ 大小的窗口，包含 w^2 个像素，因此共可以得到 w^2 个方程：

$$\begin{bmatrix} \boldsymbol{I}_x & \boldsymbol{I}_y \end{bmatrix}_k \begin{bmatrix} u \\ v \end{bmatrix} = -\boldsymbol{I}_{tk}, \quad k = 1, \cdots, w^2$$

即

$$\boldsymbol{A} = \begin{bmatrix} [\boldsymbol{I}_x, \boldsymbol{I}_y]_1 \\ \vdots \\ [\boldsymbol{I}_x, \boldsymbol{I}_y]_k \end{bmatrix}, \boldsymbol{b} = \begin{bmatrix} \boldsymbol{I}_{t1} \\ \vdots \\ \boldsymbol{I}_{tk} \end{bmatrix}$$

则待求解问题可以转化为最小二乘问题来求解:

$$\begin{bmatrix} u \\ v \end{bmatrix}^* = -(A^\mathrm{T}A)^{-1}A^\mathrm{T}b$$

这样就可以得到像素在下一帧的运动速度。当时间 t 被离散化时,我们就可以估计某个像素在若干图像中的位置。

2. 直接法

直接法由光流法演变而来。与光流法类似,直接法也是以灰度不变假设为前提,并根据图像亮度信息和最小光度误差法来进行相机位姿估计的。

如图 5-14 所示,对于空间点 P 和对应在两个时刻上的像素点 p_1、p_2,我们需要求解 p_2 相对于 p_1 的相对位姿变换。以第一个相机为参考系,设第二个相机旋转和平移分别为 R、t。在第 1 帧观察到了点 P,对应投影点为 p_1,初始估计相机旋转和平移为 R、t,则可以得到 P 在第 2 帧上的投影 p_2。

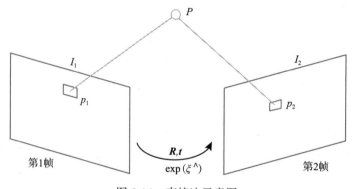

图 5-14 直接法示意图

由于误差的存在,两个点会和外观有明显差异。我们定义一个光度误差 e 来表示两个点的亮度误差值:

$$e = I_1(p_1) - I_2(p_2)$$

为了减小差异,可以通过求解优化问题,即

$$\min_\xi J(\xi) = \|e\|^2$$

基于灰度不变假设,即假设一个点在不同视角下的投影灰度不变,则相机位姿估计问题可以转化为

$$\min_\xi J(\xi) = \sum_{i=1}^{N} e_i^T e_i, \quad e_i = I_1(p_{1,i}) - I_2(p_{2,i})$$

该问题同样可以推导为一个最小二乘法问题，进而用 GN 或 LM 方法来求解。

5.2 后端非线性优化

视觉里程计可以判断当前相机的位姿，但由于累积误差的存在，仅通过前端估计得到的轨迹和地图在长时间运行的情况下是很不准确的，因此我们需要后端在全局范围内进行更大规模的优化，从而得到最优的运动轨迹。

过去，后端通常会采用以扩展卡尔曼滤波为主的滤波器方法。基于 EKF 的 SLAM 算法应用广泛，在早期 SLAM 研究中占据了主导地位，但是它存在着许多不足之处。首先，EKF 在一定程度上假设了马尔可夫性，认为某一时刻的状态只与它之前有限几个时间点的状态相关，因此难以实现全局优化；同时，EKF 在计算过程中忽略了泰勒展开式的高阶项，虽然在小范围内可近似为线性进行计算，但是在较大范围内存在非线性误差；另外，它需要计算及存储各状态的均值和协方差矩阵，而这些矩阵的维数又非常高，使其难以应用于大型场景的计算。因此，基于 EKF 的 SLAM 算法只适用于环境简单、特征点少、定位要求低的场景。

而目前多数情况下采用非线性优化的方法，包括 BA 优化、位姿图优化等。与基于滤波器的优化算法不同，基于非线性优化的后端算法是运用所有历史数据进行优化的，下面我们就分别介绍 BA 优化和位姿图优化这两种方法。

5.2.1 BA 优化

BA（Bundle Adjustment，光束平差法）优化是一种典型的基于非线性优化的后端算法，直到 21 世纪初它才被应用到 SLAM 领域中。在研究过程中，研究者逐渐意识到，当矩阵具有特定形式的稀疏性时，这种方法可以大大加快求逆过程。

在 SLAM 场景中，在机器人移动过程中，相机位姿与周围的路标点存在着多对多的特殊结构关系，一个传感器可以检测到多个路标点，同时一个路标点可以被多个传感器检测到。而移动机器人的运动范围通常比较大，因此在运动过程中会有部分路标点只被局部几个传感器检测到，这就形成了稀疏性，如图 5-15 所示。该稀疏性具体表现为非线性优化过程中代价函数的大部分偏导数都是 0，这种特殊的矩阵结构会大大简化优化求解的过程。

如图 5-16 所示，从特征点发出光线把相机位姿调整到最优，进而集聚到相机的光心，BA 优化的核心思想就是使所有时刻的观测误差之和达到最小。

将空间点的观测方程记为

$$z = h(x, y)$$

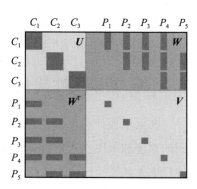

图 5-15 Hessian 矩阵的稀疏结构示意图

其中，x 表示当前时刻的相机位姿，用李代数形式可以表示为 ξ；y 表示特征点在三维空间中的投影 p；观测信息在像素平面的坐标为 z，得到的观测误差可以表示为

$$e = z - h(\xi, p)$$

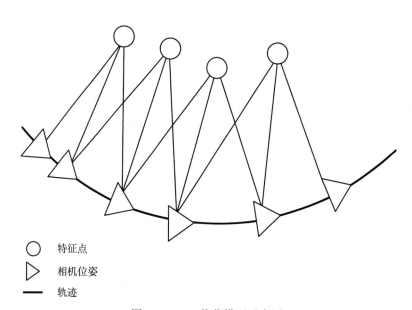

图 5-16 BA 优化模型示意图

将前面所有时刻的观测信息加入，设 z_{ij} 是相机位姿观察到空间特征点 p_j 在像素平面的观测信息，则上式变为

$$\frac{1}{2}\sum_{i=1}^{m}\sum_{j=1}^{n}\|e_{ij}\|^2 = \frac{1}{2}\sum_{i=1}^{m}\sum_{j=1}^{n}\|z_{ij} - h(\xi_i, p_j)\|^2$$

求解这个最小二乘问题可以采用 GN 算法、LM 算法等优化方法，利用 BA 模型的稀疏性来求解。在实际算法中可以直接调用 g2o 库、Ceres 库进行求解。

BA 优化是一种通用的优化算法，不仅可以用于后端优化，还可以用来解决如位姿估计等非线性问题，在大量的 SLAM 算法中有着广泛应用。

5.2.2 位姿图优化

位姿图（Pose Graph）优化是另一种典型的基于非线性优化的后端算法。随着相机的不断运动，对应生成的位姿和运动轨迹不断增加，地图构建规模也不断扩大，这时候 BA 优化的效率就会不断下降。同时，一些特征点在经过一定次数的优化后位置不再变化，甚至会发散消失。为了解决这一问题，以优化轨迹为目标的位姿图优化出现了。

为了减小运算量，位姿图只将相机位姿作为优化对象，以路标点为顶点，将能够观测到的路标点的位姿用边连接起来。这个边可以认为是相机位姿间相对运动估计的误差。通过关键帧间的特征匹配运动估计，可以获取这个边的初始值。在初始化后，特征点位置不变，优化时只需考虑相机位姿关系，最后的优化结果中只保留轨迹，可以大大节省计算资源。位姿图优化示意如图 5-17 所示。

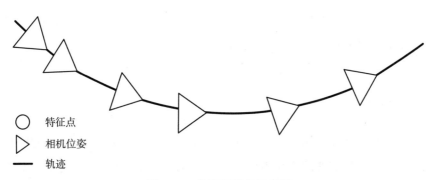

图 5-17　位姿图优化示意图

若用 $\xi_1,...,\xi_n$ 表示相机位姿节点，用 $\Delta\xi_{ij}$ 表示 ξ_1 和 ξ_2 间的运动关系，可以得到

$$\Delta\xi_{ij} = \xi_i^{-1}\circ\xi_j = \ln\left(\exp\left((-\xi_i)^{\wedge}\right)\exp\left(\xi_j^{\wedge}\right)\right)^{\vee}$$

用李群表示为

$$\Delta\boldsymbol{T}_{ij} = \boldsymbol{T}_i^{-1}\boldsymbol{T}_j$$

而在实际情况中通常无法直接求解，因此目标是构建求解误差的最小二乘问题。对其求导得到

$$e_{ij} = \ln\left(\Delta T_{ij}^{-1} T_i^{-1} T_j\right)^{\vee}$$

对式中的 ξ_i, ξ_j 增加左扰动 $\delta\xi_i, \delta\xi_j$，利用 BCH 近似得到

$$\hat{e}_{ij} = \ln\left(T_{ij}^{-1} T_i^{-1} \exp\left((-\delta\xi_i)^{\wedge}\right) \exp\left(\delta\xi_j^{\wedge}\right) T_j\right)^{\vee}$$

导出右乘形式的雅可比矩阵

$$\frac{\partial e_{ij}}{\partial \delta\xi_i} = -J_r^{-1}(e_{ij}) A\mathrm{d}(T_j^{-1})$$

$$\frac{\partial e_{ij}}{\partial \delta\xi_j} = J_r^{-1}(e_{ij}) A\mathrm{d}(T_j^{-1})$$

由此，不同时刻的位姿的边构成了位姿图优化问题，需要优化的变量则是各个时刻的位姿，对应约束为关键帧的特征观测约束。最终将此问题转化为一个最小二乘问题，设 ε 是位姿边，目标函数为

$$\min_{\xi} \frac{1}{2} \sum_{i,j\in\varepsilon} e_{ij}^{\mathrm{T}} \Sigma_{ij}^{-1} e_{ij}$$

接下来就可以用 GN 或 LM 算法进行求解。在实际算法中可以应用 g2o 库、Ceres 库等进行位姿图优化问题的求解，从而得到精确的轨迹。

5.3 回环检测

在经过了前端估计和后端优化后，SLAM 系统得到了具有一定精度的定位和运动轨迹，并且生成了一个局部地图，在小场景中已经可以满足应用需求。但是，对于仅仅通过这两步而得到的轨迹，由于误差的存在，前面时刻的误差会不断叠加到下一时刻，形成累积误差。随着场景数量的增多，累积误差不断增大，估计结果就会越来越不可靠，因此无法满足大场景、高精度定位的要求。

那么，如何解决这一问题呢？这就要用到回环检测，如图 5-18 所示。简单来说，就是通过关键帧的特征与已构建的全局地图进行匹配检测，如果匹配成功，则说明机器人在之前某时刻曾到过同一地点，这样就可以消除累积误差，将机器人"拉回"到准确的位置上，进而优化全局位姿和地图点。回环检测可以让机器人在经过长时间的运动后解

决位姿估计的累积误差问题，同时可以在跟踪失败时进行重定位。它大大提升了系统的精度和鲁棒性，是构建 SLAM 系统的重要一环。

一种实现回环检测最简单的方案就是把当前图像与所有历史图像一一进行特征匹配，再根据匹配结果来获取回环信息。但不难看出，对于 N 个可能的回环，该方法的复杂度为 $O(N^2)$，显然这对于长时间运行的系统来说计算量过高了；另一种简化的实现思路是从历史图像中随机抽取 N 幅进行检测，将复杂度降为 $O(1)$，但是这种随机抽取也导致匹配成功的概率大大下降。

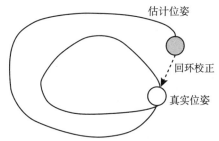

图 5-18　回环检测示意图

有两种思路来解决上述问题。一种基于里程计的几何关系而实现，当相机运动到之前某个位置附近时，检测该位置与当前图像能否成功匹配，从而判定是否构成回环。这种方案将构成回环的备选范围缩小到了几何上的近邻图像，提高了检测效率，但从逻辑上讲需要先判断位置是否接近，这与回环检测的目的因果倒置，因此并不适用于大范围的回环检测。而另一种则基于外观实现，它通过计算图像的相似度来确定回环检测，基于外观的回环检测算法解除了与前端和后端之间的耦合关系，因此相对独立。对于相似度的计算度量，可以通过词袋模型、深度学习模型等方法来解决。目前基于词袋模型的算法是该思路应用于视觉 SLAM 的主流方案。

5.3.1　词袋模型

词袋模型（Bag-of-Words，BoW）最早应用于神经语言程序学、信息检索等领域。它通过一组不区分顺序的单词（word）来描述一段文本。而在计算机视觉领域，词袋模型将图像的特征（feature）作为视觉单词，用一组不区分顺序的特征来描述不同的图像。提取单词的过程主要包含以下 3 个步骤。

1）对训练样本图像进行特征提取，构造特征描述符。这里可以采用前面介绍过的 SIFT、SURF、ORB 等方法。

2）对特征描述符进行聚类，构建视觉词典。K-Means 是一种典型的无监督聚类算法，可以将样本分成 k 个类别。在 K-Means 基础上可以进一步采用分层 K-Means 算法，将一次聚类得到的 k 个类别再次进行 K-Means 聚类，通过不断递归构建出 K 叉树，如图 5-19 所示，在最终的叶子层构建单词，从而大大提高查找效率。

3）构建训练图像的特征直方图，从中提取图像语义信息。

在生成了视觉词典后，就可以使用词袋模型进行回环检测，具体步骤如下。

1）提取图像特征点：提取出当前图像和历史图像的特征点，确定每个特征点的单词分类。

2）计算单词的权值：使用 TF-IDF 算法确定当前图像及历史图像中每个单词的权值，并将图像表示成词袋向量。TF-IDF 算法通过计算 TF（Term Frequency，词频）和 IDF（Inverse Document Frequency，逆文档频率）的乘积来确定每个单词的重要程度。基本计算过程如下。

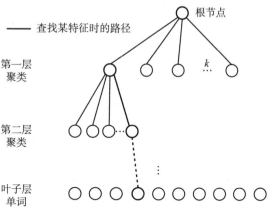

图 5-19　K 叉树示意图

首先，计算单词 ω_i 的词频 TF，用来反映该单词在单个图像中出现的频率。

$$TF_i = \frac{n_{ij}}{n_j}$$

其中，n_{ij} 表示单词 ω_i 在图像 j 中出现的次数，n_j 表示图像 j 中所有单词的个数。

接着，计算出逆文档频率 IDF，用来描述该单词在字典中出现的频率（这一频率越低说明分类的区分度越高）：

$$IDF_i = \log \frac{N}{N_i}$$

其中，N_i 表示单词 ω_i 在所有图像中出现的次数，N 表示图像个数。

最后，用两个频率的乘积来表示该单词的区分度：

$$TF \cdot IDF_i = \frac{n_{ij}}{n_j} \log \frac{N}{N_i}$$

3）计算向量的相似度：将当前图像的词袋向量与历史图像的词袋向量逐一进行比较。对于向量相似度的计算可以采用欧氏距离、曼哈顿距离、余弦距离、切比雪夫距离、马氏距离等不同度量方法。如果当前图像与某一历史图像的词袋向量相似度达到了设定的阈值，则可以认为它们构成了回环。

5.3.2 深度学习模型

传统回环检测算法（如 SURF、ORB 算法）大多是基于人工特征的，往往存在计算精度低、复杂度高的问题。随着机器学习、深度学习在图像处理领域大放异彩，基于深度学习的回环检测算法的相关研究也在快速发展。不同于传统方法，深度学习算法可以直接从原始数据中提取出学习特征，因此在回环检测过程中可以将图像中隐藏的信息更高效、更完整地提取出来。目前已经有很多研究者尝试将不同的神经网络融入回环检测之中，如图 5-20 所示。

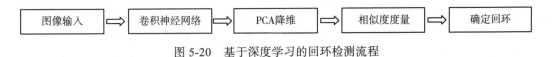

图 5-20 基于深度学习的回环检测流程

基于外观的回环检测算法是通过比较图像间的相似度而实现的，因此可以将深度学习运用到回环检测算法中。基于深度学习的回环检测模型主要由卷积神经网络、PCA（Principal Component Analysis，主成分分析）降维、相似度度量等环节构成。

卷积神经网络（Convolutional Neural Network，CNN）最初用于解决图像的识别与分类问题。与 SIFT、SURF、ORB 等传统特征提取算法不同，卷积神经网络不需要将图像处理拆分为特征提取和分类训练两步，而可以直接将图像的原始信息作为输入，避免了复杂的预处理操作，同时保留了平移、伸缩、旋转不变性。CNN 一般由卷积层、激活函数层和池化层组成。其中，卷积层主要负责提取图像特征信息。在图像中，每个像素点与附近的像素点一般存在紧密的关联性，而与相距较远的像素点关联性较低，因此不需要将全部节点与像素一一连接，而可以通过卷积核对整幅图像进行扫描，只需要实现局部连接即可提取和传递图像中的有效信息。这保证了神经网络的参数不会过多，降低了模型的复杂度，同时能防止过拟合。

PCA 降维算法是一种广泛应用于机器学习领域的非监督数据降维算法。PCA 算法的目的是在尽量保证信息量不丢失的情况下，将原始特征在具有最大投影信息量的维度上进行投影，从而实现降维并使信息损失最小化。

在实际的回环检测中，将待检测图像序列作为输入项，利用提前训练好的特定卷积神经网络模型，就可以输出图像的描述符向量。利用 PCA 算法可以将卷积神经网络输出的描述符向量进行降维，再对降维后的向量进行相似度度量，从而判断当前图像与历史图像是否构成回环。

5.4 建图

建图是指 SLAM 系统构建环境地图的过程，该地图既用来表示周边的环境信息，也是系统进行定位、导航的依据。目前常用的环境地图根据不同的表示形式可以分为度量地图、栅格地图、拓扑地图、特征点地图等。这些地图的用途一般包括定位、导航、避障、重建、交互等。

5.4.1 度量地图

度量地图强调地图中物体的位置关系，一般又分为稀疏地图和稠密地图。稀疏地图强调用关键的环境信息进行地图的构建，它对捕获的环境信息进行了一定程度的抽象，选取了其中有关键意义的路标信息，而忽略掉了很多非重要信息。稀疏地图就是由这些路标信息构件组成的，这样的地图保证了环境中核心信息的准确性，对存储空间要求低，构建地图的稳定性较好。但稀疏地图毕竟忽略掉了很多非关键信息，其完整度和可用性有限，导致它在精度要求高的导航、避障系统中的应用受限。

稠密地图强调对所有捕捉到的环境信息进行构建。二维稠密地图也就是栅格地图，它将环境切分为一个个栅格来反映被占据概率，初始化条件下被占据概率为 50%。栅格地图的创建不受环境地形影响，对应的环境感知数据易于保存维护，有利于定位与路径规划，周围环境的目标信息可以随着地图分辨率增大而不断增加。栅格地图常用于超声波传感器和激光雷达中。三维稠密地图由许多小方块构成，这些小方块有"占据""空闲""未知"3 种不同状态，能反映该方块内是否存在物体。这种地图一般可以用于视觉 SLAM 的稠密地图构建任务。相比于稀疏地图，稠密地图能够提供高密度、高精度的环境信息，在后续的导航中有明显的优势。但它也会占用大量存储空间，并且构建大规模度量地图时可能会出现地图信息冲突和与实际环境不一致的情况，对后续的定位和导航进程造成影响。

5.4.2 拓扑地图

拓扑地图是一种统计地图，强调地图元素间的关系。它由节点和边组成，仅考虑元素间的连通性，而不关注其形状、方向、距离等信息。拓扑地图的抽象度高，适用于大范围而障碍物单一的场景，同时具有占用内存小、计算效率高的优点，可用于一些特殊场景下的路径规划算法。因为其识别功能以拓扑节点为基础，很难区分出环境中的相似物，同时节点之间的最短可行路径会被忽略，整体上不利于定位、导航等复杂功能的实现，所以在视觉 SLAM 领域的应用较为困难。

5.4.3 特征点地图

特征点地图又称为几何信息地图，因为系统需要获取周边环境信息，从中提取出有效信息并以几何特征的形式绘制到地图中。这些几何特征包括线段、曲线等，用来简化周围的环境描述，有利于更直观地观测障碍物信息，进而进行位姿估计、目标识别。特征点地图在局部空间中具有高精度、计算量小的优点。然而，视觉 SLAM 系统需要进行全局地图的构建，但特征点地图在大范围环境下很难保持坐标信息的精度，数据关联度也会变差，因此在目前研究中应用并不多。

5.5 常用的视觉 SLAM 算法

视觉 SLAM 发展的 30 余年中，不断有重大突破出现，其中一些算法具有很重要的开创意义，这些经典算法也构成了视觉 SLAM 的常用框架。表 5-1 列举了部分经典的视觉 SLAM 算法。同时，视觉 SLAM 在不断发展中逐渐与 IMU、激光、GPS 等不同传感器进行融合，以及结合深度学习进行扩展，该领域的研究有着巨大前景。

表 5-1 部分经典视觉 SLAM 算法

名称	方法类别	设备支持	发表年份	特点或局限性
MonoSLAM	特征点法	单目	2007	地图稀疏性缺少环境细节
PTAM	特征点法	单目	2007	无法应用于大型环境
ORB SLAM 2	特征点法	单目/双目/RGB-D	2016	首个基于单目/双目/RGB-D 开源方案；运算耗时；缺乏离线可视化和轨迹建图能力
LSD-SLAM	直接法	单目	2014	对于光照鲁棒性差
DTAM	直接法	RGB-D	2011	计算复杂度高，对 CPU 性能要求高
SVO	半直接法	单目	2014	缺少后端优化与回环检测，无法重定位
DSO	直接法	单目	2016	引入了光度标定，建立精细的相机成像模型；缺少回环检测
MSCKF	光流+滤波	单目+IMU	2007	运行速度快；适合计算资源有限的嵌入式平台；精度一般

(续)

名称	方法类别	设备支持	发表年份	特点或局限性
ROVIO	光度+滤波	单目+IMU	2015	提出了一种利用直接强度误差作为视觉测量的VIO；在小型移动设备表现较好；缺少回环，有累积误差
OKVIS	特征点+非线性优化	双目+IMU	2015	不支持重定位，缺少回环检测
VINS-Mono	光流+非线性优化	单目+IMU	2018	包含回环，计算精度高；计算速度一般

本节对 ORB SLAM 2、SVO、DSO、VINS-Mono 这几种不同类型的视觉 SLAM 算法的原理和流程框架等内容进行简要介绍。

5.5.1　ORB SLAM 2 架构

ORB SLAM 是一种基于 ORB 特征的视觉 SLAM 算法，它可以实时计算相机位姿，生成场景的稀疏三维地图。ORB SLAM 最早发布于 2014 年，只针对单目相机。2016 年 ORB SLAM 2 发布，增加了对双目和 RGB-D 相机数据的处理功能，并在回环检测模块增加了全局 BA 优化功能。ORB SLAM 2 是首个支持单目、双目、RGB-D 相机的完整开源 SLAM 方案，可以在 CPU 上实时工作，适用于移动机器人、无人机、汽车、手机等不同移动终端，定位精度可达厘米级别。同时，它支持仅定位模式，可以在已知地图环境中运行。2020 年 ORB SLAM 3 发布，增加了对于 IMU 融合的支持，形成了一种基于特征的紧耦合 VIO 系统（视觉里程计 VO + 惯性测量单元 IMU）。本章主要介绍的是视觉 SLAM 相关技术，因此我们将以 ORB SLAM 2 为基础进行介绍。上述各个技术版本均为开源项目，感兴趣的读者可以在读完本书后进行更深入的了解或实践。

ORB SLAM 2 算法架构如图 5-21 所示。

ORB SLAM 2 的核心由 3 个并发线程组成，分别是 Tracking（跟踪）线程、Local Mapping（局部建图）线程和 Loop Closing（闭环检测）线程。其中，跟踪线程是主线程，进行数据信息处理、地图初始化，以及根据上一帧图像进行相机位姿估计，建立局部地图并确定关键帧。局部建图线程接受并插入关键帧，进行地图点的融合和筛选，生成新的地图点，进行局部 BA 优化并删除冗余的关键帧。而随着相机的不断运动，累积误差的存在会使得位姿计算、点云位置越来越不准确，这就需要回环检测线程来进行回环检测、消除累积误差，并对全局地图进行优化。三大线程之间相对独立，并没有固定的运行顺序，Tracking 线程作为主线程是一直在运行的，Local Mapping 线程和 Loop Closing 线程则会不断查询 Tracking 线程中是否有新的关键帧产生，如果没有就会持续执行循环查询。

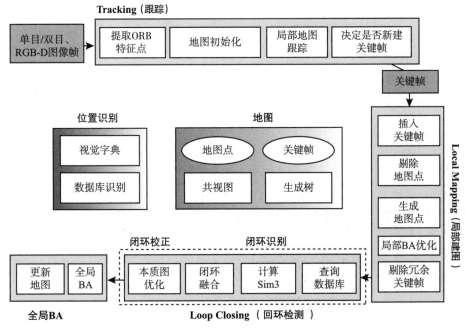

图 5-21　ORB SLAM 2 算法架构

如下代码展示了 ORB SLAM 2 的示例程序 mono_euroc.cc，即利用 ORB SLAM 2 运行 EuRoC 数据集，效果如图 5-22 所示。为了方便阅读，这里仅展示了主要代码，读者可以结合注释对 ORB SLAM 2 系统的运行过程进行简要了解。

```
int main(int argc, char **argv)
{
    // 检查输入参数个数
    if(argc != 5)
    {
        cerr << endl << "Usage: ./mono_tum path_to_vocabulary path_to_settings path_to_image_folder path_to_times_file" << endl;
        return 1;
    }

    // step 1: 加载图像
    vector<string> vstrImageFilenames;
```

```cpp
    vector<double> vTimestamps;
    LoadImages(string(argv[3]),string(argv[4]), vstrImageFilenames,vTimestamps);

    // step 2: 检查图片有效性
    int nImages = vstrImageFilenames.size();
    if(nImages<=0)
    {
        cerr << "ERROR: Failed to load images" << endl;
        return 1;
    }

    // step 3: 创建SLAM对象（可采用单目、双目或RGB-D实现，此处选择单目相机MONOCULAR）
    ORB_SLAM2::System SLAM(argv[1], argv[2], ORB_SLAM2::System::MONOCULAR, true);

    // 统计耗时
    vector<float> vTimesTrack;
    vTimesTrack.resize(nImages);

    cout << endl << "-------" << endl;
    cout << "Start processing sequence ..." << endl;
    cout << "Images in the sequence: " << nImages << endl << endl;

    // step 4: 主循环，遍历序列中的每张图像
    cv::Mat im;
    for(int ni=0; ni<nImages; ni++)
    {
        // step 4.1: 读取图片
        im = cv::imread(vstrImageFilenames[ni],CV_LOAD_IMAGE_UNCHANGED);
        double tframe = vTimestamps[ni];

        // step 4.2: 核心步骤，将图像传入SLAM系统进行处理
        SLAM.TrackMonocular(im,tframe);

        // step 4.3: 等待加载下一张图像
        double T=0;
        if(ni<nImages-1)
            T = vTimestamps[ni+1]-tframe;
        else if(ni>0)
            T = tframe-vTimestamps[ni-1];

        if(ttrack<T)
            usleep((T-ttrack)*1e6);
    }

    // step 5: 终止SLAM
    SLAM.Shutdown();
}
```

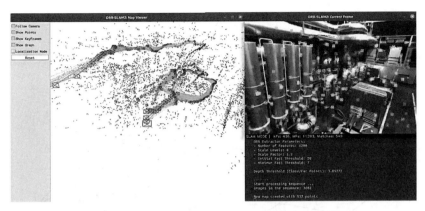

图 5-22　ORB SLAM 2 运行 EuRoC 数据集的效果截图

ORB SLAM 2 是基于 ORB 特征点进行特征提取的，在视觉里程计一节中已经介绍过了 ORB 特征点是怎么得到的，接下来介绍在 ORB SLAM 2 中对 ORB 特征点提取和匹配有哪些扩展。

（1）图像金字塔

FAST 特征点和 ORB 描述符本身是不包含尺度信息的，前面已经介绍过如何用图像金字塔来解决尺度问题。ORB SLAM 2 通过构建图像金字塔来获取特征点的尺度信息。如图 5-23 所示，所谓图像金字塔就是一幅图像的不同分辨率的集合，由原始图像不断向下采样获得。图像金字塔通过不同尺寸的同一张图片进行匹配，这样就可以使小物体与其中一张尺寸类似的图像成功匹配，这样就解决了尺度缺失问题。金字塔层级越高、图像分辨率越低面积越小，相应能够提取的特征点数量也越少。在 ORB SLAM 2 中，根据每一层面积的二次方根来分配每一层的特征点数。

（2）特征点筛选

如果直接进行特征点提取，很可能会导致特征点在某一区域集中出现，而在另一些区域则出现过少，这不利于整体图像的匹配，也容易造成跟踪丢失的情况，为了使提取的特征点的分布相对均匀，ORB SLAM 2 中采取了分块搜索和四叉树筛选的方法。

首先，对图像进行分块（cell）搜索，在每一个 cell 中进行特征点提取并且计算出每个特征点的响应值，特征点的响应值表示了特征点的区分度效果，因此响应值越大的特征点越应该保留下来。响应值超过设定阈值的特征点会被筛选出来作为该 cell 的特征点。如果从一个 cell 中提取出的特征点的数目过少，则采用更低的阈值进行筛选，保证在每个 cell 中都能够获取一定数目的特征点，避免出现某些区域空白的情况。

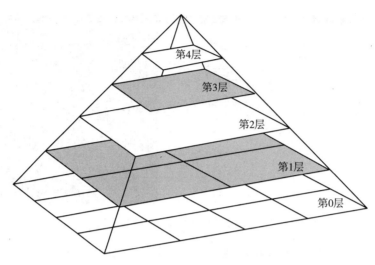

图 5-23　图像金字塔示意图

对所有提取出的特征点再进行四叉树筛选。基本思路：如果某一区域的特征点过于密集，那么只保留响应值最大的特征点作为该区域的特征点。具体过程：将图像分成 4 个节点（node），如果其中一个节点的特征点数大于 1 则继续分成新的 4 个节点，以此类推，如果某个节点的特征点数变为 0 则不再继续分，直到总的特征点数达到设定值，此时从每个节点中选择质量最好的一个点保留下来，从而使整个图像的特征点均匀分布。

介绍完特征点提取的相关知识，下面对 ORB SLAM 2 三大核心线程进行介绍。

1. Tracking 线程

Tracking 线程是 ORB SLAM 最核心的主线程。它对传感器输入信息进行数据处理，进行地图初始化，定位跟踪每一帧的相机位姿，并且通过特征匹配对相机在正常情况下与跟踪丢失情况下进行位姿估计和优化，Tracking 线程的具体流程如图 5-24 所示。

（1）相机位姿估计

首先对处理后的图像进行位姿估计。ORB SLAM 2 的位姿估计有 3 种跟踪方法，按照优先级分别是根据恒定速度模型估计位姿、根据参考关键帧估计位姿、重定位估计位姿。

1）恒定速度模型估计位姿 TrackWithMotionModel()：大部分情况下都是采用恒定速度模型来进行位姿估计的。恒定速度模型假设相机在短时间内处于匀速运动状态，即在连续几帧中运动速度恒定，那么就可以通过上一帧的位姿和速度来估计当前帧的位姿，同时保持速度参量不变，等待局部地图和当前位姿更新后再更新当前帧速度。

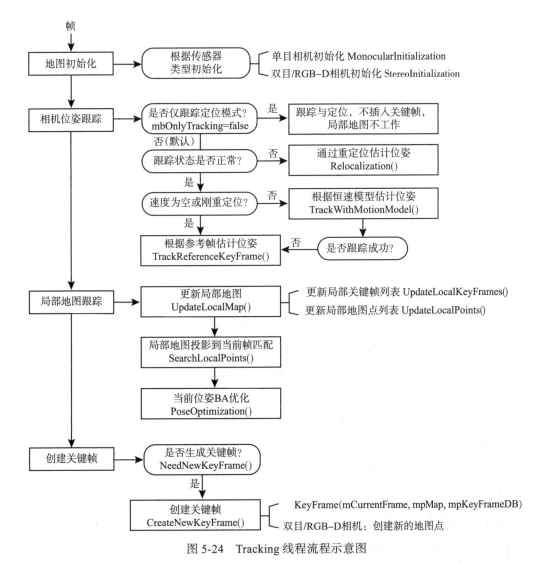

图 5-24 Tracking 线程流程示意图

2）参考关键帧估计位姿 TrackReferenceKeyFrame()：在缺少速度信息或者恒速模型跟踪失败时，会采用参考关键帧估计位姿的方法（大部分时间用不到）。它会尝试与最近的关键帧进行匹配，并通过词袋匹配来进行加速。匹配到的参考关键帧将被设为初始位姿估计值，并进行位姿优化。当前帧的参考关键帧的来源是：Tracking 线程每次创建一个新的关键帧，就会将其设为参考关键帧；另外，跟踪局部地图的函数 Tracking::TrackLocalMap() 也会将与当前帧具有最多共视点的局部关键帧设为参考关键帧。

3）重定位估计位姿 Relocalization()：重定位跟踪在跟踪丢失的时候使用，应用频率较低。当恒定速度模型和参考关键帧都跟踪失败时，就需要在之前所有的关键帧中匹配最相近的关键帧，连续进行词袋匹配。将匹配成功的关键帧使用 3D-2D 的 EPnP 算法投影到当前帧并求解初始位姿，再通过 BA 算法优化当前位姿。这里，如果匹配点对的内点数量少于 50，还需要再次进行匹配，以防错误定位。

（2）跟踪局部地图

当前帧的初始位姿估计成功后，则基于当前位姿更新局部地图并优化当前帧位姿。首先基于当前位姿更新局部地图，包括局部关键帧列表 mvpLocalKeyFrames 和局部地图点列表 mvpLocalMapPoints，接着将局部地图点投影到当前帧特征点上，对位姿进行 BA 优化，更新地图点观测数值统计内点个数，并根据内点数判断是否跟踪成功。

（3）判断并创建关键帧

通过函数 NeedNewKeyFrame() 来判断是否需要创建关键帧。判断依据包括长时间未插入关键帧、局部地图空闲、跟踪地图点数量过少等。在创建关键帧时，也会将创建出的关键帧设为当前的参考帧。对于双目 /RGB-D 相机也会创造新的地图点。在 Tracking 线程创建的关键帧，在 LocalMapping 线程中，LoccalMapping::KeyFrameCulling() 会进行筛选，剔除冗余关键帧。

2. Local Mapping 线程

接下来介绍 ORB SLAM 2 的第二个线程：Local Mapping 线程。实际上它是一个死循环，每当队列中出现一个新的关键帧，Local Mapping 线程就会启动，对新的关键帧进行检测和融合。如图 5-25 所示，该过程具体包括以下几个核心步骤。

1）去除劣质地图点。判断地图点好坏的标准之一是召回率（召回率 = 实际观测到该地图点的帧数 / 理论上观测到该地图点的帧数），当召回率 <0.25 时，该地图点的质量较低。另外，如果观测到该点的关键帧数量太少（单目

图 5-25 Local Mapping 线程流程示意图

为 2，双目为 3），也认为该地图点质量低，需要剔除；如果地图点经过连续 3 个关键帧未被剔除，则认为它是有效地图点。

2）创建并融合新地图点。首先，将当前关键帧与共视程度最高的共视关键帧分别进行特征匹配，生成新的地图点。接着，通过邻域搜索进行地图点融合，将当前关键帧融合到各个共视关键帧，再将各个共视关键帧的地图点融合到当前关键帧。如果对应位置不存在地图点则进行添加，如果已经存在地图点则保留那些能观测到更多地图点的地图点。然后，通过局部 BA 优化当前帧的局部地图。

3）去除冗余关键帧：对于当前帧的所有共视关键帧，如果其中一个关键帧中有超过 90% 的地图点能够被 3 个以上的其他关键帧观测到，那么认为当前关键帧是一个冗余关键帧，需要剔除。

Local Mapping 线程主函数部分代码如下所示。

```
void LocalMapping::Run(){

    while(1){
        SetAcceptKeyFrames(false);       // 设置当前Local Mapping线程为建图状态,让Tracking线程不要发送关键帧

        // 检查缓冲队列内的关键帧
        if (CheckNewKeyFrames()) {
            // 处理队列中的关键帧，计算BoW,更新观测、描述符、共视图,将其插入地图中
            ProcessNewKeyFrame();

            // 剔除劣质地图点
            MapPointCulling();

            // 创建新地图点
            CreateNewMapPoints();

            if (!CheckNewKeyFrames()) {
                // 检查当前关键帧与其共视关键帧的重复地图点并进行融合
                SearchInNeighbors();

                // 局部BA优化
                mbAbortBA = false;
                Optimizer::LocalBundleAdjustment(mpCurrentKeyFrame, &mbAbortBA, mpMap);

                // 剔除冗余关键帧
                KeyFrameCulling();
```

```
            }
            // 将当前关键帧加入回环检测中
            mpLoopCloser->InsertKeyFrame(mpCurrentKeyFrame);
        }

        SetAcceptKeyFrames(true);// 设置当前Local Mapping线程为空闲状态,可以接受Tracking
线程发送的关键帧

        // 暂停3ms,开始下轮查询
        std::this_thread::sleep_for(std::chrono::milliseconds(3));
    }
}
```

3. Loop Closing 线程

与 Local Mapping 线程类似，Loop Closing 线程也是一个死循环，当有新的关键帧出现时就会启动。如图 5-26 所示，Loop Closing 线程主要包含两个环节，分别是回环检测（Loop Detection）和回环校正（Loop Correction）。

（1）回环检测

从队列中取出最早进入的关键帧进行回环判断：如果该关键帧距离上次回环不足 10 帧，则认为不需要回环判断；对于间隔超过 10 帧的关键帧，计算当前关键帧与其共视关键帧的 BoW 相似度得分，找到最低的得分 minScore（用于后续的回环判断指标，能构成回环的关键帧与当前关键帧的相似度不应低于这一最低得分）。

接下来需要找到所有的回环候选帧，这里候选关键帧的判断标准是与当前关键帧具有相同 BoW 向量，并且不直接相连。将回环候选帧及其共视关键帧组成关键帧组，判断关键帧组是否存在连续关系，即在当前关键帧组中是否能找到同时存在于之前的连续关键帧组中的关键帧，若存在，则连续次数"+1"，如果连续次数≥3，则认为该关键帧构成回环。

接下来对构成回环的关键帧求解三维相似变换 Sim3。对匹配点超过 20 的回环关键帧创建 Sim3Solver 求解器进行求解、优化，再将回环关键帧和共视关键帧的地图点投影到当前关键帧上进行匹配。根据投影成功的地图点数来判断 Sim3 是否计算成功。

（2）回环校正

在检测到回环关键帧后，根据共视关系更新当前关键帧组与地图点的连接，构建局部关键帧组。将当前关键帧的 Sim3 传播到局部关键帧和局部地图点上，将回环关键帧组的地图点投影到当前关键帧并进行优化。再将地图点投影到当前的局部关键帧上，得到回环，形成的新的连接关系。

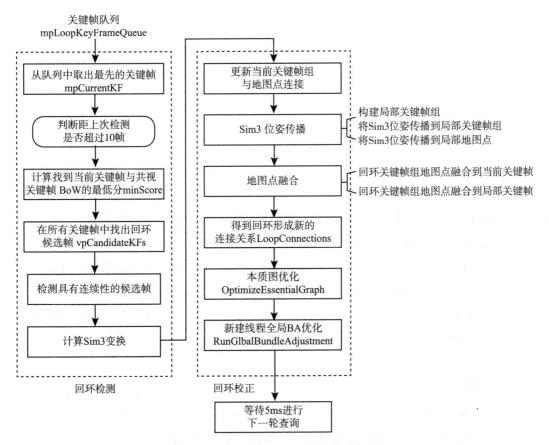

图 5-26 Loop Closing 线程流程示意图

最后一步是对全局位姿的优化。首先进行本质图优化，即基于本质图来优化地图点和关键帧的位姿。接着，新建一个线程进行全局 BA 优化，即基于地图点到关键帧的投影关系对所有地图点和关键帧的位姿进行优化，完成回环校正。

Loop Closing 线程主函数部分代码如下所示。

```
void LoopClosing::Run() {
    while (1) {
        // 检查回环检测队列mlpLoopKeyFrameQueue中有没有关键帧进来
if (CheckNewKeyFrames()) {
            // 判断是否发生回环
```

```
    if (DetectLoop()) {
        // 计算Sim3变换
        if (ComputeSim3()) {
            CorrectLoop(); // 进行回环校正
        }
    }
}
// 暂停5ms，开始下轮查询
std::this_thread::sleep_for(std::chrono::milliseconds(5));
    }
}
```

4. 算法评价

ORB SLAM 是特征点法 SLAM 中具有里程碑意义的算法方案。它的定位精度很高，最高可达到厘米级。目前已经支持单目、双目、RGB-D 这 3 种模式的相机，同时最新的 ORB SLAM 3 还支持 IMU 的融合，有很强的泛用性。它提出的三线程结构被很多研究者认可和沿用，为后续很多工作和研究提供了坚实的基础。

ORB SLAM 的缺点在于它的计算量很庞大，对每张图像都需要计算 ORB 特征，并且要处理 3 个线程的计算，因此整体对计算资源的要求较高，而计算速度不高。同时，它提供的稀疏特征点地图在后续的导航、避障等重量级功能的实现上并不能完全满足要求。另外，它缺乏离线可视化和轨迹建图的能力。

5.5.2 SVO 架构

SVO（Semi-direct Visual Odometry，半直接视觉里程计）由 Forster 等人于 2014 年提出，是一种基于稀疏直接法的视觉里程计。所谓"半直接"是指通过对图像中的特征点图像块进行直接匹配来获取相机位姿，而不像直接匹配法那样对整个图像直接进行匹配。

图 5-27 展示了 SVO 框架。SVO 主要包含定位和建图两部分，由两个并行线程分别执行，以保证算法的实时性。

1. 定位：Motion Estimation 线程

在定位部分，SVO 的位姿求解方法在一定程度上综合参考了直接法、光流法和特征点法。首先用直接法得到相机的初始位姿估计；然后用光流法得到 3D 点在当前帧的投影，进而转化为普通的特征点法问题；再用特征点法进行局部 BA 优化，由图像特征点的坐标求得相机位姿及三维坐标。

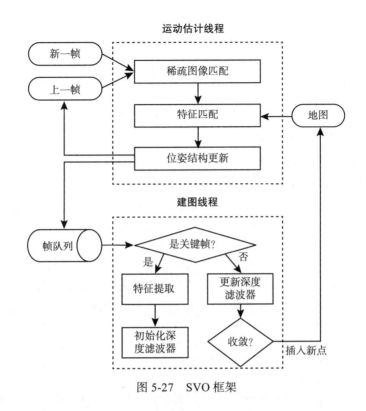

图 5-27 SVO 框架

（1）稀疏图像对齐（Sparse Model-based Image Alignment）

稀疏图像对齐通过最小化图像重投影来获取位姿。假设相邻帧之间的位姿变换可以初始化为上一帧位姿（或单位矩阵），即 $k-1$ 时刻到 k 时刻的位姿变化为 $T_{k,k-1}$（如图 5-28 所示），那么我们可以通过重投影来得到当前帧对应特征点的坐标。假设上一帧中某个特征点在图像中的位置为 (u, v)，深度为 d，对应在三维空间中的点坐标为 P_{k-1}，将其从 I_{k-1} 坐标系中投影到当前帧 I_k 坐标系下，位姿变换为 $T_{k,k-1}$，得到该空间点在当前帧坐标系中的三维坐标 P_k，再通过相机的内参获得投影到 I_k 平面的坐标点 (u', v')。

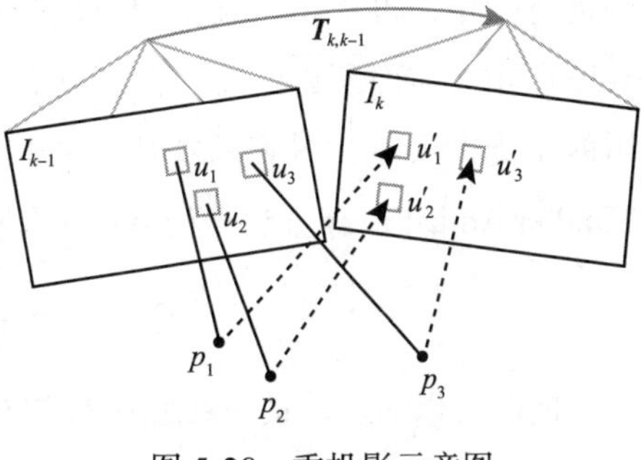

而 $T_{k,k-1}$ 是假设的值，因此通过重投影得到的结果是不准确的。投影前后像素点的亮度值存在误差，因此需要不断优化位姿使得误差最小化，再找到优化后的 $T_{k,k-1}$。误差定义为

$$T_{k,k-1} = \mathrm{argmin}_{T_{k,k-1}} \frac{1}{2} \sum_{i \in R} \left\| \delta I\left(T_{k,k-1}, u_i\right) \right\|^2$$

图 5-28 重投影示意图

$$\delta I(\boldsymbol{T},u) = I_k\left(\pi\left(\boldsymbol{T}\cdot\pi^{-1}(u,d_u)\right)\right) - I_{k-1}(u), \forall u \in \overline{\mathcal{R}}$$

$I(u)$ 表示特征点及其周围点形成的区域（patch），该区域大小为 4×4。对此，可在 SVO 中采用 Inverse Compositional 优化算法来计算迭代过程中的雅可比矩阵，使雅可比矩阵固定。该矩阵用来表示图像残差对李代数的导数。具体推导过程在这里不展开说明。

（2）特征点对齐（Feature Alignment）

上一步得到的 $\boldsymbol{T}_{k,k-1}$ 和由 Mapping 线程得到的特征点深度存在误差，会导致后续匹配受误差影响，所以得到的位姿估计还需要进一步优化。如图 5-29 所示，线色框表示通过变换矩阵得到的预测位置，虚线框表示真实匹配的像素位置，两者之间存在误差。可以通过最小化光度误差，来优化特征点在当前帧的投影坐标。

对于当前帧的特征点，找到能够观察到能观测这些特征点的最近关键帧（通过观测角度大小比较得出），约束关键帧的特征点块与当前帧的匹配特征点块的广度误差来找到更准确的空间点在当前帧的投影坐标。基于灰度不变的假设，认为在当前帧和以前帧中的亮度是相同的，可以构造残差

$$u'_i = \arg\min_{u'_i} \frac{1}{2} \left\| I_k(u'_i) - \boldsymbol{A}_i \cdot I_r(u_i) \right\|^2, \ \forall i$$

这里是对当前帧和地图点对应帧进行匹配的，它们在空间上的距离可能很远，因此在光度误差的基础上增加了仿射变换 $\boldsymbol{A}_i$。通过这一步优化可以得到更加准确的特征点位置。

（3）位姿和点云优化（Pose and Structure Refinement）

通过前面的步骤可以得到特征点在当前帧的投影坐标 u'_i。类似于特征点法，进一步对位姿进行优化，再优化三维空间点的位置，如图 5-30 所示。前面所讲的直接法匹配在过程中使

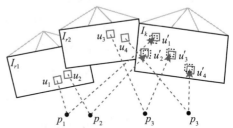

图 5-29 通过特征点对齐减小预测值和真实值的误差

用的是光度误差，得到的特征位置与预测位置仍存在差异，对此可以通过 motion-only Bundler Adjustment 方法再构造一个位姿优化函数，以最小化重投影后的位置误差

$$\boldsymbol{T}_{k,w} = \arg\min_{\boldsymbol{T}_{k,w}} \frac{1}{2}\sum_i \left\| u_i - \pi(\boldsymbol{T}_{k,w}, wp_i) \right\|^2$$

同时可以对获取的三维点坐标进行优化。将上述误差表达式中的优化变量换成三维

坐标，采用 Structure-only Bundler Adjustment 方法进行优化。

$$wp_i = \arg\min_{wp_i} \frac{1}{2} \sum_i \left\| u_i - \pi\left(T_{k,w}, wp_i\right) \right\|^2$$

2. 建图：Mapping 线程

SVO 的 Mapping 线程包含了特征点提取和深度估计。首先需要判断当前帧是否为关键帧。如果附近的观测帧与当前帧的距离超过一定范围，则认为当前帧是关键帧，反之则是非关键帧。如果当前帧是非关键帧，则应估计迭代特征点的深度。当深度估计方差低于设定阈值，表示深度估计收

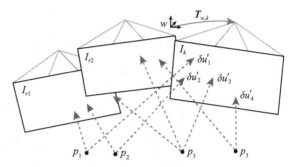

图 5-30　最小化位姿和三维点的重投影误差

敛，则插入地图；如果当前帧是关键帧，则初始化深度滤波器。如果已知特征点所在两帧图像及位姿，就可以估计特征点的深度值，多个图像就可以得到多个深度值估计，可以通过一个概率分布模型来计算，通过贝叶斯估计进行融合，不断减小深度值估计的方差，最后可以得到一个三维点，就插入地图。

SVO 采用的深度滤波器的基本思路是，由参考帧 I_r 可以得到一个特征点的位置，开始得到的深度估计有较大的不确定性，对应图 5-31 中浅色部分，假设深度值在 $\left[d^{\min}, d^{\max}\right]$ 范围内，对应在 I_k 中的投影即为一条极线段。如果极线段长度小于两个像素，则可以直接用 Feature Alignment 计算出特征位置。而如果极线段比较长，则首先在极线段上进行间隔采样，将得到的多个特征块和参考帧中的特征快进行匹配，得分越高就说明匹配度越高。然后在得分最高的点中采用 Feature Alignment 找到具有次像素精度的特征点的位置，进一步通过三角化计算深度，得到图 5-31 中深色的范围。

得到新的深度估计后就可以用贝叶斯概率模型更新深度值。SVO 的深度概率模型是一个高斯 - 均匀分布模型，假设离群值在 $\left[d^{\min}, d^{\max}\right]$ 上均匀分布，则有

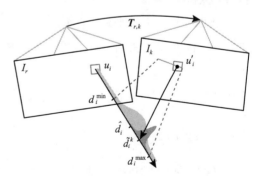

图 5-31　深度估计示意图

$$p\left(\tilde{d}_i^k \mid d_i, \rho_i\right) = \rho_i \mathcal{N}\left(\tilde{d}_i^k \mid d_i, \tau_i^2\right) + (1-\rho_i)\mathcal{U}\left(\tilde{d}_i^k \mid d_i^{\min_i^{\max}}\right)$$

其中，ρ_i 表示正确数据概率预测，τ_i^2 是计算出的方差。这样深度滤波器就可以得到需要的深度估计值。

SVO 跟踪地图点的实景效果如图 5-32 所示。

图 5-32　SVO 跟踪地图点的实景效果示意图

3. 算法评价

SVO 最主要的优点在于它的速度极快，在通用 PC 平台上能够达到每秒 300~400 帧，而且它对 CPU 占用率很低，因此十分适合在计算资源有限的移动设备上使用，比如手机、无人机等。

SVO 的缺点也很明显，它没有后端优化、回环检测，因此严格意义上只是一个视觉里程计，而非完整的 SLAM 方案。利用 SVO 进行位姿估计会产生累积误差，并且无法重定位，一旦追踪丢失系统无法继续跟踪。另外，直接法本身具有的缺点是在快速运动、光照变化大以及模糊的场景中鲁棒性较低。

5.5.3　DSO 架构

DSO（Direct Sparse Odometry）是一种基于稀疏直接法的视觉里程计方法，由慕尼黑工业大学计算机视觉实验室于 2016 年发布。不同于前面介绍的基于特征点法的 ORB

SLAM 和基于半直接法的 SVO，DSO 是少数采用纯直接法的视觉里程计系统，在视觉 SLAM 领域具有很强的独特性和代表性。

通过 FullSystem.cpp 可以了解到 DSO 核心部分的运行流程，其整体运行流程可以参考图 5-33。DSO 的运行流程主要分为前端的数据预处理与初始化、位姿跟踪，以及后端的关键帧优化这几部分组成，接下来将对每个部分进行介绍。

1. 前端

（1）初始化

DSO 初始化环节首先对图像进行预处理以提取梯度点，包括对输入的图片进行裁剪、光度标定校正、去畸变等；然后构建图像金字塔，逐层计算像素梯度值；接着对图像金字塔第 0 层提取随机方向梯度最大的点，并对 1~5 层进行网格分割，在网格中提取梯度变化最大的点；最后对提取到的梯度点的坐标、深度值（设为 1）和阈值进行初始化。

DSO 需要两帧图像完成初始化。选择第一帧作为基准帧，根据第一帧的梯度点构建最近邻索引。建立邻域关系，找到与每个点在同层最近的 10 个邻近点和在上层最近的父节点。在层与层之间设置关联关系，从而优化位姿、光度参数、逆深度值。对于第二帧，将第一帧的梯度点投影到第二帧构建残差，通过光流金字塔得到相机位姿的初始估计结果。再将第二帧加入滑动窗口进行优化。

DSO 会对所有点进行遍历，将其划分为激活点和未成熟点。DSO 将新提取的点和深度值未收敛的点作为未成熟点。其深度值区间范围较大，需要通过深度滤波器进行处理，使深度收敛最终得到激活点。

（2）位姿跟踪

跟踪阶段需要构建目标函数并进行优化，从而估计相机位姿变换。采用运动模型对相对位姿进行初始估计，这个先验值是基于前几帧的相对位姿变换得到的。DSO 分别采用匀速、半速、2 倍速、0 速度、未发生运动以及 26 种旋转模型进行假设，构建不同的运动模型，对这些运动模型采用直接法进行后续估计。该方法类似于光流法，同时利用了图像金字塔，从顶层开始进行运动估计，得到了相对位姿的初始值。然后要对这个初始值进行优化，采用直接法通过帧间运动将参考帧的点投影到当前帧，从而构建光度误差函数。接下来采用 GN 法优化目标函数，之后得到准确的帧间相对位姿。这里要判断当前帧属于关键帧还是非关键帧。对于非关键帧，只须计算它的位姿，并用它来更新所有未成熟点的深度估计；对于关键帧，则将其送入后端去进行优化。

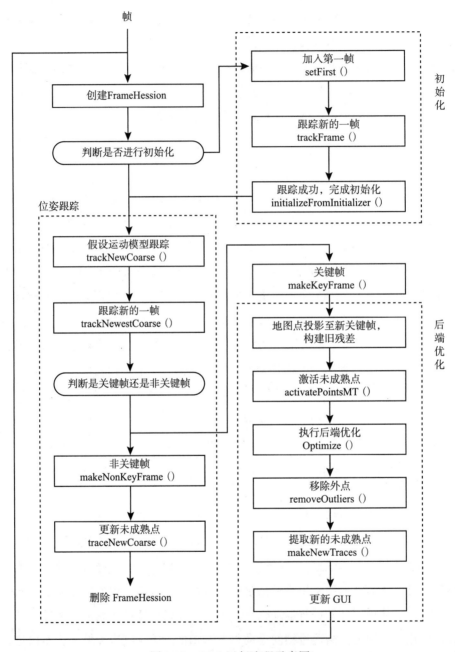

图 5-33 DSO 运行流程示意图

2. 后端

在后端中主要完成的任务是对关键帧进一步优化，包含深度滤波、未成熟点激活以及滑动窗口优化。

（1）深度滤波

未成熟的点具有较大的深度值区间范围。类似于 SVO 的深度滤波，该过程也需要通过深度滤波器缩小这个深度值区间，在帧间进行极线搜索找到匹配点，并采用 GN 算法进行优化，找到一个较小的深度值区间。

（2）未成熟点的激活

通过深度滤波使关键帧中的未成熟点的深度值区间范围变得收敛，若未成熟点满足判定条件则认为该点已经被激活并可以作为地图点，将其加入滑动窗口中进行优化。

（3）滑动窗口优化

DSO 会维护一个滑动窗口用于优化，通过纳入滑动窗口中所有关键帧位姿和激活点，得到一个总的光度误差函数，优化前度的相对位姿初始估计。DSO 的滑动窗口一般由 5~7 个关键帧组成，将先前的关键帧中的地图点投影到新关键帧中，同时将可激活的未成熟点加入地图点，共同得到残差项。这样就在滑动窗口中构成了非线性最小二乘结构，如图 5-34 所示。其中，每个关键帧包含 8 个维度，分别是 6 个自由度的运动位姿和 2 个光度参数，每个地图点状态变量为一维，描述该点在主导帧的逆深度（深度的倒数），每个残差项关联两个关键帧和一个逆深度，而相机内参也会进行优化。使用 GN 法对位姿、光度参数、逆深度、相机内参进行优化，再将相对位姿变换到世界坐标系中。

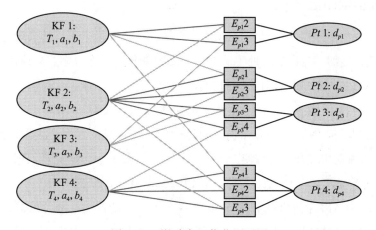

图 5-34 滑动窗口优化因子图

3. 算法评价

DSO 作为少有的完全采用直接法的视觉 SLAM 算法，能够直接优化光度误差，并且引入了光度标定模型，不仅完善了直接法位姿估计的误差模型，还加入了仿射亮度变换、光度标定、深度优化等方法，在无特征的区域中也具有出色的鲁棒性，在大部分数据集上均有良好的表现。数据集运行效果示例如图 5-35 所示。并且相比于特征点法，它在纹理重复、角点不明显的实际场景下有更好的应用。

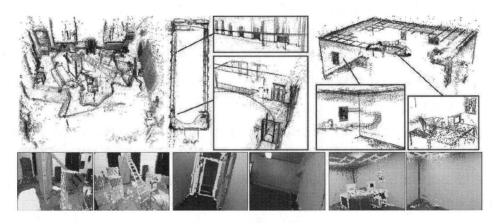

图 5-35 数据集运行效果

DSO 的缺点也是舍弃了回环，在地图丢失后无法重定位，这造成了它在实际应用中的缺陷。针对这一点有很多研究者在 DSO 框架的基础上进行深入研究和改进。

5.5.4 VINS-Mono 架构

很多基于视觉传感器的纯视觉 SLAM 方案尽管已经取得了不错的表现，但仍存在着很大的局限性，比如，当机器人处于低纹理、光照变化、图像模糊、高速运动等场景下，纯视觉的 SLAM 方案的效果往往会大打折扣。

惯性传感器 IMU 能够根据运动速度变化测量角速度和线性加速度，不受运动场景和运动速度的限制。但 IMU 存在着在长时间运行后由于自身偏置而产生累计漂移的缺点，因此将 IMU 与视觉相融合则可以使二者优势互补、扬长避短。研究者们据此开发出了视觉惯性 SLAM 系统，又称 VI-SLAM（Visual Inertial-SLAM）。

典型的 VI-SLAM 系统框架如图 5-36 所示。系统启动首先校准传感器，运行过程中视觉传感器和 IMU 分别从环境中采集视觉信息和运动信息，对视觉图像进行特征提取和跟踪，对 IMU 的运动信息进行预积分。然后将预处理后的数据通过特定的融合策略进行数据融合。最后利用融合后的数据进行建图定位。相比于纯视觉系统，VI-SLAM 的技术难点主要在于对于不同数据的融合方案上。目前，VI-SLAM 已经有了一些比较成熟的实现方案，在此介绍一种优秀的 VI-SLAM 算法——VINS-Mono。

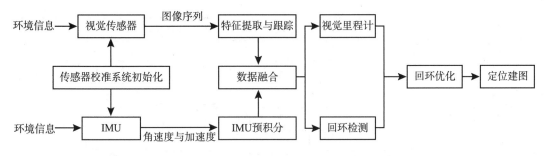

图 5-36 典型 VI-SLAM 系统框架

VINS 系列是由香港科技大学沈劭劼课题组开发的紧耦合方案。该团队依次推出了 VINS-Mono（单目视觉惯导 SLAM 方案）和 VINS-Fusion（双目视觉惯导 SLAM 方案），两者的基本框架是一致的。

图 5-37 展示了 VINS-Mono 的完整算法框架。从流程上看，第一步是预处理，在该对图像进行特征提取和跟踪，以及对连续帧 IMU 测量值进行预积分。初始化环节包含了视觉初始化和视觉惯性联合初始化，以对位姿、速度、重力向量、陀螺仪偏置和三维特征位置进行初始化，并将其用于后续基于非线性优化的 VIO 过程。然后，对预积分的 IMU、特征观测进行紧耦合，完成局部联合优化和重定位。在位姿图优化环节，需要进行全局优化以消除累计漂移。总之，VINS-Mono 代码中包含了 4 个核心线程：前端图像跟踪、后端非线性优化、闭环检测、闭环优化。

1. 图像预处理和 IMU 预积分

（1）图像预处理

对每一帧图像，采用 KLT（Kanade-Lucas-Tomasi）稀疏光流算法能够特征跟踪，同时能够检测出图像的 Harris（在不同方向上都有较大梯度变化的像素点）角点。先通过设置两个相邻特征之间像素的最小间隔来进行均匀的特征提取，再通过前面提到的基本矩阵模型的 RANSAC 算法进行外点剔除。同时进行关键帧的筛选。筛选标准有两个，最主要的标准是当前帧和最近关键帧之间跟踪特征点的平均视差（这里的视差包括特征点的平移视差、陀螺仪预积分补偿的旋转视差）大于阈值。另一个标准是跟踪特征点的数量低于设定阈值，该标准的主要目的是避免跟踪特征点数量过少而造成跟踪丢失。当前帧如果能够满足筛选条件，则视为一个新的关键帧。

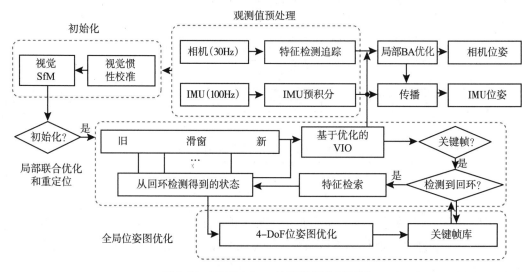

图 5-37　VINS-Mono 的完整算法框架图

（2）IMU 预积分

IMU 获取的参数是加速度计测量的加速度和陀螺仪测量的角速度。通过对 IMU 测量值进行积分操作，可以获取系统的位姿信息。IMU 的采样频率是高于图像帧的，这就意味着相邻的两个图像帧之间会存在多个 IMU 测量值，因此也需要通过积分使 IMU 的运动信息与视觉信息对齐。通过 IMU 预积分可以得到当前时刻的位置、速度和旋转（PVQ），同时可以计算出后端优化中用到的相邻帧的预积分增量、积分误差的 Jacobian 矩阵、协方差项等参数，用于后续计算。

2. 松耦合初始化

初始化对于整个系统而言是非常重要的一步，VINS-Mono 的初始化采用了松耦合的传感器融合进行初始化估计，来为后续复杂的紧耦合 VIO 提供初始值。松耦合初始化过程如下。

（1）纯视觉 SFM

首先选择一个滑动窗口，将最新一帧与之前帧进行特征对应。如果某一帧与滑动窗口的最新帧之间满足跟踪点数目大于30且视差超过20像素,那么就可以采用五点法(本质矩阵自由度为5,至少需要5对匹配点求解)来恢复这两帧间的相对旋转 R 和平移 t。如果没有找到,则保留滑动窗口内的最新帧,并继续等待下一帧。设置一个任意尺度因子,使这两帧观测到的所有路标点三角化。然后用PnP算法估计滑动窗口内所有其余帧的位姿。在滑动口窗内采用BA法使所有特征观测值的总投影误差最小化,并且通过八重投影误差优化所有帧位姿。再基于已知的相机和IMU外参,可以将得到的位姿转换到IMU坐标系下。

(2)视觉惯性联合校准

这一步的主要目的是将视觉的尺度结构与IMU预积分相匹配,如图5-38所示。首先进行陀螺仪偏置标定(对应函数solveGyroscopeBias),从视觉SFM中得到窗口中连续两帧相对于参考系的旋转,以从IMU预积分得到相对约束,就可以构建代价函数并进行优化,从而得到陀螺仪偏置的初始标定。接下来,利用陀螺仪偏置重新传递所有IMU预积分项,进一步去初始化速度 v、重力向量 g、尺度 s(对应函数LinearAlignment)。再利用已知的重力 g 进行重力向量的修正(对应函数RefineGravity)。最后,将重力向量旋转到坐标系的 z 轴上来计算出从参考坐标系到世界坐标系的旋转矩阵,进而将所有的速度都转移到世界坐标系上。

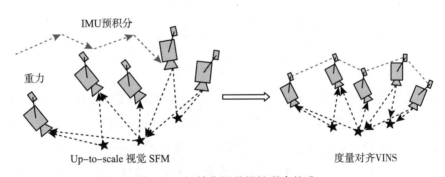

图 5-38 初始化视觉惯性联合校准

至此,初始化的过程全部完成,这些获取的参数会进一步被送入紧耦合VIO中进行后端非线性优化。

3. 紧耦合单目VIO

在完成前面的初始化步骤后,接下来就是采用基于滑动窗口的紧耦合单目VIO进行高精度和鲁棒的状态估计，如图 5-39 所示。

后端的状态向量共包括滑动窗口内的 $n+1$ 个相机位置、朝向、速度、加速度偏置、陀螺仪偏置、相机和 IMU 外参，以及 $m+1$ 个 3D 的逆深度，如下所示。

$$X = \left[x_0, x_1, \cdots x_n, x_c^b, \lambda_0, \lambda_1, \cdots \lambda_m \right]$$

$$x_k = \left[p_{b_k}^w, v_{b_k}^w, q_{b_k}^w, b_a, b_g \right], k \in [0, n]$$

$$x_c^b = \left[p_c^b, q_c^b \right]$$

后端优化的核心思路就是构造出来一个整体的目标函数，将这三者进行统一优化。最终构造出的目标该函为

$$\min_X \left\{ \left\| r_p - J_p X \right\|^2 + \sum_{k \in B} \left\| r_B \left(\hat{z}_{b_{k+1}}^{b_k}, X \right) \right\|_{P_{b_{k+1}}^{b_k}}^2 + \sum_{(l,j) \in C} \left\| r_C \left(\hat{z}_l^{c_j}, X \right) \right\|_{P_l}^2 c_j \right\}$$

目标函数中的 3 个残差项从左到右依次为边缘化的先验信息、IMU 测量残差、视觉重投影残差，后续可以通过 GN 等方法进行优化求解。

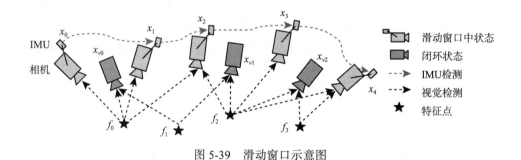

图 5-39　滑动窗口示意图

在目标函数中，IMU 残差定义的是两帧之间的 PVQ 和偏置的变化量的差；视觉残差是定义在单位球面上的重投影误差；同时，为了降低 VIO 计算的复杂度，在紧耦合中引入了边缘化的先验信息。边缘化可以保持窗口中关键帧的空间分隔，以便有足够的视差进行特征三角化，也可以最大化在大激励下获得加速度计测量值的可能性。如图 5-40 所示，实现边缘化主要有两种策略。

1）当倒数第二帧是关键帧时，会将最早的帧从滑动窗口中移除，相应的视觉和 IMU 测量值会被边缘化，而对应的路标点和 IMU 数据会转化为先验信息加入整体目标函数中。

2）当倒数第二帧是非关键帧时，会直接舍弃其视觉测量值，只保留 IMU 数据。这

时候可以认为倒数第二帧与当前帧的相似度很高,即使舍弃它也并不会影响到整个约束关系。

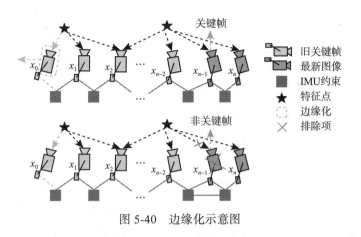

图 5-40　边缘化示意图

由此可得到边缘化的先验信息,此时再对目标函数进行非线性优化,就完成了后端优化。

4. 紧耦合的重定位

滑动窗口和边缘化会给系统带来累计漂移,主要发生在三维位置 (x,y,z) 和偏航角 (yaw) 上。VINS-Mono 采用一种紧耦合的重定位方式来消除累积误差,如图 5-41 所示,在这种方式中,重定位从回环检测模块开始,先判断机器人之前是否到过某一地点。

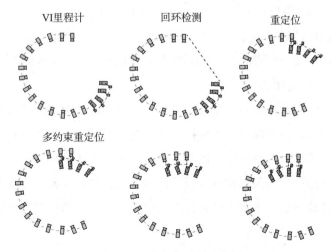

图 5-41　重定位过程示意图

VINS 采用 BRIEF 描述符的 DBoW2 词袋向量进行回环检测。在前端识别的 Harris 角点数量较少，因此还要在后端非线性优化处理完得到的新关键帧中再提取 500 个 FAST 角点用于回环检测，从而提高回环检测召回率。对所有的角点计算出对应的 BRIEF 描述符来替代原始图像，再利用 DBoW2 词袋向量计算相似度，对比得到回环候选帧。

对于检测到的回环帧，需要对其异常值进行剔除。2D-2D 使用 RANSAC 基本矩阵进行检验，在当前帧和回环候选帧中检测到的特征二维观测进行基本矩阵检验并去除离群点。3D-2D 使用 RANSAC 进行 PnP 测试，基于局部滑动窗口中的三维位置和回环候选帧中的二维观测进行 PnP 检验。剔除异常值后超过阈值的候选帧则是正确的回环帧，进行后续的重定位。

对于已确定的回环帧，需要进行快速重定位。将与当前帧构成回环的之前帧的位姿和特征点作为视觉约束项，加入后端非线性优化的目标函数中，用滑动窗口优化来更精确地计算出该帧的位姿，进而得到回环帧之间的相对位姿关系。接下来就可以根据得到的相对位姿关系对滑动窗口内的所有帧进行快速重定位。

其中，最后一项即为回环残差，对应回环中检测到所有特征的集合。这样就得到了新的优化目标函数，之后再对新目标函数进行非线性优化，完成重定位。

5. 全局位姿图优化

在重定位基础上进行全局位姿图优化。位姿图优化和重定位在两个独立的线程中异步运行。当重定位可用时，它可以立即使用最优化的位姿图；如果当前的姿态图优化尚未完成，则可以使用现有的位姿图进行重定位，如图 5-42 所示。

在建立视觉惯性的过程中已经完成了重力对齐，可以根据重力方向得到翻滚角 ϕ 和俯仰角 θ 并对其进行完全观测，因此累计漂移发生在 (x, y, z, yaw)，后续的位姿图优化就是进行这 4 个自由度的优化。

关键帧边缘化后会被添加到位姿图中，并作为顶点通过两种类型的边与其他顶点相连接：一类是序列边，新边缘化的关键帧与之前的关键帧通过序列边相连接，以表示局部滑动窗口中两个关键帧之间的相对转换，序列边的值可以从 VIO 中直接获取；另一类是回环边，如果新边缘化的关键帧存在回环连接，它将与回环帧通过一个回环边在位姿图中相连接，回环边的值由重定位结果得出。由此，两类边都只包含相对位置和偏航角这 4 个自由度。

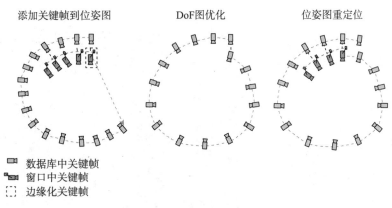

图 5-42　全局位姿图优化示意图

第 i 帧和第 j 帧的残差可以表示为

$$r_{i,j}\left(p_i^w, \psi_i, p_j^w, \psi_j\right) = \begin{bmatrix} R\left(\hat{\phi}_i, \hat{\theta}_i, \psi_i\right)^{-1}\left(p_j^w - p_i^w\right) - \hat{p}_{ij}^i \\ \psi_j - \psi_i - \hat{\psi}_{ij} \end{bmatrix}$$

其中，$\hat{\phi}_i$、$\hat{\theta}_i$ 分别表示从 VIO 中直接获取的翻滚角和俯仰角的估计值，所有序列边和回环边的整体目标函数可以表示为

$$\min_{p,\psi}\left\{\sum_{(i,j)\in\mathcal{S}}\|r_{i,j}\|^2 + \sum_{(i,j)\in\mathcal{L}}\rho\left(\|r_{i,j}\|^2\right)\right\}$$

其中，$\mathcal{S}$ 表示序列边，$\mathcal{L}$ 表示回环边，$\rho(\cdot)$ 是一个 Huber 范数，用来减小错误回环可能的影响。算法中可以采用 Ceres 对这一代价函数进行优化求解，至此就完成了对整体轨迹的位姿图优化。

6. 算法实战

VINS-Mono 官方提供 Docker 镜像，本案例中直接使用未做改动。其中运行公开数据（MH_01_easy/ar_box）的结果如图 5-43 所示。

7. 算法评价

总体而言，VINS-Mono 可以满足长期和大规模在线建图的要求，它的里程计鲁棒性、定位鲁棒性都比较优秀，同时可以通过有效地保存和加载地图来实现地图的重用，对后期进行扩展开发也相对友好。该团队在 VINS-Mono 后还推出了 VINS-Fusion，在功能层面增加了对双目相机以及 GPS 融合的支持，不仅利用双目相机降低了初始化的难度，还优化了部分算法策略，整体鲁棒性有进一步提高。

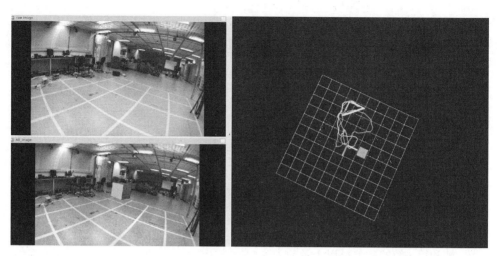

图 5-43　VINS-Mono 的仿真结果（在视野左下方放置了一个 0.8m×0.8m×0.8m 的虚拟盒子）

总结一下，本章介绍了视觉 SLAM 常用框架结构，就前端、后端、回环检测和建图部分的基本理论进行了简要介绍，最后一节介绍了 4 种经典开源视觉 SLAM 方案的基本原理和实现流程，它们分别代表了经典视觉 SLAM 方法的 4 种不同类型，并且都有着不错的实际应用效果。

5.5.5　代码实战

1. ORB SLAM 2 代码实战

设置完 ORB SLAM 2 的 Docker 镜像，即可已完成所有配置，可直接运行演示代码，如下。

```
./Examples/Monocular/mono_tum
Vocabulary/ORBvoc.txt
 Examples/Monocular/TUMX.yaml
PATH_TO_SEQUENCE_FOLDER
```

运行效果如图 5-44、图 5-45 所示。

2. VINS-Mono 代码实战

（1）前提条件

- 安装 Docker：https://docs.docker.com/desktop/install/linux-install/。
- 安装 Git 和百度网盘。

第 5 章 视觉 SLAM 191

图 5-44 ORB SLAM 2 的运行结果（1）

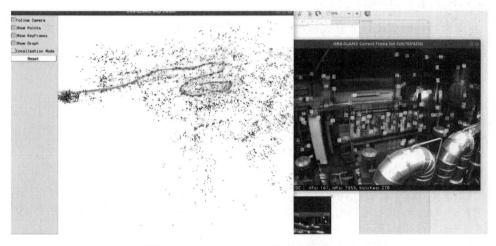

图 5-45 ORB SLAM 2 的运行结果（2）

（2）获取 Docker 镜像

拉取镜像，代码如下。

```
# practice for vins mono
docker pull junhuidocker/vins_slam_fork:icra2018
```

（3）下载代码

创建本地工作区，如 work_dir =/ws_path_dir/ws/，后面所有的代码均可克隆到这个目录下。

使用 git clone 命令下载代码至 work_dir，并且创建各自项目的子工作空间。

```
# work dir
cd /ws_path_dir/ws
# workspace for project vins-mono
mkdir -p ws_vins/src && cd ws_vins/src
git clone https://gitclone.com/github.com/HKUST-Aerial-Robotics/VINS-Mono.git
# create the docker container
nvidia-docker run -it -p 8888:8888 -e DISPLAY -v /tmp/.X11-unix:/tmp/.X11-unix -v /ws_path_dir/ws:/mnt/ws --name vins_slam junhuidocker/vins_slam_fork:icra2018 /bin/bash
```

（4）数据下载

将数据放入 /ws_path_dir/ws/data 目录下。

所有项目的数据样本均上传至百度网盘，可自行下载。下载链接为 https://pan.baidu.com/s/1_gq_-YfFuQqyZjH0oqRXcg，提取码为 rtqu。

（5）安装教程与测试

至此所有代码和镜像下载完成。将代码克隆到了本地 ws 路径下，并将本地 ws 文件路径映射到容器的 /mnt/ws 路径下。而 ws 文件可作为沟通本地与其他容器间的桥梁，方便代码编写以及多个不同容器间的代码交互。

```
# if the container already start
# otherwise use the docker run ××× command in the upper lists
docker exec -it slam_vins /bin/bash
cd /mnt/ws/ws_vins
catkin_make
source devel/setup.bash
# 以下测试用例，完整可参 https://github.com/HKUST-Aerial-Robotics/VINS-Mono
# 需开启三个终端 拉起 vins_estimator；拉起 Rviz；拉起rosbag play
# 故需使用三次 docker exec ×××指令
roslaunch vins_estimator realsense_color_cafe.launch
roslaunch vins_estimator vins_rviz.launch
rosbag play yourbagpath/cafe1-1_with_imu.bag
```

第 6 章

深度学习在 SLAM 中的应用

SLAM 技术未来的一个重要发展方向是与深度学习结合,而深度学习结合 SLAM 的技术可以分为以下 3 个发展方向。

1) 将深度学习与传统 SLAM 中的一个或几个模块结合,如相机重定位、特征点提取等。

2) 通过在传统 SLAM 上添加语义信息,如图像语义分割、语义地图构建,以提升 SLAM 性能。

3) 构建端到端的 SLAM,输入图像并输出动作(action),其中不涉及定位建图,如机器人自主导航功能。

本章将对第一、第二个方向进行介绍,提供深度学习与 SLAM 结合的经典研究案例。

6.1 深度学习与相机重定位

现有的相机重定位技术主要分为基于传统特征点的方法、基于逻辑回归的方法和基于深度神经网络的方法 3 个流派。

其中基于传统特征点的方法会在关键帧中提取低层级的传统特征点(SIFT、ORB),利用这些特征点进行匹配,得到相机位姿。然而,采用基于传统特征点的方法所提取的点云特征鲁棒性不够好,不能捕获全局上下文特征,在环境复杂(如少纹理、光照变化大、有遮挡）的场景中表现得很差，且计算量大。基于逻辑回归的方法已经应用于一些领域。这些方法基于随机森林算法实现 2D 到 3D 的匹配，并且通过 RANSAC 算法恢复 6 个自由度的相机位姿。在融合了可导的 RANSAC 以及全卷积网络之后，这类方法的鲁棒性得到了进一步的提升。然而，基于逻辑回归的方法要求在训练时输入深度信息，这对模型的适应性与泛化性是不利的。

目前基于传统几何结构的相机重定位方法的性能在很大程度上取决于所选取特征点在特定场景中的适应性，而基于逻辑回归的方法依赖输入深度信息，因此跨场景的泛化性较差，且求解步骤复杂，消耗大量计算资源。相比之下，基于深度神经网络的相机重定位方法被视为突破传统方法瓶颈的重要途径。

6.1.1 基于深度神经网络的相机重定位方法

一种基于深度学习的方法是使用深度神经网络来计算相机位姿。绝对位姿回归（Absolute Pose Regression，APR）就是其中一种方法，该方法是指在输入一张 2D 图像时输出该图像相机相对于世界坐标系（3D）的绝对值。这意味着该模型不需要任何特征工程，仅仅依赖编码器。这种方式在一些存在光照变化和不同视角的图片等具有挑战性的场景中更具鲁棒性。

其中具有代表性的算法 PoseNet 是在论文《 PoseNet: A Convolutional Network for Real-Time 6-DOF Camera Relocalization 》中提出的。它使用端到端的训练模型直接预测相机位姿，可以捕获上下文特征。该算法相比于 SIFT 特征方法有更好的鲁棒性，且速度快、可扩展性强，不需要大规模地标注数据库。PoseNet 2 在前作的基础上，引入几何损失函数项，提高了其重定位性能。然而，相比于基于传统特征点的重定位方法，使用深度学习模型直接预测相机位姿的方法由于使用 CNN 代替了几何技术进行匹配，丢弃了几何信息，其定位精度有所下降。

此外，CNN 本质上学习的是像素点与位姿之间的映射，而位姿是依赖于所选择的坐标系的，因此当不同场景中坐标系不同时，要想利用 CNN 直接预测相机的绝对位姿，就需要将 CNN 分场景训练好，然后将其应用到对应的任务中，这极大地限制了其应用。

6.1.2 基于检索的相机重定位方法

另一种基于深度学习的方法为基于检索的方法，其基本思想是利用 CNN 对图像进行编码并构建一个图像数据库,包括目标场景的图像特征及其对应的真实世界中的相机位姿。对于给定的检索图像,这种方法会首先在数据库中检索最相似的图像,然后对相对位姿变换进行预测,因此该方法预测的是相机位姿的相对值。而相对值减少了模型对于场景的依赖性,所以可以在多个场景中进行训练,容易泛化到其他场景中。但利用这种方法检索到最优匹配是较为困难的,而低匹配度会大幅度降低相对位姿的回归精度,因此检索的效率和准确度会极大地影响模型的性能。此外,当场景逐渐复杂且场景范围不断扩增时,图像数据库的复杂度将线性增长,检索精度和速度会呈现不同程度的下降。

ZakariaLaskar 等人在论文《Camera Relocalization by Computing Pairwise Relative Poses Using Convolutional Neural Network》中提出解耦 CNN 与场景坐标系的依赖关系的思想。相比于直接预测绝对位姿,该思想使用孪生 CNN 预测输入的两幅图像之间的相对位姿,然后通过一系列的相对位姿来计算出绝对位姿。这使得 CNN 可以从任何场景的图像对中进行学习,能够在多个不相交的场景进行数据训练和使用,提高了模型对未知数据的泛化能力。此外,研究者还发布了一个具有精确的相机位姿真值的室内相机重定位数据集,包含了 5 个典型场景,如图 6-1 所示。

图 6-1　5 个典型场景的室内相机重定位数据集

6.1.3　全场景理解

另外,可以使用 RGB 图像同时解决目标检测、室内布局检测、相机位姿预测(相机重定位)3 个任务,即实现全场景理解。由此可知,相机重定位是全场景理解的一个子问题。

S.Huang 等人在论文"Cooperative Holistic Scene Understanding: Unifying 3D Object, Layout, and Camera Pose Estimation"中认为场景理解中的各个子任务之间可以互相辅助、信息共享,并提出了联合训练、互相促进的思想:输入 RGB 图像以同时解决目标检测、布局检测、相机定位 3 个任务。该思想对不同模块的参数化施加约束,这些约束使端到端的联合训练和推理成为可能,进而引出了一系列的"联合损失"。实验表明模块之间的联合训练可以显著提高模型的定位性能。

就目前领域内的相关研究来看,全场景理解是当前的主流方法。未来满足实际应用需求的重定位方法需要同时将 CNN 和几何信息纳入考量,充分发挥 CNN 的高维拟合特性、泛化性、鲁棒性和几何技术的精确性。从前文提到的论文来看,无论单纯地基于几何技术还是深度学习技术,其实现都会遇到一些严重的问题。基于几何技术的方法忽略了局部上下文的语义信息,鲁棒性差。而基于深度学习的技术由于忽略了几何约束关系,精度大打折扣。因此,若在训练时发掘出更多有用的约束条件,则将不同程度地提高模型的性能,而 CNN+pipeline 的框架结构能够结合二者优势,具有更高的精度和鲁棒性,应该会成为今后的主流方案。

此外,多模块联合训练能够对系统增加额外的几何约束,非常具有参考性。实时性也是 SLAM 系统中非常重要的一个参数,极少数应用论文"Cooperative Holistic Scene Understanding: Unifying 3D Object, Layout, and Camera Pose Estimation"中的方法能够达到实时性的要求。

6.2 深度学习与特征点的提取及匹配

特征点的提取及匹配通常需要进行以下 3 个步骤。

1)提取图像中的关键点。

2)根据得到的关键点位置来计算特征点的描述子。

3)根据特征点的描述子进行匹配。

传统的特征点提取及匹配存在以下缺点:提取特征单一,即每种方法只能检测一种特征;算法的稳定性和效率之间存在矛盾,当特征检测稳定性强时通常效率较低,反之效率较高时稳定性则较差。而结合深度学习方法的位姿估计方案的主要优势体现在其图像特征提取能力强。以下会对几种基于深度学习的特征提取方法进行介绍。

6.2.1 深度卷积神经网络特征点的鉴别

通过 CNN 学习提取局部特征的早期经典尝试包括 2015 年发表的"Discriminative learning of deep convolutional feature point descriptors"这一论文,特别是在训练具有成对的对应(非对应)补丁的 Siamese 网络(双生神经网络)上。这次尝试在训练和测试期间使用欧式距离，并提出了一种 128-D 描述符，其欧式距离反映了补丁的相似性，此方法可替代任何涉及 SIFT 方法的特征提取。

该方法如图 6-2 所示，使用一个 Siamese 网络来学习描述符，其中非线性映射由 CNN 表示，它对对应或非对应的补丁对进行了优化。补丁先通过模型提取描述符，然后计算其 L_2 范数，将其作为图像描述符的标准相似性度量。使用 L_2 距离的目的是让匹配的特征距离缩短，而让不匹配的特征距离增大。

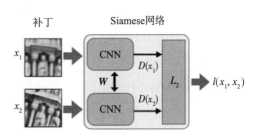

图 6-2 Siamese 网络与 CNN 学习描述符

图像块 x_1 具有索引 p_1，该索引 p_1 唯一的标识是从给定视点大致投影到 2D 图像块上的 3D 点，而目标函数定义为

$$l(x_1, x_2) = \begin{cases} \|D(x_1) - D(x_2)\|_2, & p_1 = p_2 \\ \max(0, C - \|D(x_1) - D(x_2)\|_2) & p_1 \neq p_2 \end{cases}$$

其中 p_1, p_2 分别是投影到 x_1, x_2 的 3D 点索引。

表 6-1 给出的是基于上述思想的表现最佳的模型，即 CNN3 三层网络架构，可以看到在第 3 层中输入 64×64 会产生 128 维输出。每个卷积层由 4 个子层组成：滤波器层、非线性层、池化层和归一化层。

表 6-1 用于深度卷积特征点描述符的判别学习的最佳三层网络架构

层数	输入层大小	滤波器层	输出通道数	池化层、归一化层	非线性层	步长
1	64×64	7×7	32	2×2	Tanh	2
2	29×29	6×6	64	3×3	Tanh	3
3	8×8	5×5	128	4×4	Tanh	4

此算法复杂度不高，可以很好地应用于不同的数据集，包括在非刚性变形和极端光照变化情况下的数据，因此可以作为如 SIFT 等传统特征提取的替代方法。这是应用深度卷积进行特征提取的早期经典尝试之一。但该方法对于网络结构的解释不足，无法解释其良好鲁棒性的原因，而缺乏解释性也是深度学习的通病。

6.2.2 LIFT: 基于深度学习的经典局部特征提取方法

前述方法在训练过程中未使用传统的特征提取的经验，仅在结果上与其对比。尽管特征提取的传统成功方法（如 SIFT）在实际应用中会逐渐被深度卷积神经网络替代，但其特征提取的思路是可以借鉴的，并相比于深度学习有着更好的可解释性，因此对基于深度学习的方法有较好的启发性。"LIFT: Learned Invariant Feature Transform"介绍了一种深度学习框架 LIFT，它利用了 SIFT 的先验知识，使用端到端的统一有监督训练模型，实现了图像特征点检测、方向估计和描述符提取，其中每一个部分都是基于卷积神经网络 CNNs 实现的，并采用了空间转换层来修正图像块得到特征点检测和方向估计。LIFT 的架构设计参照《Discriminative learning of deep convolutional feature point descriptors》的思路，因为该思路中基于欧式距离的描述符训练有更广泛的适应性。LIFT 的性能优于其他此前已知的方法，总体结构如图 6-3 所示。

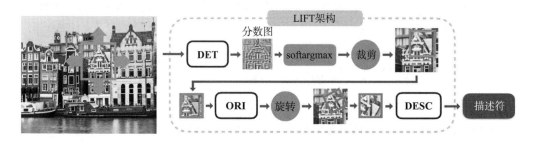

图 6-3　LIFT 总体架构图

　　为了建立 Siamese 网络，训练中所使用的特征点是从基于 SIFT 的 SfM（Structure-from-Motion）中提取的特征点结果，输入的是特征点所在的图像块而非完整图像，这样可以让学习过程可扩展并且不丢失信息，因为大部分图像区域是不包含关键点的。

　　LIFT 的具体训练方法如下。

　　首先训练描述符，然后训练方向估计，最后训练特征点检测，并且在过程中采用不同尺度的图像块进行训练。图 6-4 展示了该网络的运行流程。首先生成尺度空间图片；然后将特征提取网络在尺度空间上滑动以提取特征；将 softargmax 函数替换为 NMS（非极大值抑制），应用于完整图像以获取特征点；最后将图片裁剪为小块，旋转角度后，计算描述子间的特征点所在位置。

6.2.3　MatchNet：通过统一特征和度量学习实现基于补丁的匹配

　　除了使用 SIFT 特征点的基于经验或欧式距离的方式以外，还可以使用全连接层通过学习到的距离来表示两个描述符的相似性。其典型代表是在论文《MatchNet: Unifying

Feature and Metric Learning for Patch-Based Matching》中提出的 MatchNet 模型系统。它由一个深度卷积网络组成，从补丁中提取特征，并通过 3 个全连接层组成的网络来计算所提取特征之间的相似性。

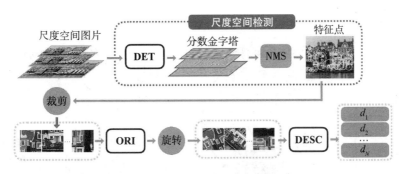

图 6-4　LIFT 的训练流程图

MatchNet 展示了一种新的利用深度网络的架构，并使得基于补丁的匹配效果明显改善。该系统利用更少的描述符，得到了比同时期其他算法更好的结果。实验研究了该系统中的各个成分的作用，表明 MatchNet 不仅改善了手工设计的描述符，还完善了学习到的描述符和对比函数。

图 6-5 是 MatchNet 训练的网络架构，包括将补丁映射到特征表示的特征网络（左侧）和将特征对映射到相似性度量的测度网络（右侧）。两网络进行联合学习，输出尺寸以"高度 × 宽度 × 通道数"的形式给出。其中 PS 表示卷积和池化层的补丁大小；S 表示步幅。层类型包括：C 表示卷积层，MP 表示最大池化层，FC 表示全连接层。因为填充卷积层和池化层，故输出的高度和宽度会输入除以步幅的值。在全连接层中，$B \in \{64, 128, 256, 512\}$，$F \in \{128, 256, 512, 1024\}$。除 FC3 外，所有卷积层和全连接层均用 ReLU 函数激活，并在输出中用 Softmax 函数进行归一化。

MatchNet 的网络架构中有如下几个要点，对此进行进一步说明。

1）特征网络，主要用于提取输入补丁的特征。该网络主要由 AlexNet 演变而来，在此基础上发生了些许变化。网络中主要的卷积及池化层分别有预处理层和瓶颈层，各自起到归一化数据和降维、防止过拟合的作用。其激活函数为 ReLU。

2）测度网络，主要用于特征比较，包含 3 层全连接层加上 softmax 函数，输出图像块相似度概率。

3）绑定参数的双塔结构。在训练阶段，特征网络采用"双塔"结构，使两个子网络共享参数。双塔网络的输出会串联在一起作为测度网络的输入。在进行预测的时候，这两个子网络 A 和 B 可以很方便地用在两阶段流程（Two-stage Pipeline），如图 6-6 所示，每个图像中的补丁数量分别为 n_1、n_2，而 B=64。

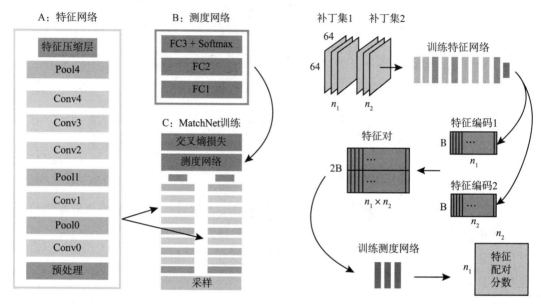

图 6-5 MatchNet 训练的框架图　　　　图 6-6 MatchNet 训练阶段流程图

图 6-6 中网络可拆解为并行的特征网络和测度网络它们分别在两个阶段发挥作用：首先通过特征网络为所有补丁生成特征编码，然后将这些特征配对，再推送它们通过测度网络以获得分数。

4）瓶颈层，用来减少特征表示向量的维度，尽量避免过拟合。瓶颈层在特征提取网络和全连接层之间，控制输入到全连接层的特征向量的维度。

5）预处理层，是指输入图像块进行预处理，使数据归一化到 (−1,1) 之间。

6）在训练与预测阶段，使用了交叉熵损失函数和 SGD（Stochastic Gradient Descent，随机梯度下降）优化算法。数据正负样本的不平衡性会导致实验精度降低，对此可以采用采样的训练方法，即在一个批次中，选择一半正样本和一半负样本进行训练。

MatchNet 网络本质上是 Siamese 的双分支权重共享网络，其设计思想与论文"Learning to Compare Image Patchesvia Convolutional Neural Networks"所提出的观点有共通之处，即通过 CNN 提取图像块特征，并通过全连接层学习度量特征的相似度。在测试阶段，可以将特征网络和测度网络分开，避免匹配图像时出现特征提取的重复计算。首先得到图像块的特征编码保存，之后输入测度网络中，计算得到 $N_1 \times N_2$ 的得分矩阵。

6.2.4　UCN：通用的图像关联预测器

上述几种方法是基于相似度设计的，主要思想都是利用 CNN 学习设计一种相似度函数，但其缺点在于比较计算量大，对于包含 n 个关键点的图像对，这些方法所需的比较计算量为 $O(n^2)$。UCN（Universal Correspondence Network）通过使用全卷积学习特征来解决此问题。此外，上述几种方法的中间激活步骤并未针对视觉对应任务进行优化，其特征是针对替代目标函数（补丁相似性）进行训练的，并且不一定会形成视觉对应的度量空间，因此对任何度量操作（例如欧式距离）都缺乏解释性。

针对上述不足，UCN 旨在设计一个通用的图像关联预测器，用于实现几何和语义匹配的视觉对应，包括从刚性运动到形状或外观变化等不同场景。与此前将 CNN 用于补丁相似性的方法不同，UCN 使用深度度量学习（Deep Metric Learning）来直接学习特征，如此可以保留其几何和语义的相似性信息。因此，UCN 既可以用于几何匹配，也可以用于语义匹配，并且 UCN 可显著提高类内形状变化的语义对应的准确性。

图 6-7 展示了"Universal Correspondence Network"论文中对 UCN 和传统方法的比较。不同类型的视觉对应问题需要采用不同的解决方法，例如，用于稀疏结构的 SIFT 或 SURF，用于密集匹配的 DAISY（"An Efficient Dense Descriptor Applied to Wide-Baseline Stereo"）或 DSP（"Deformable Spatial Pyramid"），用于语义匹配的 SIFT Flow（"Sift Flow: Dense correspondence across scenes and its applications"）或 FlowWeb（"FlowWeb: Joint image set alignment by weaving consistent, pixel-wise correspondences"）。而 UCN 可以准确有效地学习几何对应、稠密轨迹或语义对应的度量空间。

图 6-8 展示了 UCN 的网络架构。该系统采用全卷积网络（FCNN），由一系列卷积层、池化层、非线性激活层和卷积空间变换器组成，还涉及通道 L_2 归一化层和对应特征点的对比损失函数。网格的输入为一对图像以及对应特征点的坐标和对应关系。其中正样本表示特征点有对应关系，其特征会被训练为更接近彼此；而负样本点表示特征点无对应关系，其特征会被训练为相隔一定距离。在进行最后的 L_2 归一化之前和 FCNN 之后，设置一个卷积空间变换器来实现补丁归一化或考虑更大范围的上下文信息。该网络的输出是用于评估的相似度 $f(x)$，若两个点的相似度 $f(x)$ 越小，则越匹配。

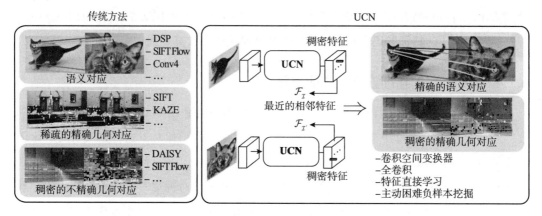

图 6-7 用于语义匹配的 UCN 网络与传统特征匹配方法的比较

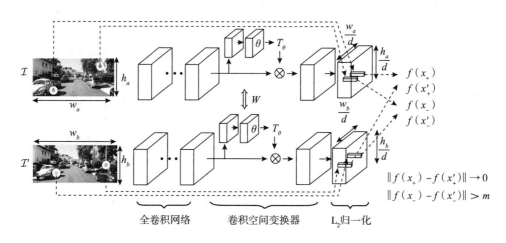

图 6-8 UCN 网络架构图

使用全卷积存在相当的优势。首先，它可以重用先前计算的激活结果，特别是在重叠区域，从而减少计算量。其次，该方法可以为每个图像对训练非常多的对应关系，这能为网络提供准确的梯度并加快学习速度。此外，全卷积方法还可以直接且高效地进行负例挖掘。与基于补丁的方法不同，全卷积方法可以从任意大小的图像中提取密集特征，并且这种方法的计算复杂度为 $O(N)$，而不是 $O(N^2)$。值得注意的是 UCN 与前面的一些基于特征检测和描述的方法有些区别：UCN 不涉及特征检测，甚至提取的特征也并不解释为描述子。UCN 的工作过程是输入两张图像然后直接提取其各自特征，在特征空间上逐像素进行最近邻搜索，得到预测的对应关系。这种任务就是密集对应（Dense Correspondence）。

6.3 深度学习与视觉里程计

视觉里程计算法通过视觉技术来获取相机位姿，该算法对位姿的估计精度会直接影响最终地图的构建效果。近年来，视觉里程计广泛应用于机器人和自动驾驶等领域。由于使用传统方法求解视觉里程计需要完成特征提取、特征匹配和相机校准等较为复杂的过程，同时需要实现各个模块之间的耦合才能达到较好的效果，且算法复杂度较高。

而基于深度学习的视觉里程计则可以避免传统算法中的复杂操作过程，同时可以较好地平衡其精度和稳定性，以及实现较低的计算复杂度。

基于深度学习的视觉里程计问题与图像识别问题的不同之处如下。

1）目前，大部分图像识别问题本质上是分类问题，而深度学习所要解决的视觉里程计则是一个回归问题，我们不能仅从短时间内的几帧图像获取信息来预测位姿，而需要从一段比较长的图像序列来回归位姿。

2）输入的图像序列是具有时序性的，视觉里程计在处理两帧图像的相对位姿时需要考虑图像的顺序，以不同图像作为对照基准会产生截然不同的结果。

在近些年的发展过程中，深度学习在解决文字、图像、语音处理等问题上有着出色的发挥，因此也有很多研究者利用深度学习来解决视觉 SLAM 中的视觉里程计问题，提出了各种基于深度学习的视觉里程计模型，并取得了杰出的成果。

"Learning Visual Odometry with a Convolutional Network"提出了将端到端的深度神经网络架构应用于预测相机速度和方向变化的方案。其主要特点是利用单一类型的计算模块与学习规则提取视觉运动和深度信息以及里程计信息。该方案分为两个步骤：对图像序列中深度和运动信息的提取；对图像序列中速度和方向改变的估计。图 6-9 展示了该方案的深度神经网络架构。这个模型通过端到端的深度学习算法，从原始图像数据中提取运动、里程及深度信息，用来预估相机的速度和方向变化的信息。作为早期尝试使用深度学习解决视觉里程计问题的方法，这个模型在性能上与传统方法相比仍有较大差距，但成功证明了通过构建深度神经网络进行端到端地学习来解决视觉里程计问题的可行性。

P-CNN（Piecewise Convolutional Neural Networks）网络模型是"Distant Supervision for Relation Extraction via Piecewise Convolutional Neural Networks"于 2016 年提出的，该模型使用卷积神经网络来解决视觉里程计问题中的视觉特征表示问题。在 P-CNN 模型中，首先计算

图像序列中的光流信息，通过 Brox 光流算法计算图像中像素点在时间域上的变化，并将光流信息转换为 RGB 色彩图像输出到网络当中。然后通过卷积神经网络将数据最终回归为一个 6 自由度的预测值：3 个旋转分量和 3 个平移分量，分别表示相机在三维坐标空间中的旋转和移动。

P-CNN 的结构如图 6-10 所示，在卷积网络模块 CNN-4b 中，完整的光流数据按照象限被划分为 4 个部分，然后分别输入到 CNN 网络中进行特征提取。为了保证同一份光流信息的数据一致性，这 4 个 CNN 网络共享参数。P-CNN 相比于传统方法在处理图片模糊、亮度和对比度异常问题上具有更好的鲁棒性，但是由于需要计算光流数据再将其转化为 RGB 图片，整个过程计算复杂度高、耗时长，无法保证该模型在实际应用中的实时性。

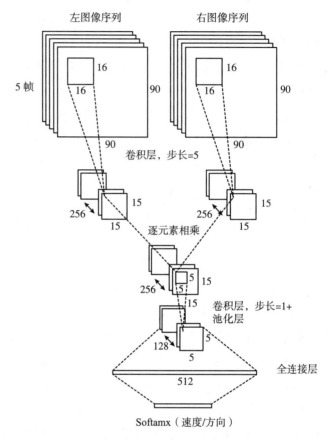

图 6-9 端到端的深度神经网络架构图

随着研究者们不断深入研究深度学习在视觉里程计问题上的解决方法，相关技术和理论被纷纷提出，其中比较热门的两个研究方向分别是：使用循环卷积神经网络实现全局位姿估计；采用无监督学习的方法避免对标签数据的使用。

卷积神经网络用来提取图像特征具有非常出色的性能，但是在视觉里程计问题上，考虑到输入的图像序列还具有时序信息，论文 "Deep Global-Relative Networks for End-to-End 6-DoF Visual Localization and Odometry" 中提出了一种基于循环卷积神经网络（Recurrent Convolutional Neural Network，RCNN）的全局位姿估计网络架构来解决视觉里程计问题。该网络首先使用 CNN 提取图像特征，之后加入 RCNN 来提取帧间时序信息，网络的整体框架如图 6-11 所示。作者还在该网络中应用了一种全新的误差函数——交叉转换约束（Cross Transformation Constraints，CTC）。实验证明，这个网络模型对于解决视觉里程计系统中的远距离漂移问题很有效。并且，不管在室内场景还是在室外场景，该方法相较于其他基于学习的单目视觉里程计系统，性能更强。

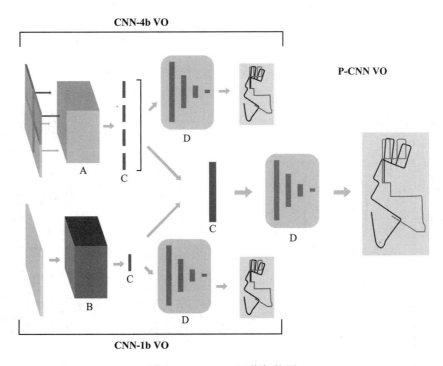

图 6-10　P-CNN 网络架构图

有监督的深度学习方法在解决视觉里程计问题上被广泛应用，但是需要大量的标签数据进行训练，并且对于无标签场景的泛化能力较为一般。在"GANVO: Unsupervised Deep Monocular Visual Odometry and Depth Estimation with Generative Adversarial Networks"中提出了一种基于生成对抗网络的无监督单目视觉里程计与深度估计方法——GANVO，如图 6-12 所示。利用深度卷积生成式对抗网络在无标签的图像序列中进行自监督学习，最终输出包含 6 自由度的相机位姿以及深度图。研究者在 KITTI 数据集上进行对该方法的评估，证明了该方法优于传统视觉里程计方法以及其他无监督深度学习方法。

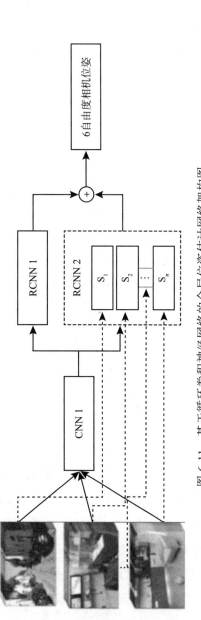

图 6-11 基于循环卷积神经网络的全局位姿估计网络架构图

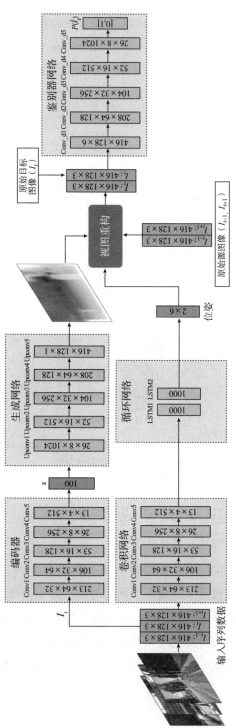

图 6-12 GANVO 网络架构图

6.4 深度学习与回环检测

回环检测是视觉 SLAM 中非常重要的一个部分。它通过识别以前访问过的位置来减少系统产生的累积误差,从而提高构建地图的精确性。系统如果判断回到了之前的位置——即轨迹产生回环,就会把这个信息送到后端,然后进行优化、消除误差,生成具有一致轨迹的地图。回环检测的关键在于完成图像帧之间的描述和匹配。

在进行回环检测的时候,一般有两种方法:一种是基于里程计的方法,另一种是基于外观的方法。

1)基于里程计的方法需要假定里程计足够精确,并通过里程计找到最接近当前帧的前一帧。然而由于里程计累积误差不可避免,这一假设并不适用于实际环境。

2)基于外观的方法通常用于视觉 SLAM 系统中。它直接使用视觉数据,如相机拍摄的图像。但它只考虑观察到的图像,而非与先前估计的轨迹的关系。

因此,回环检测可以看作一个相似性比较问题,即比较当前图像与之前的相似性。目前基于外观的描述方法已经发展得较为成熟且广泛应用于回环检测之中,此外,还有多种描述图像特征的方法,如词袋模型(Bag of Words, BoW)、Fisher Vector(FV)、局部聚集特征描述符(Vector of Locally Aggregated Descriptors, VLAD)。这些算法主要使用了一些局部图像特征,如 SIFT、ORB 等。还有一些算法使用的特征是全局的,如 GIST(Generalized Search Trees)等。然而这些方法是针对某些场景提出的,依赖于相机内参以及场景的稳定性,人工特征在光照、角度变化较大的场景中算法的结果会受到影响。

随着深度学习技术的发展,卷积神经网络在图像识别、分类和理解等任务中具有优异的性能表现。与传统的人工设计特征不同,深度学习方法从原始的图像中学习特征,更适合于闭环检测。目前广泛应用于视觉 SLAM 回环检测中的深度学习方法主要有两类:一种是对自动编码器进行培训,学习其特征表示,并利用相似度或差分矩阵查找回环;另一种是采用有监督的算法,通过预先训练后的卷积神经网络模型来分析特征。论文 "Convolutional neural network-based image representation for visual loop closure detection" 中提出了利用卷积神经网络来提取图像特征从而实现回环检测的方法。使用预训练的 AlexNet 网络来对图像进行特征提取,并使用 CNN 的中间层作为图像描述符来替代传统特征,然后使用 L_2 范数来进行回环判断。通过实验可以证明该方法具有匹配图像特征检测回环的能力,在无明显光照变化的场景中具有与传统方法接近的性能。

论文《基于深度学习的语义 SLAM 研究》将深度学习算法应用在回环检测中，给出了一种基于 VGG16 网络的算法。此项研究对 VGG16 网络先进行预训练，然后利用该卷积神经网络对整个数据集的每个闭环数据进行了特征提取，并对这些闭环特征向量数据进行了相似度的分析计算，判断是否出现了闭环，最后验证了该网络对视觉 SLAM 的闭环检测十分有效。表 6-2 比较了两种传统算法和 3 种深度学习算法在 New College 数据集下的回环检测的准确度和时间。基于传统算法的人工设计特征的准确率基本都为 60% 左右，而基于深度学习算法的闭环判断的准确度达到了 70% 以上。与传统的算法对比，基于深度学习的闭环检测使准确度调高了 20% 以上。深度学习算法提取特征的时间远远短于传统方法，原因是传统的算法包含关键点特征提取和描述特征向量这两个部分，过程较为烦琐，需要花费一定的时间，而基于深度学习的方法则能够直接输出图像的特征向量。

表 6-2 基于 New College 数据集的回环检测的准确度和时间对比

算法类型	算法名称	准确度 /%	提取特征时间 /s	总处理时间 /s
传统算法	BoW	62.38	1.13	3.172
	GIST	60.81	1.01	1.068
深度学习算法	Autoencoder	71.68	0.013	0.053
	AlexNet	78.36	0.015	0.048
	VGG16	77.82	0.013	0.046

6.5　深度学习与语义 SLAM

传统框架（如 ORB-SLAM）在很多场景中都表现出了一定水平的性能，但是并没有考虑特征点的重要性以及特征点与所在物体的语义类别的相关性。这种相关性体现在：提取到的特征点在动态物体（比如人和车）上时，SLAM 计算的相机位姿就很容易受到影响；特征点都在静态物体上时，不同的物体语义类别对特征定位精度也可能有不同的影响。随着深度学习技术的不断发展，从图像中挖掘出深层语义类别信息的技术逐渐成熟，该语义信息也有助于提升 SLAM 的精度和鲁棒性。

语义 SLAM 是指 SLAM 系统在建图过程中不仅可以获得环境中的几何结构信息，还可以识别环境中独立个体，获取其位置、姿态和功能属性等语义信息，以应对复杂场景及完成更加智能化的服务任务的 SLAM 系统。

地图的语义生成与 SLAM 过程是可以相互促进的两部分。一方面精确的地图构建有利于目标模型的学习和分类，另一方面目标的精确识别和分类有利于地图的精确构建，如精准的回环检测等。因此两者是相辅相成的。语义信息生成的挑战在于实现对物体目标的精确分类，包括目标级别和像素级别的分类。

基于语义类别信息的 SLAM 系统流程图如图 6-13 所示。相机图片经过实时语义分割网络获取语义类别标签，用于特征点的语义标签赋予和动态滤除。计算语义分数后判断是否插入关键帧，并在创建和更新地图点时维护地图点的语义统计信息。所获得的不同的语义类别会对特征点赋予不同的语义权重，并添加到 BA 优化构建的重投影误差中。通过挖掘图像的语义信息及对其充分应用来提升 SLAM 系统的效果。首先，在定位任务中，研究者在建图过程中加入语义信息，通过图像和地图的匹配得到语义分数并将其用于位姿估计中 RANSAC 的加权，提升了定位的精度；其次，在特征提取环节，语义是不变的场景特征，相机拍摄位置、距离和拍摄时光照的变化仅仅影响低层级的物体表观，而不影响语义类别。当光照或距离等因素使传统特征发生巨大变化时，特征的语义信息会保持不变。因此当基于传统特征的跟踪失败时，可以使用语义约束提取特征。此外，在回环检测和重定位环节，语义信息也起到了辅助作用，研究者融合了传统特征和语义信息特征，以实现大视角不变的回环检测或重定位。其中建图时利用采样的方法可以从目标检测的 2D 边界框中推断物体的 3D 位姿，这些 3D 语义信息特征可以用于视角不变的表示，即使视角变化超过 125° 也能实现重定位，而依靠传统方法（如 SIFT）则无法做到上述过程。

6.5.1 语义分割网络

语义分割的目的是给图像中的每个像素分配一个类别标签，这是语义建图的重要步骤。利用深度学习方法可以实现较高精度的语义分割，其中一种代表性的方法是全卷积神经网络，即将神经网络的最后几层全连接层替换成卷积层，以实现端到端的学习，并且在任何尺寸的图片上都可以进行预测。

基于语义分割的目的，语义分割任务输出的尺寸大小与输入的大小是一致的。因此为了权衡精度和实时性的要求，需要在加速网络的同时保证该网络具有丰富的空间信息提取能力和较大的感受野（Receptive Field）。

针对这个需求，论文"BiSeNet: Bilateral Segmentation Network for Real-time Semantic

Segmentation"提出了双向分割网络（Bilateral Segmentation Network，BiSeNet）方法，在具有较好的实时性的基础上能保证一定的性能。其网络架构图如图 6-14 所示，包括空间信息路径（Spatial Path，SP）和上下文信息路径（Context Path，CP）两部分，分别用来解决常规网络中空间信息缺失和感受野过小的问题，并通过特征融合模块（Feature Fusion Module，FFM）来融合结果。

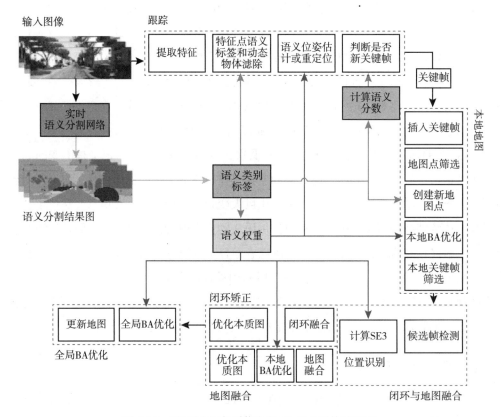

图 6-13　基于语义类别信息的 SLAM 系统流程图

其中（SP）通常指图像的局部细节信息，包括边缘信息和结构信息等。研究工作表明，在语义分割任务中，尽量多的图像空间信息和尽量大的感受野对于获得精准的语义预测结果至关重要。在实时性的要求下，同时满足两者存在一定的难度，所以现有的一些工作通常会利用小规模的输入或使模型轻量化来加快速度，但是通过裁剪得到小尺寸的输入图像会丢失原始图像很多的空间信息，而轻量化会使得模型中的一些层或通道被精简掉，进而损坏空间信息。BiSeNet 希望通过引入空间信息路径来保留原始输入图像的空间大小并编码更多的空间信息。整个空间信息路径包括 3 层，结构基本相似，包括步长为 2 的卷积、批量归一化（Batch Normalization，BN）和 ReLU（Rectified Linear Unit）函数。路径输出的特征图为输入图像的 1/8，空间较大，可以对丰富的空间信息进行编码。

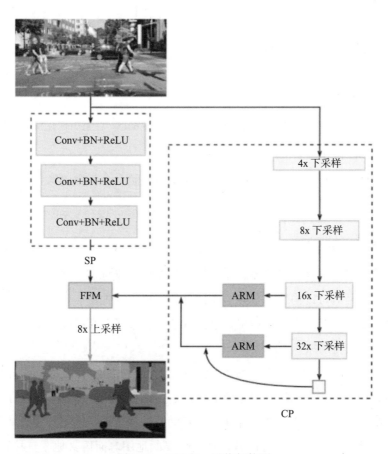

图 6-14　BiSeNet 网络架构图

上下文信息用于描述一个像素与其周围像素之间的联系。在语义分割的相关工作中，判断一个像素点的语义标签，不仅通过这个像素本身的灰度信息，还需充分考虑其周围像素的信息。而实践经验表明，高质量的分割结果离不开上下文信息。为了获得足够大的感受野，同时保证一定的效率，引入了上下文信息路径，包括轻量级的模型和全局平均池。在具体的工作中，使用预训练的 Xception 骨架对输入的图像快速进行下采样，以获一个足够大的感受野，同时编码高层的语义上下文信息。随着网络的深入，感受野增大，有利于之后获取分割结果。最后进行全局平均池化，为之后输出的特征图提供全局的上下文信息。

在上下文信息路径中，研究者另外添加了注意力优化模块（Attention Refinement Module，ARM），以细化后两层路径的输出，如图 6-15 所示。ARM 首先通过全局平均池化来获得全局上下文信息，接着通过卷积核大小为 1 的卷积层、批量归一化层和 Sigmoid 激励层，将之前得到的特征转换为概率，并根据每个通道的注意力机制，将其作为注意力向量加权到通道上，以指导特征学习。

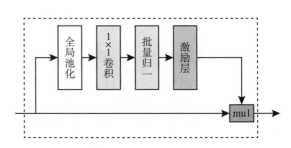

图 6-15　注意力优化模块示意图

这一设计使得过程中无须使用上采样操作就可以整合全局上下文信息，大大降低了计算成本。

6.5.2　构建语义地图

通过视觉里程计恢复语义特征点在世界坐标系中的坐标后，将其加入地图，使其成为语义地图点，最后可以构建出带有语义信息的三维点云地图。语义地图点的属性包括世界坐标系中的三维位置坐标、相机观测的视角、描述子、能被观测到的距离范围、语义类别标签和语义类别标签统计信息。

基于对周围环境的理解，SLAM 系统可以执行轨迹估计、构建地图等任务，其精度受多种因素影响，如地标检测和定位的精度、传感器噪声、遮挡等。由于大多数实时 SLAM 系统都是基于点、线、补丁等几何表示的，如深度图，需要经过鲁棒的匹配、几何变换以及优化，才能构建出可以表现现实世界的地图。而语义地图直接跳过上述点、线等低级几何特征处理，它面向对象构建地图，以实现实时定位和构建地图。

2013 年 "SLAM++: Simultaneous Localisation and Mapping at the Level of Objects" 提出了 SLAM++ 系统。该系统针对上述需求，直接利用三维点云分割匹配，将点云的特征与预先准备好的物体数据库进行对比，若发现匹配的物体则将对应点云放入地图中，最终生成语义地图。该方法适用于公共建筑内部等具有较多重复物体元素的场景，但是 SLAM++ 系统只能对数据库内的物体进行建图，而且其用于模板匹配的特征是手动提取的。

单目 SLAM 系统存在一些限制，例如，在低纹理区域等情况下单目 SLAM 易发生对位置的深度预测失败。Tateno 等人在"CNN-SLAM: Real-Time Dense Monocular SLAM with Learned Depth Prediction"中提出一种克服该限制的方法，即用卷积神经网络来预测深度图，并与单目 SLAM 获得的深度测量结果进行融合，以得到单一视角下的语义地图。该方法使用像素级标签将语义标签与密集 SLAM 进行连贯有效的融合，从而从单个视图中实现语义连贯的场景重建，示例如图 6-16 所示。

图 6-16 针对单目 SLAM 的语义地图重建示例（见彩插）

值得注意的是，在此之前语义地图重建从未用在单目 SLAM 上，因此该方法为单目相机的应用场景的理解开辟了新的视角。但根据其结果，这种方法在语义理解层面表现得仍比较粗糙，仅包括地板、垂直墙面、较大物体、小物体这几个标签，没有真正意义上实现人机交互级别的语义地图。

针对上述语义划分的细致程度这一问题，McCormac 等人在"SemanticFusion: Dense 3D semantic mapping with convolutional neural networks"提出利用稠密 SLAM 工具 ElasticFusion 基于 RGB-D 数据构建三维环境地图。该方法结合反卷积神经网络进行图像分割，可以在 NYUv2 数据集上得到较好的结果，如图 6-17 所示。但该方法相对耗时，而且资源消耗很大。

除此之外，深度学习还可以辅助减少语义 SLAM 的估计误差。在"A Deep Learning Framework for Robust Semantic SLAM"中提出了一种基于深度学习的方法，通过识别不同的噪声模式并尝试减少噪声来使语义 SLAM 估计误差最小化。该方法的架构示意图如图 6-18 所示。$X = [x_m, y_m, \theta_m]^T$ 是机器人的输入向量，其中 x_m 和 y_m 表示机器人在二维平面上的位置坐标，θ_m 表示其方向（角度）。$T = [x, y, \theta]^T$ 是机器人的目标输出向量，其

中 x 和 y 是机器人沿真实轨迹在二维平面对应的位置坐标，θ 是机器人真实的行动方向（角度）。

图 6-17　稠密三维 CNN 语义建图在 NYUv2 上测试的结果（见彩插）

该方法已被证明在几个模拟和实时实验中运行良好，包括来自 TUM RGB-D 数据集的公开的 fr2/pioneer SLAM 序列。并且本方法与语义 SLAM 相比，能够显著提高机器人轨迹估计的准确性。

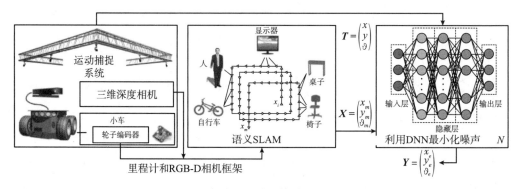

图 6-18　基于深度学习的减小估计误差的语义 SLAM

通过前文学习可知，传统的 SLAM 框架依靠精细的建模和严谨的数学推导，在领域应用上取得了很好的发展。但是，在比较极端的场景下（比如动态物体多、光照变化复杂的场景），传统 SLAM 框架的应用依然面临着很大的挑战。而提升这些场景下系统的精度和鲁棒性，对拓展 SLAM 的应用起到了关键的作用。近年来深度神经网络依靠其强大的深层信息提取能力在计算机视觉研究中取得长足发展。同时，随着硬件的发展和数据的增加，我们可以利用该网络挖掘图像高层的语义信息，以此来改进传统 SLAM 框架中的部分流程，从而提升系统的整体效果。

6.5.3　ORB SLAM 实际操作

（1）前提条件

- 安装 Docker。
- 安装 Git 和百度网盘。

（2）获取 Docker 镜像

拉取镜像，代码如下。

```
# practice for orb slam
docker pull junhuidocker/orb_slam_fork:ubuntu18.04
```

（3）下载代码

创建本地工作区，如 work_dir =/ws_path_dir/ws/。本节后面所有的代码均可克隆到这个目录下。

使用 git clone 命令下载代码至 work_dir，并且在当前创建各自项目的子工作空间。

```
# work dir
cd /ws_path_dir/ws
# clone the code
git https://gitclone.com/github.com/raulmur/ORB_SLAM2.git
# append header #include <unistd.h> in System.h
sudo vim /include/System.h
sudo xhost +local:root && docker run --privileged --name orb_slam -p 8086:8086 -e DISPLAY=$DISPLAY -e QT_X11_NO_MITSHM=1 -v /tmp/.X11-unix:/tmp/.X11-unix -v /ws_path_dir/ws:/mnt/ws --gpus all -it junhuidocker/orb_slam_fork:ubuntu18.04
```

（4）数据下载

将数据放入 /ws_path_dir/ws/data 目录下。

本书所有项目的数据样本均上传至百度网盘，可自行下载。下载链接为 https://pan.baidu.com/s/1_gq_-YfFuQqyZjH0oqRXcg，提取码为 rtqu。

（5）安装教程与测试

至此所有代码和镜像下载完成，且代码克隆到了本地 ws 路径下。将本地 ws 文件路径映射到容器的 /mnt/ws 路径下，所以 ws 文件可作为沟通本地与其他容器的桥梁，方便代码编写以及多个不同容器间的代码交互。

```
# if the container already start
# otherwise use the docker run ××× command in the upper lists
docker exec -it slam_orb /bin/bash
cd /mnt/ws/ORB_SLAM2
./build.sh
# unzip the compressed file rgbd_dataset_freiburg1_xyz.tgz first
./Examples/Monocular/mono_tum Vocabulary/ORBvoc.txt Examples/Monocular/TUM1.yaml data_dir/rgbd_dataset_freiburg1_xyz
# unzip the compressed file MH_01_easy.zip first
./Examples/Monocular/mono_euroc Vocabulary/ORBvoc.txt Examples/Monocular/EuRoC.yaml PATH_TO_SEQUENCE/cam0/data Examples/Monocular/EuRoC_TimeStamps/SEQUENCE.txt
```

第 7 章

SLAM 技术展望

自 1980 年 SLAM 技术问世以来，通过研究人员的不断努力，它已经在各个领域迅速取得显著进展并且得到广泛应用。SLAM 技术的两个核心功能——重建周围环境和获取正确的运动轨迹，充分彰显了它在各个领域中的价值，使其在无人机、增强现实、机器人和新能源车等领域得到了广泛的应用。

SLAM 技术的终极目标是实现无人自动驾驶。为了达成这个目标，首先需要解决定位的精度和算法的普适性问题。定位的精度因应用场景不同可能有所变化，但通常要求定位算法在车辆运行时能够准确地跟踪预定的道路，并且不受运行时间和路径的影响而导致精度下降。算法的普适性则要求 SLAM 技术能够适应不同的环境、不同的时间、不同的天气或交通条件，以保证在各种情况下都能正常运行并达到预定的精度标准。

参考业界的标准，只有达到如下这些指标，才能实现真正的自动驾驶。

1）精确性方面，SLAM 系统应在任何时间和环境下都能保持高于预先设定阈值的精度水平。

2）在扩展性方面，车辆需要能够处理大规模自动驾驶任务。SLAM 算法应该在成本可控的硬件条件下正常运行，并且能够应对行驶距离增加所带来的挑战。对此，SLAM 算法需要使用足够小同时能够动态加载的地图数据。

3）可用性方面，SLAM 算法应当能够及时、准确地提供车辆所需的定位信息，并且能够利用现有的地图资源，将全局地图信息整合到定位导航过程中。

4）故障恢复方面，车辆自动驾驶系统遭遇故障后应该具备从故障中快速恢复的能力，即使在类似绑架的情况下。并且车辆在恢复后必须迅速了解自身位置，并能恢复导航功能。

5）可更新性方面，SLAM 算法需要具备识别地图和当前信息之间变化的能力。它应该能够根据历史数据和最新信息自动更新地图，以保证地图的实时可靠性。这个过程依赖地图更新的自动化机制。

6）动态性方面，SLAM 算法应能够处理动态的环境变化，包括突然出现的可能影响定位估计的障碍物，以及可能随季节变化的天气条件，如雨雪天气等。

在业界存在许多针对不同场景的 SLAM 技术。为了选择适合特定应用的 SLAM 技术，需要对其进行分类，以及对其演进历史有深入了解，并对最先进的 SLAM 策略有全面的理解。

本章将对自动驾驶 SLAM 算法进行总结，并展望其未来的发展方向。

7.1 激光 SLAM 的应用及展望

激光 SLAM 技术在自动驾驶领域中依然扮演着重要的角色。激光 SLAM 技术基于激光雷达，使机器人实现在未知环境中进行自主定位、建图及路径规划，最终实现在自动驾驶领域实现重要的感知和导航的功能。

激光雷达可以快速扫描车辆周围的环境，生成高精度的地图数据，并实时更新车辆的位置信息。这使得自动驾驶车辆能够准确地感知周围的障碍物和道路状况，从而做出安全、高效的驾驶决策。

7.1.1 激光 SLAM 的应用现状

激光 SLAM 技术在无人驾驶车辆中发挥着关键作用。它能够帮助车辆在复杂的城市环境中实现高精度的定位和导航，有效地规避交通拥堵和危险情况。

此外，激光 SLAM 技术还可以帮助车辆构建高精度的地图，为智能驾驶系统提供重要的环境感知信息。除了自动驾驶领域，激光 SLAM 技术还在增强现实（AR）和虚拟现实（VR）等领域得到了广泛应用。

在 AR 方面，激光 SLAM 技术可以帮助设备快速获取周围环境的信息，实现对虚拟内容的准确定位和精确叠加，提供更加沉浸式的 AR 体验。

在 VR 方面，激光 SLAM 技术可以实现用户在虚拟空间中的自由移动和交互，增强虚拟体验的真实感。

展望未来，激光 SLAM 技术有望在自动驾驶领域进一步发展。随着激光雷达技术的不断进步和成本的降低，更多汽车制造商将采用激光 SLAM 技术来提升车辆的自动驾驶性能。同时，随着 5G 和物联网技术的普及，车辆与车辆之间、车辆与基础设施之间的通信将更加便捷，这将为激光 SLAM 技术的应用提供更多的可能性。

除了扫地机器人，激光 SLAM 技术如今也广泛应用于更多类型的服务机器人上。市面上的送餐机器人、商场导购机器人、银行自助服务机器人、酒店式服务机器人、配送机器人等大多采用激光 SLAM 技术，如图 7-1 所示。在实现服务机器人的自主定位导航中，激光 SLAM 技术是无法避开的话题。

图 7-1　应用激光 SLAM 技术的机器人

综上所述，激光 SLAM 技术将持续发挥重要作用，推动自动驾驶技术和智能机器人的持续进步，为人类创造更加安全和便利的无人驾驶服务提供了坚实的基础。

7.1.2 激光 SLAM 的未来趋势

激光 SLAM 的相关理论虽然已经比较成熟但是在实际工程应用中仍面临着相当复杂的问题。因此，我们还需要在工程实践中对该技术进行系统优化和完善。

在激光 SLAM 技术的未来发展趋势中确实存在着两个主要方面的影响。

一方面，随着无人驾驶、智能机器人等应用市场的不断扩大，传感器技术将继续发展，高精度的 IMU GPS 和高分辨率的激光雷达等设备将变得更加便宜、稳定且性能更高。这将为激光 SLAM 技术提供更多优质的数据源，有助于提高其在实际应用中的精度和可靠性。

另一方面，激光雷达等传感器的机械结构和复杂性导致其成本和稳定性仍然处于劣势。随着技术的发展，人们可能会寻找更加经济高效且稳定的替代方案，如基于摄像头的视觉 SLAM 技术。视觉 SLAM 能够通过摄像头获取环境信息，并利用计算机视觉算法实现自主定位和建图，避免了传感器的复杂机械结构，降低了成本并提高了系统的灵活性。在未来，激光 SLAM 技术方案将面临来自视觉 SLAM 技术方案的挑战。视觉 SLAM 技术在摄像头硬件的发展和计算机视觉算法不断进步的驱动下，正在逐渐成熟。它不仅具有较低的成本和更高的灵活性，还能够在更广泛的环境中应用，因为大多数移动设备和机器人都配备了摄像头。

因此，在未来的发展中，激光 SLAM 技术需要继续提高自身的性能和稳定性，同时需要不断创新以保持其在高精度场景下的优势。与此同时，激光 SLAM 技术与视觉 SLAM 技术进行结合和融合可能会成为一种趋势，以充分发挥它们各自的优势，实现更加全面高效的环境感知和导航能力。这种趋势将推动激光 SLAM 技术不断向前，并为智能机器人、自动驾驶等领域的应用提供更加完善的解决方案。

7.2 视觉 SLAM 的应用及展望

视觉 SLAM 在近些年也有相当大的发展。一方面，与激光 SLAM 方案相比，视觉 SLAM 具有低成本和易于安装的优点，而且具有较强的场景识别能力。业界正试图用深度相机代替激光雷达传感器，以及在自动驾驶领域中采用以相机为主、其他传感器为辅的策略。另一方面，虽然视觉 SLAM 在自动驾驶车辆的定位和地图绘制方面起到非常重要的作用，但现有技术尚不成熟，仍处于起步阶段，无法完全解决当前的问题，尤其在满足复杂城市环境中的自动驾驶要求上,还面临许多挑战。

视觉数据集相对容易获取且易于验证,这是视觉 SLAM 的优势之一。然而,尽管数据集的便利性促进了新的视觉 SLAM 算法的发展,但目前在道路环境中的视觉 SLAM 应用仍然存在严重不足。此外,基于数据集运算出来的结果往往与真实环境中的情况不符。因此,视觉 SLAM 算法还有很大的提升空间,未来甚至可能对传感器的进一步迭代提出更高的需求。

通过回顾视觉 SLAM 技术的发展,可以发现视觉 SLAM 系统的主要趋势是轻量化和多智能体协作,其算法会进一步向低功耗硬件移植(如嵌入式设备)方向演进,而且多传感器融合算法也会逐步成为自动驾驶车辆的核心技术。

7.2.1 视觉 SLAM 的应用现状

视觉 SLAM 除了在无人驾驶领域逐步逼近激光 SLAM 的地位之外,在其他领域的应用方面也有其独到之处,比如无人机领域和 AR 领域。

无人机在 GNSS 信号消失的情况下难以实现准确定位。因此,基于视觉航拍技术来辅助无人机定位。首先对航拍图像进行预处理,提取图像特征信息,然后采用粒子滤波技术提高定位精度,最终实现帮助无人机定位的功能。近年来,无人机视觉定位技术在理论研究方面取得了长足的进步,部分成果也已进入市场应用阶段,并在特殊环境下表现出良好的实用性。如图 7-2 所示,这是一架应用视觉 SLAM 技术的无人机。

AR 可以通过获取摄像头图像并在上面叠加虚拟物体,专业的 AR 设备可以使虚拟物体成像在眼睛前面或投射到眼球。以微软的 Hololens 这款 AR 设备为例,它在实时定位、场景重建方面都有着非常出色的工程化实现,并且局部定位精度很高。这是视觉 SLAM 的重要应用场景之一。如图 7-3 所示,这是一款应用视觉 SLAM 技术的 AR 设备。

图 7-2 应用视觉 SLAM 技术的无人机

图 7-3 应用视觉 SLAM 技术的 AR 设备

7.2.2 视觉 SLAM 的未来趋势

视觉 SLAM 的未来发展还呈现了一些有别于的激光 SLAM 趋势。首先，未来的视觉 SLAM 工作可以尝试融合更多的传感器（如毫米波雷达、红外相机和事件相机）和已有的语义地图。其次，视觉 SLAM 将进一步与深度学习相结合。正因为视觉 SLAM 尚未形成很成熟的商用方案，两者的结合研究更具备创新性。最后，视觉 SLAM 要使用新型传感器，比如最近出现的事件相机。使用事件相机实现视觉 SLAM 技术在近年来也取得了很多成果。笔者认为使用新型传感器或者探索原来未被用于视觉 SLAM 的多传感器的融合，均是很好的研究方向。

总的来说，基于视觉传感器的 SLAM 所具有的最大优势是价格便宜。相比于其他类型传感器来说，图像传感器的价格始终保持着优势，因为相机是一种最常见最通用的外设。在这个前提下，让图像传感器在某些方面完全或部分地替代其他的昂贵设备来完成工作，或成视觉 SLAM 技术在未来应用中值得突破的方向。

后　　记

  本书深入探讨了 SLAM 技术在智能网联汽车领域的应用情况和技术现状，对于实现真正的功能型无人驾驶汽车具有重要作用。然而，对于运行在开放道路上、场景多样且复杂的 L4 级智能网联汽车而言，其技术挑战更大。因此，自动驾驶的技术路线呈现多样化，未来的发展前景更加广阔。在此背景下，我们将围绕"智能网联汽车"这一领域写作更多图书，使其构成有机的系列丛书，本书是这套丛书的第一本。

  针对在开放道路上自动驾驶的智能网联车，一直存在两种主要的技术路径，即单车智能和车路协同。在本系列丛书中，我们将深入探讨这两种技术路径的技术和应用情况。

  单车智能从传感器的角度又分为视觉方案（以特斯拉 FSD 为代表）和激光雷达多传感器融合方案（以 Waymo 为代表）。从感知输入到控制输出的实现方式上，我们进一步将其拆分为模块式设计和端到端设计。

  几十年来，设计自动驾驶算法的主流做法是根据车辆运行的操作设计域（ODD）将自动驾驶任务进行模块化拆解，涵盖感知、预测、决策、控制和规划等模块。本系列丛书还将详细分析各个模块在高速、低速，或高动态、非结构化场景下的设计重点。

  而端到端设计放弃了传统的多模块合成自动驾驶技术，以图像数据作为神经网络中的输入，以控制参数作为端到端模型的标签进行神经网络模型的学习训练。最终，该深度学习模型以道路场景图像为输入、控制参数为输出，实现对驾驶行为的决策。端到端学习模型省略了大量烦琐的中间步骤，但也面临着挑战，如不可解释性和模型衰退等问题。本系列丛书将全面介绍端到端自动驾驶算法以及 BEV（Bird's Eye View，鸟瞰视图）和 Occupancy Network（占据网络）等相关技术。

  与单车智能相比，车路协同则强调车辆与道路基础设施的紧密协作，通过先进的通信技术，车辆能够与交通信号、道路标志等进行实时信息交流，获取更准确的环境感知数据。这种协同模式旨在通过最大化地整合车辆与基础设施之间的信息，提高交通系统的整体效能，减少拥堵，优化信号控制，并为驾驶员和行人提供更安全、便捷的出行体验。

无论系统采用何种算法框架，数据都是自动驾驶行业发展的基石。众所周知，只有采集大量且优质的数据才能让自动驾驶系统逐步实现"真正无人"的目标。然而，路测采集成本高且效率低下，因此出现了一批数据合成公司，它们通过低成本方式创造无限场景。无论是合成数据还是实际路测采集的 Corner Case（边缘案例）数据，系统都会自动标记该数据并将其上传云端进行标注，再送入模型进行训练，最后进行测试验证，这个过程被称为数据闭环。数据闭环是实现自动驾驶车辆量产的必要基础设施，也是提升自动驾驶能力的必由之路。本系列丛书将全面介绍数据闭环在量产智能网联汽车上的应用。